D1692662

Franz Walter

Zeiten des Umbruchs?

Analysen zur Politik

ibidem-Verlag
Stuttgart

Bibliografische Information der Deutschen Nationalbibliothek
Die Deutsche Nationalbibliothek verzeichnet diese Publikation in
der Deutschen Nationalbibliografie; detaillierte bibliografische
Daten sind im Internet über http://dnb.d-nb.de abrufbar.

Bibliographic information published by the Deutsche Nationalbibliothek
Die Deutsche Nationalbibliothek lists this publication in the Deutsche
Nationalbibliografie; detailed bibliographic data are available in the Internet
at http://dnb.d-nb.de.

Gestaltung und Satz: Niklas Schröder

Coverfoto: imago/Seeliger

imago
a l l e bilder

∞

Gedruckt auf alterungsbeständigem, säurefreien Papier
Printed on acid-free paper

ISBN-13: 978-3-8382-1269-2

© *ibidem*-Verlag
Stuttgart 2018

Alle Rechte vorbehalten

Das Werk einschließlich aller seiner Teile ist urheberrechtlich geschützt. Jede Verwertung außerhalb
der engen Grenzen des Urheberrechtsgesetzes ist ohne Zustimmung des Verlages unzulässig und
strafbar. Dies gilt insbesondere für Vervielfältigungen, Übersetzungen, Mikroverfilmungen und
elektronische Speicherformen sowie die Einspeicherung und Verarbeitung in elektronischen Systemen.

All rights reserved. No part of this publication may be reproduced, stored in or introduced into a retrieval system, or
transmitted, in any form, or by any means (electronical, mechanical, photocopying, recording or otherwise) without the prior
written permission of the publisher. Any person who does any unauthorized act in relation to this publication may be liable
to criminal prosecution and civil claims for damages.

Printed in the EU

Inhalt

Vorwort 7

1. Die Mühen der Macht 9
2. Die Ratlosigkeit früherer Volksparteien 69
3. Zwischen alternativem Protest und Statusmilieu: Neubürgerliche Ambivalenzen 141
4. Gewalt und demokratische Linke 159
5. Ende der politischen Erzählungen? 179
6. Wissenschaft und Wahrheiten 199
7. Empirische Studien 217
8. Politische Bücher 231

Vorwort

Immer schon hat der Verfasser die „kleine Form" der Darstellung und Analyse gemocht: den Essay, die Kolumne, den zugespitzten Kommentar, das Meinungsstück für eine Zeitung. Zuletzt war ihm angesichts schwieriger Lebensumstände auch kaum mehr als die „kleine Form" noch möglich, wenn denn überhaupt noch Kraft genug zum Lesen und Schreiben blieb. Vieles von dem, was im Folgenden zu finden ist, hat er im Blog seines früheren Instituts (für Demokratieforschung in Göttingen) schon so oder ähnlich vorgestellt, einiges auch an anderen Orten. Ein Zusammenhang zwischen den Einzelteilen dieser Präsentation ist hoffentlich dennoch zu erkennen, da es nicht nur punktuell um die Fragen gesellschaftlicher und politischer Kohäsion versus Desintegration, um die Spannungen zwischen Pragmatismus und Ideenverlangen, um die Balance von Partizipationsbedürfnissen und Effizienzerwartungen, um die Gefährdungen des klassischen Typus der Volksparteien durch den neu gewandten Populismus vornehmlich (jedoch nicht nur) von rechts, um die zyklisch aktualisierte Frage nach der Gewalt in der Politik, den Wahrheiten und Wirklichkeiten zeitgenössischer Diagnostiken wissenschaftlichen Anspruchs, um den ewigen Wandel fundamentaler Oppositions- und Emanzipationsbewegungen in Richtung Adaption und Affirmation der Verhältnisse, die durch die erreichte Transformation entstanden sind, geht.

Für das Lektorat, die Korrektur und den Satz habe ich Katharina Trittel, Jeanina Fischbach und Niklas Schröder sehr zu danken.

Göttingen, im Frühjahr 2018

1.
Die Mühen der Macht

Leicht hat es die politische Klasse in diesen Jahren nicht. Im Scheinwerferlicht der TV-Gesellschaft und vor dem Diktat rigider Transparenzansprüche der Foren- und Bloggerszene entblättert sich schnell die Autorität politischer Leitfiguren. Politische Anführer heute kommen durch den Totalitätsanspruch auf permanente Bürgernähe und öffentliche Präsenz weder zur gründlichen Lektüre noch zur mußereichen Reflexion ihres Tuns.[1] Zeit für Originalität und Konzeption ist kaum vorhanden, weshalb sich die Papageiensprache gerade in der Politik – wenngleich keineswegs nur da – so verbreitet hat. Die Träger des Politischen vermögen mittlerweile bestenfalls Schwämme zu sein, die Stimmungen aufsaugen; aber sie sind keine Vordenker, die Entwicklungen von morgen rechtzeitig aufspüren, deuten und prägen können. Zur Führung ist die politische Chefetage insofern kaum mehr fähig; geistig kann sie nicht antizipieren, sozialmoralisch nicht wenden, wie man bereits und spätestens in der Ära Kohl wohl ernüchtert zur Kenntnis nehmen musste.

Sorgen also darf man sich schon machen, dass die Demokratie und ihre Institutionen es in den nächsten Jahrzehnten nicht leicht haben werden – und dies natürlich aus anderen Gründen als noch vor einem Vier-

---

1   Vgl. Plasser, Fritz, Tele-Politik, Tele-Image und die Transformation demokratischer Führung, in: Österreichische Zeitschrift für Politikwissenschaft, 22 (1993), Heft 4, S. 409 ff.

teljahrhundert. Es sind nicht so sehr äußere, ideologisch totalitäre Feinde, welche die Demokratie bedrohen. Es sind vielmehr Entwicklungen aus dem Inneren der demokratischen Marktgesellschaften selbst, welche die Handlungsfähigkeiten gerade auch des Parlamentarismus zurückdrängen. Die Marktdemokratien haben die Freiheit des Konsumenten entfesselt, wodurch allerdings auch das Politische aus der Sicht von Konsumenten betrachtet wird – launisch, ungeduldig, jederzeit fordernd. Der Kunden-Bürger schaut sich in den Regalen des politischen Angebots um, wählt aus, was seine Konsumbedürfnisse rasch und preiswert befriedet. Der Zeitrhythmus von Kunden ist ein anderer als derjenige vernünftiger Politik. Sobald der Bürger in seiner Rolle als Kunde sein Bedürfnis – per Klick – geäußert hat, erwartet er auch die sofortige Bedürfnisbefriedigung durch prompte Offerte. Solide Politik dagegen ist notwendigerweise an lange Fristen gebunden, gewissermaßen auf die innere Fähigkeit zum Aufschub angewiesen. Problemfindung, Erörterung, Bündnissuche, Konfliktaustragung, Konsensherstellung und Ausgleich dauern nun mal.

Vor allem die Transparenzgesellschaft der Medienrevolution hat klassische politische Führung aus den Angeln gehoben. Jede Schwäche wird jetzt kompromisslos offengelegt, jede Verfehlung rigide lutherisch an den Pranger gestellt, jede Popularitätseinbuße demoskopisch ermittelt und der öffentlichen Häme preisgegeben. Der Druck hat sich dadurch auf alle Parteien enorm erhöht, die im Unterschied zu früheren Jahrzehnten nur noch wenig Nachsicht für zeitweilig unglücklich operierende Parteivorsitzende aufbringen.

Parteichefs in der Baisse werden jetzt rasch, nicht selten hektisch, zuweilen gar panikartig in die Wüste geschickt. Man konnte das in den beiden letzten Jahrzehnten besonders illustrativ bei den Sozialdemokraten beobachten.

Mit der faktischen Erosion von Führungsressourcen in der Medien- und Internetgesellschaft kollidiert die Wahrnehmung des politischen Geschehens durch die Bevölkerung. Denn in einer solchen Gesellschaft erscheint Politik streng zentralisiert, hierarchisch, höfisch. Das Zentrum ist das Berliner Regierungsviertel; das Kanzleramt bildet den Hof; und ganz oben thront derzeit noch Angela, die Erste. Mit den Möglichkeiten und Beschränkungen moderner Politik hat das wenig zu tun. Natürlich wussten die Politiker stets, wie eng ihr Handlungsspielraum war. Sie wussten, wie stark die Verhandlungs- und Vermittlungszwänge ihre politische Souveränität einschnürten und begrenzten. Aber sie begaben sich doch ganz gerne in die Positur der kraftvollen und souveränen Lenker der Staatsgeschäfte. Die auf diese Weise erzeugten Ansprüche wurden dann verlässlich frustriert; die Verdrossenheitswerte an der gesellschaftlichen Basis, für die man das Schauspiel inszenierte, nahmen kontinuierlich zu.

Die Ausnahmezeit innerhalb dieses fortschreitenden Trends indes bilden Krisen und Katastrophen. Dann schlägt die Stunde der Kraftnaturen, Abenteurer, aber auch der kaltblütigen Taktiker der Macht. Denn jetzt weitet sich für einen kurzen Zeitraum das politische Spielfeld. Die Vetomächte müssen ihre Routineeinwände unter dem Druck der aufgeschreckten Öffentlichkeit zurückstellen. Der Exekutive werden in den Zeiten des Notfalls außerordentliche Befugnisse eingeräumt. Die sonst sperrigen Institutionen dürfen zwischenzeitlich übergangen werden. Helmut Schmidt, der Heros im Kampf gegen Hamburger Fluten und international agierende Terroristen, war ein großer Nutznießer solcher Konstellationen, auch Gerhard Schröder, dem ebenfalls die Wassermengen der Elbe zur rechten Zeit zur Heldenattitüde verhalfen. Und auch in der Außenpolitik gibt es historische Knotenpunkte, an denen die innenpolitischen Blockademächte nicht beteiligt sind und Spielräume sich öffnen. In einem solchen „Weltenmoment" kann man als politischer Anführer einer Nation dann Geschichte machen, so Adenauer in den 1950er, Brandt in den frühen 1970er Jahren, Kohl 1989/90. Und Angela Merkel versuchte es zuweilen, wenn auch gedämpfter, ebenso.

Ist der Moment vorüber, hat der Held erledigt, was zu vollbringen war, dann wird die Geschichte ihn wegwerfen „wie leere Hülsen", um den großen Georg Wilhelm Friedrich Hegel zu zitieren. Das ist dann kein Charakteristikum der neuen Netzdemokratie oder der Empörungs- und Erregungsgesellschaft. Das ist die ewige Räson von Machtpolitik und politischem Zyklus. Adenauer erfuhr dieses Schicksal 1963, Brandt erlebte das Drama 1974. Und auch der amtierenden Bundeskanzlerin wird es natürlich mindestens in mittlerer Zukunft keineswegs anders ergehen.

Wanja und die moderne Politik

Doch bleibt bemerkenswert, dass Angela Merkel wurde, was sie ist – und sich an der Spitze der Bundesregierung verblüffend lange halten konnte. „Woher nimmt sie nur die Kraft?", titelte bereits im Dezember 2011 der *Stern*. Versuchen auch wir eine Antwort. Bedienen wir uns einer der beliebten russischen Volkssagen, nämlich der, die von den Abenteuern des starken Wanja handelt. Der Kinder- und Jugendbauchautor Otfried Preußler hat eine eigene Version davon Ende der 1960er Jahre als Buch veröffentlicht.[2] Der starke Wanja, so wird erzählt, mied in seiner Jugend die schwere Feldarbeit. Stattdessen ruhte er sieben Jahre lang in der Bauernstube auf dem Ofen, nährte sich von Sonnenblumenkernen – und tat sonst rein gar nichts. Keiner seiner Brüder mochte ihn leiden. Verständlicherweise. Aber nach sieben Jahren der Muße stand Wanja vom Ofen auf, war ausgeruht und stark wie ein Bär. Er zog aus, bekämpfte die Bösen. Zum Schluss wurde er Zar im Land jenseits der Weißen Berge. Natürlich ist das eine ganz unrealistische Geschichte. Wir alle wissen schließlich, dass nach sieben Jahren des aktivitätslosen Phlegmas die Muskeln erschlafft sind, dass man nicht stark, sondern schwach ist. Und doch hat auch diese Geschichte, wie es bei Volkssagen so üblich ist, einen wahren Kern. Im Zustand der deutschen Politik der letzten Jahre können wir diesen Kern wunderbar erkennen, bei Angela Merkel also.

Im Grunde hätte sie kaum eine Chance auf eine politische Karriere haben dürfen. Denn sie besaß nichts von

---

2 Vgl. Preußler, Otfried, Die Abenteuer des starken Wanja, Würzburg 1968.

dem, was nach der festen Überzeugung aller Kenner des Politischen unabdingbare Voraussetzung dafür ist, um in der Parteiendemokratie ganz oben tatsächlich zu reüssieren. Merkel verfügte nicht über ‚Stallgeruch', hatte keine ‚Ochsentour' absolviert, durfte sich nicht auf geschlossene Bataillone eines mächtigen Landesverbandes verlassen, war nicht in Seilschaften und einflussreiche Netzwerke oder Sauna-Gemeinschaften eingefügt. Und dennoch wurde sie Kanzlerin, dennoch führt sie die CDU seit nunmehr 18 Jahren – weit länger als dies Ludwig Ehrhard, Kurt Kiesinger, Rainer Barzel oder Wolfgang Schäuble gelang, die allesamt keine ganz kleinen Kaliber in der deutschen Politik waren.

Bleiben wir mithin bei unserer Geschichte. Angela Merkel hatte einiges vom starken Wanja. 35 Jahre lebte sie in der DDR, bis die Mauer fiel. Es sei ein entschleunigtes Leben gewesen, wurde oft berichtet.[3] Merkel jedenfalls nahm sich alle Zeit der Welt, um geruhsam in den Tag hinein zu promovieren, profilierte sich nicht durch staatlich erwünschten Aktivismus, investierte aber auch keine Kraft in Oppositionsaktivitäten; dergleichen hielt sie für verlorene Liebesmüh. Die meisten Gegner der SED-Herrschaft waren, anders als sie, im Herbst 1989 bereits zermürbt und verschlissen, hatten sich in Konspirationen und Verdächtigungen verbissen. Angela Merkel hingegen betrat die politische Bühne der Bundesrepublik als Wanja: ausgeruht, neugierig, ohne den verzerrenden Blick abgekämpfter Lebenslangaktivisten.

---

[3] Vgl. Boysen, Jacqueline, Angela Merkel. Eine deutsch-deutsche Biographie, München 2001, S. 11 ff.

Das war die Differenz Merkels nicht nur zu den früheren Ost-Dissidenten; das war auch der Unterschied zu ihren gleichaltrigen Rivalen an der Spitze christdemokratisch geführter Landesregierungen vom *Pacto Andino*. Sie alle waren schon rund drei Jahrzehnte im Geschäft, waren die Karriereleiter von der ersten bis zur vorletzten Sprosse hochgeklettert, von der Schüler Union über die Junge Union, den RCDS, die Kommunalpolitik, die Landespolitik und so weiter. Sie waren bestens versäult, sie kannten die Rituale und Konventionen ihrer Partei, die Sprachformeln und Symbole ihrer Milieus. Immer hieß es, dass sei die Voraussetzung schlechthin, um in der Parteiendemokratie zu reüssieren.

Aber in den Nach-Kohl-Jahren standen Parteien nicht mehr im Zentrum, waren nicht mehr Ausdruck elementarer und kraftvoller Soziallagen. Wer dort Tag für Tag geackert hatte, galt nicht mehr unbedingt als Experte für Hoffnungen und Ängste der tragenden Lebenswelten in dieser Republik. Insofern sind Parteien für den politischen Prozess, für Rekrutierung, Orientierung und Mobilisierung nicht mehr so zwingend wichtig wie früher – mit der Folge, dass die intime Kenntnis der inneren Mechanismen des Parteienbetriebes an Bedeutung verliert. Die Kochs, Merzens, Müllers, Beusts, Wulffs, Rüttgers, Böhrs und wie sie alle hießen und heißen hätten gegen Merkel das Spiel leicht gewinnen müssen – hätten es drei Jahrzehnten zuvor gewiss auch noch souverän gewonnen -, wären die klassischen parteidemokratischen Fundamente nach wie vor intakt und vital gewesen. Aber mit der Vitalität war es vorbei. Und doch absorbiert das Engagement dort, gleichsam von Kindesbeinen an, viel

Zeit, Energie und Phantasie für introvertierte Händel in einer nunmehr randständig gewordenen, fast absonderlichen Gesellungsform. Das Tun dort erdet nicht mehr, sorgt nicht für Wurzeln und Erfahrungen, nicht für Commonsense und Wirklichkeitssinn. Die Binnenbetriebsamkeit in diesem Biotop verschleißt enorm viel Lebenskraft, zieht die Tag für Tag Engagierten von wirklich substanziellen gesellschaftlichen Auseinandersetzungen ab. Und so sind die Aktivisten von früher Jugend an meist schon erschöpft, wenn sie da ankommen, wo sie immer hinwollten – und werden dann noch dazu härter denn je in der bundesdeutschen Geschichte in wutbürgerlichen Lebenswelten als abgehobene und egoistische Postenjäger beschimpft.

Über die Ambivalenzen des Bürgerengagements

Dabei war bereits in den 1970er in Pamphleten und Essays akademischer Neo-Marxisten Jahren viel und gern von den „Legitimationsproblemen des bürgerlichen Staates und der Demokratie" die Rede gewesen. Indes: Damals stand das Gros der Wahlbürger noch keineswegs im tiefen Groll den Institutionen der repräsentativen Demokratie gegenüber. Doch in jüngerer Zeit indessen hat sich die Sichtweise der Deutschen weitreichend verschoben. Das Ansehen besonders der Parteien, Parlamentarier und Regenten ist mit Aplomb zurückgegangen. So existiert das Problem, das vor 45 Jahren noch keines war, derzeit tatsächlich. Zumal: Moderne Demokratien sind, besonders im ersten Jahrzehnt des 21. Jahrhunderts, gleichsam in paradoxer Reaktion auf gesellschaftliche Vielfachdifferenzierung und partizipatorische Transparenz- und

Beteiligungsverlangen, mehr und mehr zu Verhandlungsexekutiven in verschlossenen Räumen und informellen Strukturen minoritärer Runden von Entscheidungsträgern mutiert. Die Vereinbarungen der politischen Klassen mit anderen potenten Akteuren in Ökonomie und Gesellschaft vollziehen sich zunehmend jenseits parlamentarischer Foren und ihrer Einwirkungsmöglichkeiten.

Die Parteien in Deutschland scheinen sich dem nicht zu widersetzen. Man kann seit Jahren Parteitage erleben, auf denen „Europa" als eines unter mehreren Themen auf der Tagesordnung steht. Sobald der Punkt aufgerufen wird, erheben sich etliche Delegierte – nicht anders als die journalistischen Beobachter – von ihren Sitzen, um in der Lounge Kaffee und Brötchen zu sich zu nehmen. Das Gros der nationalen politischen Mandatsträger hält sich vom Terrain transnationaler Entscheidungen längst fern, akzeptiert nahezu fatalistisch die eigene Einflusslosigkeit auf diesem Gelände. Statt der über Jahre in präsidialen Reden und Akademieansprachen belobigten Partizipation wurde Depolitisierung das politische Stil- und Herrschaftsmittel im frühen 21. Jahrhundert.[4]

Bürgerbeteiligung, zivilgesellschaftliches Engagement, Mitsprache – all diese Begriffe und Losungen, die primär in der sozialliberalen Reformära der frühen 1970er Jahre generationsprägend zirkulierten, erleben durchaus ein veritables Revival.[5] Schließlich zieht das

---

4   Vgl. Michelsen, Danny/Walter, Franz, Unpolitische Demokratie. Zur Krise der Repräsentation, Berlin 2013.

5   Hierzu im Folgenden zum Teil Überlegungen und Untersuchungsergebnisse, die im Februar 2013 ausführlich als BP-Gesellschafts-

politische System aus alledem auch seinen Nutzen. Hinter dem Engagement von Bürgern stehen Wissen, Information, Ideen, Einfälle und beträchtliche Energien, derer sich der Staat in allerlei Feldern, die nicht zum Kernbereich politischer Macht, dafür zum Aufgabenset erwartbarer Dienstleistungen gehören, gewinnbringend bedienen kann.[6] Überdies: Das institutionalisierte Gemeinwesen kann sparen, wenn emsige Bürger die Löcher stopfen, die aufgrund von Streichungen bei den Haushaltsplänen durch die öffentliche Hand gerissen worden sind. Selbst der dezidierte, oft bedrohlich erscheinende Bürgerprotestprotest kann dem System, ob beabsichtigt oder nicht, wertvolle Dienste leisten. Auch deshalb schauten akademische Marxisten schon in den 1970er Jahren misstrauisch auf die diversen Bürgerinitiativen. Die radikale Linke wertete deren Treiben als „systemstabilisierend", ordnete ihnen süffisant die Funktion eines „Frühwarnsignals" für die ansonsten ahnungslos gebliebenen Herrschenden zu, welche dann den Unmut durch reformistische Palliativmittel pazifizieren und letztlich unschädlich machen konnten. Rundum falsch war diese Interpretation nicht. Die von konservativen Professoren zeitgleich befürchtete „Unregierbarkeit"[7]

---

   studie von Mitarbeiterinnen und Mitarbeitern des Göttinger Instituts für Demokratieforschung in einer Publikation des Rowohlt-Verlages präsentiert wurden, vgl. Stine Marg u.a., Die neue Macht der Bürger. Was motiviert Protestbewegungen?, Reinbek 2013.

6 Vgl. Rucht, Dieter, Bürgerschaftliches Engagement in sozialen Bewegungen und politischen Kampagnen, in: Toyka-Seid, Christiane, Bürgerschaftliches Engagement in Parteien und Bewegungen, Opladen 2003, S. 17–155, hier: S. 18.

7 Siehe Matz, Ulrich, Der überforderte Staat: Zur Problematik der heute wirksamen Staatszielvorstellungen, in: Hennis,Wilhelm/

der modernen, fragmentierten demokratischen Gesellschaften trat jedenfalls nicht ein, trotz zahlreicher Protestwellen, einhergehend mit sozialen und kulturellen Konflikten, gerade in den Jahren des Sozialliberalismus nach der Ära Willy Brandt. Die gesellschaftlichen Eruptionen dieser Zeit trugen vielmehr dazu bei, dass sich das Parteiensystem erweiterte und dadurch die neuen rebellischen Kohorten und Bewegungen integrativ domestizierte, auch, dass sich die politische Elite ergänzte und somit Repräsentationslücken schloss, schließlich, dass sich der westdeutsche Kapitalismus durch ökologische Anstöße modernisierte und Wettbewerbsvorteile in den Umwelttechnologien auf dem Weltmarkt errang. Insofern wirken Partizipationsströme wie Fermente für rechtzeitige systemimmanente Innovation, die andernfalls zu spät hätte kommen können.

Andererseits: Protest und Partizipation erfordern ihren physischen und psychischen Tribut. Man hält nur eine Zeit lange die eitlen Auseinandersetzungen und artifiziellen Aufgeregtheiten des aktiven Lebens aus, braucht dann die kontemplative Ruhe und das meditative Schweigen, wenngleich öffentlicher Aktivismus nicht ganz wenige, die ihn betreiben, in Sucht und Abhängigkeit geraten lässt.[8] In der Zeit, die dem Engagement folgt, sind die erschöpften Akteure froh über Institutionen und Repräsentativorgane, die entlasten. Das konnte man seit Mitte der 1980er Jahre gut beobachten. Die junge Partizipati-

---

Kielmansegg, Peter Graf/Matz, Ulrich (Hrsg.), Regierbarkeit. Studien zu ihrer Problematisierung, Stuttgart 1977, S. 82–102.

8   Vgl. Hirschman, Albert, Engagement und Enttäuschung: Über das Schwanken der Bürger zwischen Privatwohl und Allgemeinwohl, Frankfurt am Main 1984, S. 110 f.

onsgeneration der sozialliberalen Jahre nahm während der Kohl-Ära eine Auszeit im kollektivem Engagement, da sie, in der Rushhour des Lebens angekommen, durch Beschleunigung und Multiplikation beruflich-privater Anforderungen keine freien Energien für zivilgesellschaftliche Intervention mehr besaß. Die viel beklagte Entpolitisierung der Kohl-Jahre war keineswegs allein eine gezielt politisch-kulturelle Restauration der regierenden Konservativen, sie wurde auch von denen, die sich weiterhin kritisch gaben, stillschweigend fundiert.[9]

Darauf hat in den letzten Jahren Ingolfur Blühdorn, Politologe an der englischen Universität Bath, wieder und wieder hingewiesen. Blühdorn sah im Rückzug aus der politischen Partizipation allerdings keine temporäre Erscheinung einer im Lebenszyklus vorübergehend erschöpften Generation. Der Politikwissenschaftler geht erheblich weiter, radikalisiert gewissermaßen das Paradigma der „Postdemokratie". Blühdorn bezweifelt, dass die Demokratie jemals eine adäquate Ordnung für moderne Gesellschaften war; und er glaubt nicht daran, dass sie noch ein attraktives Modell für die Mehrheit der Bürger im 21. Jahrhundert bleiben wird. Schlachtrufe der Art von „Democracia real YA!" oder Losungen wie „mehr Demokratie wagen" erscheinen ihm hohl, gar abschreckend. Das Gros der Bürger habe in den hochkomplexen Gesellschaften genug mit dem Management

---

9   Vgl. Blühdorn, Ingolfur, The sustainability of democracy. On limits to growth, the post-democratic turn and reactionary democrats, online einsehbar unter: https://www.eurozine.com/the-sustainability-of-democracy/ [zuletzt abgerufen am 14.06.2018].

der mittlerweile vielfältigsten Probleme und Aufgaben des Alltags zu tun, so dass zusätzliche Partizipationsanstrengungen im öffentlichen Raum für die überforderten Subjekte nicht mehr zu verkraften seien. Nicht zuletzt deshalb hätten die ehemaligen postmaterialistischen Mittelschichtsbürger so freudig die Metapher vom „politischen Konsum" aufgegriffen, um damit ohne weitere Engagementsleistungen das samstägliche Shopping zum zeitgemäßen Ausdruck weltverbessernder politischer Aktivität veredeln zu können.[10] Blühdorn sieht in einem solchen umdefinierten Partizipations- und Politikverständnis – von ihm als „simulative Demokratie" bezeichnet – gerade auch unter ökologischen Gesichtspunkten eine ernsthafte Gefahr für die Zukunft der Gesellschaften. Würden Bürger in einer im Grunde „reaktionär gewordenen Demokratie" in Konsumentengesellschaften zu zusätzlichen Beteiligungsansprüchen ermuntert werden, dann könne dies nur auf Kosten einer ressourcenschonenden Nachhaltigkeit gehen. Die innere Dynamik von Demokratie und Partizipation läuft Blühdorn zufolge auf Erweiterung hinaus, auf einen Zuwachs individueller (Konsumenten-) Autonomie und auf eine Anhebung des materiellen Lebensniveaus für organisations- und forderungsstarke Gruppen. Gerade diese Art von Emanzipation aber erachtet er als besondere Gefahr. Denn so stehe zu befürchten, so Blühdorns düsteres Orakel, „dass gerade unter den Bedingungen fortgeschrittener Gesellschaften ‚mehr Demokratie' vor allem mehr Naturzerstörung und

---

10   Vgl. Blühdorn, Ingolfur, Demokratie als Selbststillusion, in: Die Gazette 30 (2011), S. 26–30, hier: S. 28.

soziale Ausgrenzung bedeuten könnte".[11] Jahrzehnte vor Blühdorn hatte bereits ein liberal-konservativer Intellektueller zu bedenken gegeben: „Demokratisierung bedeutet im Regelfall nicht Demokratie, sondern Oligarchie. Es sollen ein paar neue Gremien eingerichtet, ein paar neue Räte besetzt werden."[12] Und Herfried Münkler, ein sozial-liberaler Denker und Politologe unserer Tage, urteilt gleichermaßen skeptisch, dass „das Demokratisierungsprojekt der Demokratie eher geschadet als genutzt"[13] habe. „Albtraum Partizipation"?[14]

Gleichviel. Der Partizipationsbedarf jedenfalls ist, auch wegen der gewachsenen Zahl an zeitreichen, gut qualifizierten „jungen Alten", gewiss zuletzt eher gestiegen. Schon und gerade der frühere Bundeskanzler Gerhard Schröder und andere sozialdemokratische Regierungschefs des sogenannten Dritten Weges reagierten darauf mit einer bewussten Strategie der Depolitisierung[15], gleichsam als Technik moderner Gouvernementalität, um

---

11 Vgl. Blühdorn, Ingolfur, Zur Zukunftsfähigkeit der Demokratie. Nachdenken über die Grenzen des demokratischen Optimismus, in: Wissenschaft & Umwelt Interdisziplinär, 14 (2011), S. 19–28, hier: S. 26.

12 Vgl. Gross, Johannes, Wie das Wunder in die Jahre kam, Düsseldorf 1994, S. 17.

13 Vgl. Münkler, Herfried, Wagnis Demokratisierung. Ob die Hoffnung zum Debakel wird?, in: Theater heute März 2010, S. 35–39, hier: S. 38.

14 Vgl. Miessen, Markus, Albtraum Partizipation, Berlin 2012.

15 Vgl. Burnham, Peter, New Labour and the politics of depoliticisation, in: British Journal of Politics and International Relations, Bd. 3, Heft 2, 2001, S. 127–149; Buller, Jim/ Flinders, Mathew, The Domestic Origins of Depoliticisation in the Area of British Economc Policy, in: Britsh Journal of Politics and International Relation 7 (2005), S. 526–543.

durch den Imperativ der „Alternativlosigkeit" Gegenpositionen zu delegitimieren. In der Tat: Der unzweifelhaft gestiegene Wunsch nach vielfachen Beteiligungen der Bürger an politischen Vorhaben verkomplizierte den Entscheidungsprozess. Das wiederum erzürnte das Gros der Bürger, deren Ansprüche auf ein rasches, konzises und effektives Regierungshandeln ebenfalls angestiegen sind, was in der Vetogruppendemokratie, zu der der Partizipationsimpetus unweigerlich führt, schlechterdings nicht zu realisieren ist. Der Bürger, der es in seiner Rolle als Konsument gewohnt ist, dass sein je individuelles Bedürfnis prompt befriedigt wird, reagiert politisch verdrossen, da die Politik den Bürgern nicht geben kann, was diese als Konsumenten verlangen und als Partizipanten zugleich verunmöglichen. Auch dürfte schwer zu leugnen sein, dass sich durch partizipatorischen Impetus die rechtlichen Regelungen im Resultat ausweiten, was in der Folge zu jener Überregulierung des öffentlichen Lebens führt, welche die Bürger dann gegen Staat und Politik in Wallung bringt.[16] Zusammen: Je heterogener die Bedürfnisstruktur von Gesellschaften ohne homogene sozialmoralische Vergemeinschaftung ausfällt, desto schwieriger gestaltet sich der Aushandlungsakt von Politik, die nur noch mühselig und inkohärent aggregieren kann, was die aufgesplitterte Gesellschaft an unterschiedlichsten Begehrlichkeiten an sie heranträgt und ihr abverlangt.[17]

---

16 Vgl. Christoph Möllers, Der vermisste Leviathan. Staatstheorie in der Bundesrepublik, Frankfurt am Main 2008, S. 69.

17 Ritzi, Claudia/Schaal, Gary, Politische Führung in der „Postdemokratie", in: Aus Politik und Zeitgeschichte, Heft 2–3 (2010), S. 9–15.

Aber das goldene Zeitalter fest strukturierter Weltanschauungslager ist nun mal passé. Doch was bedeutet das? Bietet das Grund zur Besorgnis oder vielmehr Anlass zur Erleichterung, da die früheren Lagerkulturen einen unzweifelhaft antiindividuellen Disziplinierungscharakter besaßen? Unter Interpreten überragt – und sicher nicht zu Unrecht – die positive Interpretation des gesellschaftlichen Dekompositionsprozesses. Man goutiert die sonnigen Seiten der Individualisierung, lebt die Opulenz der Optionen, schätzt die Möglichkeit des Auszugs aus beengenden, kontrollierenden, einhegenden Kollektiven. Das ist fraglos attraktiv – jedenfalls für diejenigen, die über Bildung, Mobilität, Selbstbewusstsein und Kreativität verfügen.

Nur: In den vom gelungenen Fortschritt entkoppelten Teilen der Gesellschaft bedeutet der Abschied von den bergenden Lagern in der Regel nicht das glückliche Entree in ein Reich neuer Möglichkeiten und Chancen. Hier geht die Erosion der sozialmoralischen Vergemeinschaftungen einher mit der Wahrnehmung eigener Überflüssigkeit.[18] Die alten Milieus hatten nicht allein Wärme und Nähe geboten, sondern ebenso zahlreiche Funktionen und Tätigkeiten im weit gefächerten Organisationssystem, was ihnen Bedeutung und Selbstbewusstsein verschaffte. Mit dem Zerfall der sozialmoralischen und politischen Vergemeinschaftungen ist diese aktivierende, ermutigende und inkludierende Wirkung großflächiger Organisationszusammenhänge der Selbsthilfe verloren gegangen. Die postindust-

---

18 Vgl. Kronauer, Martin: Exklusion: die Gefährdung des Sozialen im hoch entwickelten Kapitalismus, Frankfurt am Main 2002.

riegesellschaftliche Individualisierung ist daher für diejenigen ohne hinreichend eigene Handlungspotentiale und wissensgesellschaftliche Kompetenzen negativ, hoffnungsarm und im Grunde zukunftslos. Natürlich, ein Zurück zu den mitunter abträglich nach innen homogenisierenden und nach außen scharf konfrontativen Groß-Lagern wird es nicht geben. Schließlich vollzog sich die Herauslösung aus der Kollektivität, die Dekomposition der großorganisatorischen Hierarchien seit den 1970er Jahren nicht zufällig. Aber man kann es sich auch nicht zu einfach machen und nun fröhlich und selbstgewiss kurzerhand die „Bürger"- oder „Zivilgesellschaft" als probaten Ersatz für die überkommenen wie verschlissenen Milieus preisen.[19]

Die gegenwärtig gelobte Zivilgesellschaft jedenfalls bietet jenen wenig Hoffnungen und Aussichten. Gerade die modernen Partizipationsinitiativen liefern keine Lösung des Ungleichheitsproblems, laufen vielmehr noch stärker auf eine Art Zensusdemokratie hinaus. Es behaupten sich im zivilgesellschaftlichen Engagement im Wesentlichen diejenigen, die über besonderes Kapital verfügen, die Interessen wirksam zu organisieren vermögen, die in der Öffentlichkeit wahrgenommen werden, die Bündnispartner aufgrund des eigenen gesellschaftlichen Gewichts gezielt mobilisieren können. Wer hingegen über dergleichen rhetorische, organisatorische, kommunikative, natürlich auch materielle Quellen nicht verfügt, steht außerhalb der Teilhabe- und Mitwir-

---

19 Vgl. Adloff, Frank: Die Zivilgesellschaft. Theorie und politische Praxis. Frankfurt am Main/New York 2005; Kocka, Jürgen, Zivilgesellschaft in historischer Perspektive, in: Forschungsjournal Neue soziale Bewegungen 2 (2003), S. 29–37.

kungsgesellschaft.[20] Das Unbehagen darüber hält sich erkennbar in Grenzen, obwohl im Akt der Partizipation und des aktiven Protests gar ein Treibmittel der Ungleichheitsverschärfung steckt. Eine wesentliche Quelle für zivilgesellschaftliches Engagement ist die biographisch mehrfach gestützte Erfahrung von Selbstwirksamkeit.[21] Personen, die bereits von Kindheit an die Wirkmächtigkeit ihres Tuns erleben durften, Zuspruch fanden, Lob ernteten, verfügen über feste Polster an Selbstvertrauen. In den neuen Unterschichten dagegen muten die biographischen Schlüsselerlebnisse anders an: In der Bilanz überwiegen Abbrüche, Risse, Zurückweisungen, Verletzungen, nicht die psychisch stärkenden Augenblicke des Gelingens und des Erfolgs.

Allein deshalb bevölkern Mittelschichtzugehörige mit akademischen Titeln und Abschlüssen die Bürgerbegehren, aber kaum diejenigen ohne solchen Hintergrund.[22] Und im kollektiven Engagement setzt sich die Kompetenzerweiterung bei denjenigen, die bereits reichlich mit Wissen, Informationen, oratorischen Fähigkeiten versorgt sind, nochmals fort. Denn bei der Organisation

---

20   Vgl. Klatt, Johanna, Individualisierte Zivilgesellschaft und die Beteiligung sozial Benachteiligter, in: betrifft: Bürgergesellschaft 37, Dezember 2011, online einsehbar unter http://www.fes.de/buergergesellschaft/documents/BB-37IndividualisierteZivilgesellschaft.pdf. [zuletzt abgerufen am 14.06.2018].

21   Vgl. Bandura, Albert, Perceived Self-Efficacy in Cognitive Development and Functioning, in: Educational Psychologist, Jg. 28 (1993), Heft 2, S. 117–148.

22   Vgl. van Aelst, Peter/Walgrave, Stefaan, Who is that (wo)man in the street? From the normalization of protest to the normalization of the protester, in: European Journal of Political Research, Jg. 39 (2001), Heft 4, S. 461–486, hier: S. 462.

von gemeinschaftlichem Engagement sammeln sich ebenfalls Fertigkeiten an. Die Aktiven müssen in der Lage sein, Organisationsstrukturen aufzubauen, Medienkontakte zu unterhalten, mit sattelfesten Begründungen ihres Anliegens bei Behörden Druck und Eindruck zu machen, in den Details der Rechtsprechung kundig zu wirken.

Man kann auf diese Weise zum Professionellen des gesellschaftlichen Aktivismus avancieren. Immerhin werden derzeit erste Stimmen auch im zivilgesellschaftlichen Spektrum selbst laut, die davor warnen, dass sich eine elitäre Binnengruppe von expert citizens herausschält, welche durch ihre hohe Professionalität im Umgang mit Bürokratien, Verbänden, Parteiapparaten und Medienrepräsentanten gewissermaßen einen Partizipationslobbyismus begründet, um zwischen den Wahltagen und trotz widriger parlamentarischer Mehrheitsverhältnisse die exklusiven Interessen der sie tragenden, zuwendungsfähigen Bürgertummilieus durchzusetzen. In einer solchen Zivilgesellschaft geht es nicht anders zu als in Wettbewerbsgesellschaften generell: Diejenigen mit hohem Ressourcenpotenzial verknüpfen ihre Interessen, nutzen die so kumulierte Marktmacht, erweitern schließlich im Prozess und Ergebnis der zivilgesellschaftlichen Konflikte Zug um Zug ihre Positionen und ihren Einfluss. Die anderen, ohne dieses komfortable Depot an Kapital, Kompetenz und Kontakten, halten nicht mit, geraten noch stärker in die gesellschaftliche Defensive.

Etwas seltsam ist es deshalb schon, dass gerade in Deutschland „Partizipation besonders hemmungslos verklärt"[23] wird. Denn die neuere deutsche Gesellschaft gibt vor allem mit Blick auf die Jahre von 1925 bis 1932 einige Hinweise darauf, dass „Organisation und Aktivierung"[24] von Bürgervereinigungen jenseits von Staat und Parteienwesen keineswegs zur Stabilisierung von Demokratie und Zivilität beitragen müssen. Die militante Polarisierung und dogmatische Entfesselung der zivilgesellschaftlichen Destruktionskräfte in den 1920er und frühen 1930er hat eins gezeigt: Eine in konfrontative Weltanschauungen und Eigenwelten geteilte Zivilgesellschaft, die schwachen staatlichen Institutionen und Repräsentativorganen gegenübersteht, kann parlamentarisch verfasste Demokratien nicht festigen, sondern nur unterminieren.[25]

Nun sind die politischen Institutionen in der bundesdeutschen Gesellschaft natürlich weit stabiler als in jenen unglücklichen Jahren der Weimarer Republik. Auch hat sich gerade die politische Kultur des mittleren deutschen Bürgertums seit den 1960er Jahren kontinuierlich verändert. Eine reaktionäre Zivilgesellschaft steht nicht vehement rüttelnd vor dem Zaun. Da Mitwirkung und Selbstverantwortung den Bürgen seit Jahren gezielt in allen möglichen Sektoren ihres Lebens abverlangt werden, ist ein Zuwachs an Partizipation in der Politik schwerlich zu desavouieren. Die Zahl der Bundesbürger, die über gefestigtes Selbstbewusstsein und beträchtliche Wissensbestände verfügen, ist so stark gewachsen, dass eine unhinterfragte Subordination

---

23   Vgl. Miessen, Markus, Albtraum Partizipation, Berlin 2012, S. 7.

24   Vgl. Fritzsche, Peter, Wie aus Deutschen Nazis wurde, Zürich/München 1999, S. 46.

25   Vgl. sehr eindrücklich Berman, Sheri, Civil Society of the Weimar Republic, in: World Politics: A Quarterly Journal of International Relations, Jg. 49 (1997), Heft 3, S. 401–429, hier: S. 419.

gegenüber der Autorität von Politikern und Ministerialbeamten nicht mehr zu erwarten ist.

Schließlich haben sich Umfang, Bedeutung und Dauer besonders von Großprojekten in einem solchen Maß potenziert, dass ein einmaliges, durchaus ordnungsgemäß verlaufendes Verfahren nicht mehr reicht, um deren Legitimation zu sichern.[26] Dehnt sich allein die Planungs- und Bauzeit auf zehn bis zwanzig Jahre aus, sind die Eingriffe solcher gigantischer Bauunternehmen in die Lebensformen der Bürger tief und von Dauer, zumindest kaum zu korrigieren, dann haben nachgewachsene Alterskohorten, die wegen mangelnder Mündigkeit zu Beginn des Verfahrens als Wähler nicht einmal zumindest indirekt in die Willensbildung einbezogen waren, einiges Recht, vor neuen Hintergründen neue Einwände zu formulieren und sich dem Vollzug der Planungsschritte in den Weg zu stellen.

Die Reversibilität von Entscheidungen gehört bekanntlich zum innersten Kern demokratischer Legitimation, die sich im 21. Jahrhundert stärker als zuvor durch eine fortlaufende Begründung und Erörterung ihrer selbst ausweisen muss.[27] Man mag das eine „doppelte Demokratie"[28] nennen, um auf die Ergänzung der parlamenta-

---

26 Hierzu ebenfalls Brettschneider, Frank, Kommunikation und Meinungsbildung bei Großprojekten, in: Aus Politik und Zeitgeschichte, Heft 44–45 (2011), S. 40–47, hier: S. 42.

27 Vgl. auch Horst Dreier, Integration durch Verfassung? Rudolf Smend und die Grundrechtsdemokratie, in: Hufen, Friedrich (Hrsg.), Verfassungen. Zwischen Recht und Politik. Festschrift zum 70. Geburtstag für Hans-Peter Schneider, Baden-Baden 2008, S. 70–96, hier: S. 94.

28 Gross, Andreas, Heilung durch direkte Demokratie, in: Frankfurter Allgemeine Zeitung, 01.12.2010, online einsehbar unter: http://

rischen Methode durch direktdemokratische Elemente der Willensäußerung zu drängen; man kann auch für eine „zugleich responsive und partizipatorische Demokratie"[29] plädieren oder die „Demokratisierung der repräsentativen Demokratie"[30] postulieren. Vom basisdemokratischen Furor werden all diese Vorschläge nicht angefeuert. Aber ihre Autoren verschließen nicht die Augen davor, dass das erreichte Partizipationsniveau in der Gesellschaft mehr und mehr in eine Spannung mit der Beschränkung des Bürgers im parlamentarischen Feld auf den Wahlakt gerät, dass also eine neue Balance gefunden werden muss, für die im Entstehungsakt des Parlamentarismus in der Frühmoderne noch keine Notwendigkeit existierte. Bemerkenswert ist hier die Begründung, die der Politikwissenschaftler Herfried Münkler für eine neue Varianz demokratischer Artikulation gibt. Auch ihn beunruhigt, dass in der Gesellschaft zu den schon länger bekannten „Verdrossenen" (meist der unteren Schichten) mit der Zeit auch noch die „Empörten" (überwiegend aus der Mitte) hinzugekommen sind. Deren „Problem ist, dass sie nicht wirklich wissen, was und wie etwas anders gemacht werden kann. Sie drücken Empörung aus, ohne konkrete Alternativen ins Spiel bringen zu können. Der Zerfall des Volkes in Verdrossene auf der einen und Empörte auf der anderen Seite ist für die Demokratie gefährlich. Hier

---

www.faz.net/aktuell/politik/staat-und-recht/gastbeitrag-heilung-durch-direkte-demokratie-11084926.html. [zuletzt eingesehen am 14.06.2018].

29 Vgl. Vorländer, Hans, Spiel ohne Bürger, in: Frankfurter Allgemeine Zeitung, 11.07.2011.

30 Vgl. Miquet-Marty, François, Les oubliés de la démocratie, Paris 2011, S. 165, S. 168.

können direktdemokratische Verfahren hilfreich sein, wenn sie die Verdrossenen aus ihrer Lethargie holen und die Empörten zwingen, Alternativen zu formulieren und dafür Mehrheiten zu gewinnen."[31]

Der Mangel an überzeugenden Alternativkonzepten wird den Protestgruppen häufig vorgeworfen. Aber oft geht es den demonstrierenden Bürgern gar nicht um eine große umstürzlerische Alternative, um einen weiteren hochmodernen Zukunftsentwurf. Ihnen ist die Gegenwart schon viel zu sehr von Zukunft durchdrungen, da seit Jahren in immer kürzeren Abständen Innovationsbedarf angemeldet und Veränderungen in Permanenz apodiktisch – um der Zukunftsfähigkeit willen – ausgerufen werden. Die Normen dieser „Zukunftsfähigkeit" der Erwerbsgesellschaft – jederzeit professionelles Verhalten, flexible Einpassungsbereitschaft, elastische Mobilitätsfähigkeit – haben die früher abgetrennte Sphäre des Berufs verlassen und den gesamten Alltag besonders der Mitte vereinnahmt. Gerade deshalb benötigen die Betroffenen Ruhepunkte, Oasen, Nischen, um auszuhalten und zu ertragen, was der Primat der Ökonomie täglich dem bürgerlichen Einzelnen abverlangt. Die Moderne hat stets Räume des Nichtmodernen gebraucht, in denen sich sozialmoralische Mentalitäten, kulturelle Eigenarten, eigenwillige Zeitstrukturen konservierten, um Orte der Kompensation, auch Stätten des Widerstands gegenüber dem sonst ungehemmt wuchernden Destruktionstrieb des Kapitalismus zu

---

31 Münkler, Herfried, Die Verdrossenen und die Empörten, in: Neue Zürcher Zeitung, 24.04.2012, online einsehbar unter: https://www.nzz.ch/feuilleton/die-verdrossenen-und-die-empoerten-1.16611315. [zuletzt abgerufen am 14.06.2018].

besetzen. Diese vormodernen Räume, welche die kapitalistischen Marktgesellschaften durch Begrenzung stützten, die aber auch die Erinnerung an Lebensweisen und Sinnmuster jenseits davon bewahrten, Nester des Widerstands mit Tagträumen des „ganz Anderen" bildeten, sind rar geworden.

Doch fragen wir nicht nur nach den Ressourcen für Nonkonformität und Eigensinn, sondern auch nach dem, was man vor rund 20 Jahren besonders gern und viel thematisiert hat und als „gesellschaftlichen Zusammenhalt" bezeichnet. Die Debatte darüber war zwischenzeitlich auffällig verebbt, wenngleich innergesellschaftliche Heterogenitäten und Disparitäten währenddessen gar zugenommen hatten. Im Jahr 2015 aber ist, in Anschluss an Pegida, die rasant gestiegenen Flüchtlingszahlen, die Terroranschlägen der IS, die Frage nach dem Kohäsionsstoff, der in modernen Demokratien ohne ein verbindlich vorausgesetztes Werteset gleichwohl ein ziviles Miteinanderauskommen von Bürgern sehr unterschiedlicher Provenienz zu ermöglichen vermag, wieder stärker zurückgekehrt. Der Deutsche Bundestag hat gar etliche Millionen Euro für den Aufbau eines „Instituts für gesellschaftlichen Zusammenhalt" bewilligt. Denn die „anzunehmenden Zweifel an den Grundlagen von Staat und Gesellschaft erfordern eine umfassende wissenschaftliche Auseinandersetzung mit Strukturen und Wahrnehmungen gesellschaftlicher Zugehörigkeit"[32], wie das jetzt zustän-

---

32 Vgl. BMFSFJ, Bekanntmachung. Richtlinie zum Aufbau eines „Instituts für gesellschaftlichen Zusammenhalt"; Bundesanzeiger vom 08.11.2017, online einsehbar unter: https://www.bmbf.de/foerderungen/bekanntmachung-1454.html[zuletzt

dige Bundesministerium für Bildung und Forschung dazu begründend ausführt.

In der Tat: Wirklich weit vorangeschritten sind die Erörterung über diese Frage noch nicht. Die klassische Integrationsformel für den bundesdeutschen Verfassungsstaat bot anfangs der Staatsrechtler Rudolf Smend, die er aus dem Scheitern der auch von ihm als Deutschnationalem in jenen Jahren nicht geschätzten Weimarer Republik analytisch gewonnen hatte.[33] Die Weimarer Gesellschaft, die in zum Teil blutig ausgetragene weltanschauliche und soziale Konflikte gespalten war, hätte, so Smend, Erlebnisse der Einheit, einen von allen Bürgern geteilten Sinn, benötigt, welcher sich durchgängig in einer erlebten Gemeinschaft reproduzieren müsse. Die Integration der Gesellschaft, durch die der Staat sich erst wirklich als Staat realisiere, habe sich in einer anerkannten und die Konflikte überwölbenden Führungsgestalt zu erfüllen. Wichtig hierfür war für Smend zudem der Erlebnischarakter[34] von Gemeinschaft und Gemeinsamkeit. Und die Integration brauchte Symbole, Manifestationen und Rituale in Form von nati-

  abgerufen am 14.06.2018].

33 Vgl. Smend, Rudolf, Verfassung und Verfassungsrecht, München 1928; hierzu auch und besonders der scharfsinnige Aufsatz von Dreier, Horst, Integration durch Verfassung? Rudolf Smend und die Grundrechtsdemokratie, in: Hufen, Friedrich (Hrsg.), Verfassungen. Zwischen Recht und Politik. Festschrift zum 70. Geburtstag für Hans-Peter Schneider, Baden-Baden 2008, S. 70–96.

34 Hennis, Wilhelm: „Der Begriff des Erlebnisses ist zentral für Smend", ders., Integration durch Verfassung? Rudolf Smend und die Zugänge zum Verfassungsproblem nach 50 Jahren unter dem Grundgesetz, in: Juristenzeitung, 54 (1999), S. 485–495, hier: S. 493, FN. 44.

onal-einträchtigen Gesängen, Feiertagen, Gedenkveranstaltungen, Fahnen. Das alles zusammen bildete seinerzeit die berühmte Smend'sche Faktorentrias gelungener Einbindung: Vergemeinschaftung über Persönlichkeit, Sachlichkeit und Funktionalität. Smend forderte überdies die Integration von den Staatsbürgern selbst ein; ihnen war die Aufgabe gestellt, aktiv an der Einheit von Werten und Staatsanpassung mitzuwirken.[35] Der Einzelne hatte die Pflicht zur Gemeinschaft, zum Dienst am Staat, zur bereitwilligen Subordination unter den Imperativ der Geschlossenheit.

Nur: Wie realitätsadäquat ist das alles (noch)? Schaut man sich die aktuellen Fragmentierungen in der europäischen Politik an, dann könnte man auf den ersten Blick für eine Reaktualisierung von Smend plädieren. In der Europäischen Union fehlt schließlich alles, was hiernach an Faktoren für eine erfolgreiche Integration zusammenkommen sollte: einbindende, sammelnde und orientierende politische Führung, das Erlebnis einer gemeinsamen politischen Öffentlichkeit, emotionalisierende und Homogenität stiftende Symbole für die Gemeinschaft eines europäischen Volkes. Die massiven Flüchtlingsbewegungen im Jahr 2015 haben die Kontroverse um die Integrationsformeln weiter verschärft. Viele Muslime, geben Experten zu bedenken, stören sich an der Beliebigkeit der Wertevorstellungen, die im Westen, ihrer neuen Heimat, gang und gäbe ist: „Es gebe keine Regeln, keine allgemeingültigen Werte mehr, man könne alles so oder auch an-

---

[35] Vgl. Freiherr von Campenhausen, Axel, Zum Tode von Rudolf Smend, in: Juristenzeitung, 30 (1975), S. 621–625, hier: S. 623.

dersherum sehen"[36], lautet die Klage. Auf der anderen Seite fürchten Konservative aus dem deutschen Politikspektrum, dass die Überlast an muslimischen Flüchtlingen „die Identität und Integrität unserer deutschen Kulturnation"[37] gefährde. Und dazwischen äußern sich Zugehörige einer kommunitaristisch orientierten, bildungsbürgerlich-ökologisch gesinnten Mitte schon seit Jahren in Sorge darüber, dass die hochindividualisierten Gesellschaften des Westens nicht einmal mehr ein Minimum an verbindlicher Ethik, auch an gesellschaftlichem Konsens, hervorbringe, was Solidaritäten zerstöre, Antinomien züchten müsse.

Kurz: Nötig scheint ein Integrationsmaterial, das die gesellschaftliche Entwicklung nicht nur nicht recht hervorbringt, sondern geradezu konterkariert, vereitelt. Moderne Gesellschaften zerfallen immer stärker in Teilmilieus, Einstellungspräferenzen, spirituelle Vorlieben, ethnische Herkünfte und Zuordnungen, Überzeugungen und Lebensstile, man mag zudem sagen: in autonome Subsysteme mit je eigenen Codes und Logiken. Und auch die politisch-gesellschaftlichen Partizipationspraxen der letzten Jahre erleichtern Integration nicht unbedingt, da die Aktivitäten zumeist gut ausgebildeter

---

36 Vgl. Freidel, Morten, „Wir müssen Verantwortung für dieses Ungeheuer übernehmen", in: Frankfurter Allgemeine Sonntagszeitung, 29.11.2015, online einsehbar unter: http://www.faz.net/aktuell/politik/kampf-gegen-den-terror/psychologe-ahmad-mansour-im-interview-ueber-islamismus-13924859.html?printPagedArticle=true#pageIndex_0 [zuletzt abgerufen am 14.06.2018].

37 So der frühere Bundesminister Rupert Scholz, zitiert nach: Lohse, Eckard/Schäfer, Albert, Schläge aus München härten ab, in: Frankfurter Allgemeine Zeitung, 21.11.2015.

und selbstbewusster Bürger vielfach allein projektbezogen und dabei robust interessenorientiert sind, die politische Moderation und balancierenden Ausgleich nicht ganz einfach machen.[38] Insofern lautete die zwar trotzig formulierte, jedoch wohl auch aufmunternd gemeinte, im Grunde aber resignierte Empfehlung des Sozialwissenschaftlers Helmut Dubiel schon vor gut zwanzig Jahren: „Die demokratische Gesellschaft hingegen sollte auf jede – und noch so schwache – Suggestion von Einheit verzichten. Im Unterschied zu einem so interpretierten Totalitarismus bezeichnet Demokratie das Projekt einer Gesellschaft, die sich einzig in der institutionalisierten Anerkennung ihrer normativen Desintegration integrieren kann."[39] Es seien einfach „nicht mehr Ähnlichkeiten des religiösen Bekenntnisses, ethnischer Merkmale oder nationaler Traditionen, die moderne Gesellschaften integrieren, sondern einzig ihr historisches Kapital ertragener Divergenz."[40] Ganz geheuer aber war Dubiel sein eigener Ratschlag wohl auch nicht. Denn zum Ende seiner Überlegungen gab er zugleich zu bedenken: „Und am Phänomen des Konfliktes ansetzende Theorien politischer Integration – wie die unsere – müssen die Grenze bedenken, jenseits deren Konflikte nur noch desintegrativ wirken."[41]

---

38 Vgl. auch Greven, Michael Th., Politisierung ohne Citoyens. Über die Kluft zwischen politischer Gesellschaft und gesellschaftlicher Individualisierung, in: Klein, Ansgar /Schmalz-Bruns, Rainer, Politische Beteiligung und Bürgerengagement in Deutschland. Möglichkeiten und Grenzen, Baden-Baden 1997, S. 231-251, hier: S. 248.

39 Vgl. Dubiel, Helmut, Ungewißheit und Politik, Frankfurt am Main 1994, S. 113.

40 Ebd., S. 114.

41 Ebd., S. 116.

Es kann/wird gewiss kein Zufall sein, dass viele kluge Zeitgenossen derzeit resigniert über die „Ideenverlassenheit", das „intellektuelle Vakuum" klagen. Denn viele traditionelle Glaubenssysteme und Werteorientierungen, denen der Dünger der nunmehr kolonialisierten Biotope fehlt, wanken. Aber neue Baupläne für Sinn und Gesellschaft zirkulieren kaum in den öffentlichen Diskursen. Aus Studien wissen wir, dass Menschen in historischen Situationen wie der gegenwärtigen, in denen sich gleich mehrere gesellschaftliche Basisprobleme von geschichtlicher Tragweite überlappen, darum bemüht sind, die neuen Fragen, denen mit alten Antworten nicht zu begegnen ist, zunächst zu ignorieren, um sich nicht dem Leidensdruck von Enttäuschungen und Orientierungserschütterung auszusetzen. Das gilt auch für die gegenwärtigen Partizipationsbewegungen, die bezeichnenderweise überwiegend einen betont reaktiven Zug aufweisen. Die Frustrationshäufung muss erst über ein verträgliches Limit hinausgegangen sein, bis neue Einsichten durchbrechen und zur Routine geronnene Verhaltensweisen sich ändern. Dann allerdings geschieht das nicht selten heftig und grundsätzlich. Dann wäre wohl auch nicht mehr lediglich von einer bloß simulativen Partizipation zu sprechen.

In einigen Teilen der an Liberalität und republikanisch-aufgeklärtem Kommunitarismus unterversorgten Staaten Europas könnte in mittlerer Perspektive allerdings eine Art negativer Individualisierung stehen, die nur dann zum Kollektiv noch drängt, um äußere Konkurrenten und kulturell Fremde abzuwehren.[42]

---

42 Vgl. Gudkov, Lev, Russlands Systemkrise. Negative Mobilisierung und kollektiver Zynismus, in: Osteuropa 57 (2007), Heft 1, S. 3–13.

Solche Gesellschaften sind zunehmend spirituell entleert, da ihnen alle Vorstellungen über tragende Prinzipien und ein gemeinschaftliches Ethos verloren gegangen sind. Hier entsteht nichts, was die Einzelnen im Verbund mit anderen noch positiv, durch einen orientierenden Entwurf von Gesellschaft motiviert, in Bewegung setzen könnte. Politische Agonie und Statusfatalismus scheinen dort jedenfalls wahrscheinlicher als gezielte kollektive Anstrengungen unter gerechtigkeitszentrierten Auspizien.[43]

Natürlich, das ist eine recht düstere Sichtweise. Und natürlich sollte man, um den bekanntlich rasch lähmenden Pessimismus zu mäßigen, auch auf die beachtlichen rechtsstaatlichen und liberal-reflexiven Polster und Projekte in den gefestigten Demokratien hinweisen. Unzweifelhaft richtig ist auch, dass die parlamentarischen Institutionen in solchen Nationen weiterhin intakt sind. Doch sollte man wohl zugleich nicht vergessen oder ignorieren, wie der scharfsinnige soziologische Beobachter Max Weber schon die durch die Verfassung des Bismarckreiches machtpolitisch beschränkte Rolle des Parlaments bewertete: „Denn darauf: ob große Probleme in einem Parlament nicht nur beredet, sondern maßgeblich entschieden werden – ob also etwas und wie viel darauf ankommt, was im Parlament geschieht, oder ob es nur der widerwillig geduldete Bewilligungs-Apparat einer herrschenden Bureaukratie ist, stellt sich die Höhe oder Tiefe seines Niveaus ein".[44] Weber zielte damit auf das „tief herabgedrückte" geistige Niveau der gewählten

---

43 Vgl. Becker, Thomas A., Aufbruch oder Agonie?, in: Neue Zürcher Zeitung, 7.12.2011.

44 Zit. in: Schluchter, Wolfgang, Was heißt politische Führung, in: Zeitschrift für Politikberatung 2 (2009), S. 230–250, hier: S. 235.

Volksvertreter dieser Ära, denen überwiegend die Gabe der politischen Rede fehlte, die analytische Schärfe und Deutungskraft abging und die der Fähigkeiten zur aufklärenden Mehrheitsbildung und weitsichtigen Verantwortungspolitik entbehrten – alles eine notwendige Folge der Bedeutungsschwäche und Machtferne des damaligen Reichstags. Nimmt man den Befund Max Webers beim Wort, dann wäre die politische Lage auch im zweiten Jahrzehnt des 21. Jahrhunderts, was den Parlamentarismus angeht, ernst.

Der Januskopf des „Appell au peuple"

Aufgeklärte Demokraten seien, so lautet der generelle bundesdeutsche Tenor, ganz unbedingt einem rationalen Begriff von Politik verpflichtet. Das mag aus bildungsbürgerlicher Perspektive wohl richtig, gewiss auch löblich sein. Mit der wirklichen Geschichte von Politik, Parteien und sozialen Bewegungen hat ein solcher unzweifelhaft ehrenhafter Rationalismus allerdings wenig zu tun. Zu Beginn ihrer Entwicklung waren nämlich alle heute durch und durch staatstragenden Parteien hemmungslos populistisch, bildeten einen Tummelplatz für Volksredner, Demagogen und Sektierer aller Art.

Zu Beginn stand stets der „Appell au peuple", wie es der Historiker Thomas Nipperdey einmal treffend charakterisierte. Der frühe Liberalismus war in seiner Verschmelzung mit dem Nationalismus und der Nationalbewegung originär populistisch. Das katholische Milieu agierte im Kulturkampf der 1870er Jahre mit genuin populistischen Methoden gegen die protestantisch-liberale Führungsschicht in Staat, Wirtschaft und an den Universitäten.[45] Für das messianische proletarische Welterlösungsversprechen und die bipolare Klassenanalyse der marxistischen Vorkriegs-SPD galt das gleiche. Die Konservativen gerieten in den 1890er Jahren durch die Allianz mit dem wüst sozialreaktionär agitierenden „Bund der Landwirte" in einen populistisch lärmenden Verbund.[46] Noch die basisdemokratische, zunächst antiparlamentarische Erweckungsagitation der Grünen stand, dann hundert Jahre später, durchweg in populistischer Tradition. Auch die (wohl bestenfalls) halbe Neubildung der Linken im letzten Jahrzehnt verdankte ihren zuvor schwerlich absehbaren Erfolg zu einem Gutteil dem populistischen Geschick Oskar Lafontaines.[47] Schließlich wiesen die Piraten ebenfalls die typischen Wesenszüge des Populismus auf, da auch sie alles Übel und Heil von Gesellschaft und Politik aus einem Punkt heraus interpretierten und mit Hilfe der von ihnen feilgebotenen Zauberformel die identitäre Übereinstimmung, ja Verschmelzung von Volk, Willensbildung und demokratischem Vollzug herzustellen versprachen.[48] „Populistische Lösungen können sich als die wahre Demokratie ausgeben, weil sie die schnelle

---

45 Vgl. Nipperdey, Thomas, Religion im Umbruch: Deutschland 1870–1918, München 1988, S. 9ff.

46 Vgl. Wehler, Hans-Ulrich, Deutsche Gesellschaftsgeschichte. 1849-1918, Band 3, München 1995, S. 1060-1067, S. 1045–1050.

47 Vgl. Walter, Franz, Die Linkspartei zwischen Populismus und Konservatismus. Ein Essay über „Vergreisung als Chance", in: Spier, Tim/Butzlaff, Felix/Micus, Matthias/Walter, Franz (Hrsg.), Die Linkspartei. Zeitgemäße Idee oder Bündnis ohne Zukunft?, Wiesbaden 2007, S. 339–343.

48 Vgl. Hensel, Alexander/Klecha, Stephan/ Walter, Franz, Meutereien auf der Deutschland. Ziele und Chancen der Piratenpartei, Berlin 2012, S. 67 ff.

Umsetzbarkeit von Volks- und Wählerwillen suggerieren können."[49] In allen historischen Fällen speiste sich der Populismus in seiner parteibildenden Gründerzeit aus zunächst rückwärtsgewandten Motiven, aus der Erinnerung an traditionelle Rechte, die durch jähe gesellschaftliche Modernisierungsschübe unbarmherzig in Frage gestellt wurden. Die populistische Empörung darüber wirkte eben parteibildend, aktivierend und mobilisierend. Im Laufe einer langen parlamentarischen Selbsterziehung indes blieb nicht viel von ihr übrig. Die Realentwicklung von Sozial- und Christdemokraten, Liberalen und Ökolibertären jedenfalls macht deutlich, dass populistische Anfänge keineswegs in die Permanenz eines erregten Fundamentalismus münden müssen. Allerdings ist es nach den bisherigen historischen Erfahrungen auch nicht auszuschließen: Wo der charakteristische Radikalisierungsstoff des Populismus' in Gänze freigelegt und der eskalierende Gebrauch einer bedenkenlosen Führung möglich ist, ohne dass die Bewegungsideologie begrenzende, ethisch bindende Selbstgebote enthielt, da waren die destruktiven Kräfte, die Lust an der Enthemmung und Zerstörung, letztlich nicht mehr zu bremsen oder gar zu domestizieren. Ob die etwa vom *Front National* verkündete Strategie der „Normalisierung" und „Entdiabolisierung" seiner selbst wirklich zu parlamentarischen Adaptionen und Bändigung ihrer Anhängerschaft führen möchte, ist in der Tat mehr als fraglich.[50]

---

49 Vgl. Nassehi, Armin, Die großen Vereinfacher, in: Süddeutsche Zeitung, 28.4.2011.

50 Siehe hierzu schon: o.A.: La vraie nature de Marine Le Pen, in: Le Monde, 23.9.2012, online einsehbar unter: https://www.lemonde.fr/politique/article/2012/09/22/la-vraie-nature-

Populisten brauchen den Resonanzboden der Deformation, sonst bleiben ihre Künder nur verschrobene Sektierer für exaltierte Randgruppen. Daher ist zugkräftiger Populismus ein verlässlicher Seismograph für das, was schief läuft zwischen sozialen wie kulturellen Eliten hier und niedriger geschichteten Bürger dort, auch: zwischen politischen Institutionen im Staatssektor oben und gesellschaftlichen Gruppen im Wurzelbereich unten. Populismus ist daher auch kein Monopol der politischen Rechten, auch kein Alleinstellungsmerkmal einer in Krisenzeiten panisch reagierenden sozialen Mitte. Mit dem klassischen Gestus und Duktus des Populismus' erzielte etwa die Linke Lafontaines und Gysis bei den Bundestagswahlen 2005 und 2009 Resonanz in solchen Schichten, die sich bereits in die Wahlenthaltung und Teilhabelosigkeit verabschiedet zu haben schienen. Insofern ist Funktion und Wirkung des Sozialpopulismus zumindest ambivalent: Er kann Gruppierungen reaktivieren, die sich zuvor nahezu apathisch ihrem Ausgrenzungsschicksal ergeben hatten.

Wenn die Eliten, noch dazu in transnationalen Zirkeln oder bürokratischen Stäben, zu sehr zusammenrücken und sich abschließen, in ihrer Kommunikation durch sprachliches Distinktionsgebaren abgrenzen, dann schlägt die Stunde des antielitären Protests, der eben nicht ohne allen Grund Salz in die Wunden eines monolithisch verengten politischen Diskurses streut. Der Erfolg der charismatischen Außenseiter weist stets auf Defizite der herrschenden Eliten hin, auf den Niedergang der öffentlich-parlamentarischen Rede, auf die

---

de-marine-le-pen_1764003_823448.html [zuletzt eingesehen am 14.06.2018].

Erfahrungsverdünnung in der politischen Klasse, auf den Mangel an Bildern, Phantasie, Sinnlichkeit in der offiziellen politischen Ansprache. Populisten finden Zuspruch, wenn sie eine volksnahe Sprache verwenden, zu der die Eliten nicht mehr in der Lage sind. Immer noch wird der zunehmende Tribalismus der modernen Gesellschaft in Bezug auf sprachliche Eigenkulturen unterschätzt. Der populistische Agitator findet Gehör, wenn die Sprache des politischen und ökonomischen Establishments zum Distinktionsjargon geworden ist – introvertiert, abgehoben, technokratisch, herrisch. Hierzu gehören seit Jahren die ebenso großspurigen wie leeren Modernisierungsphrasen von den „Synergieeffekten", „Exzellenzprogrammen", „Clustergesprächen", „Zielvereinbarungen". Eliten schwärmen von Globalisierung, Internationalisierung, Mobilität und Flexibilität. Ganze Bevölkerungssegmente hingegen bekommen es mit der Angst, wenn diese Begriffe nur auftauchen. Eliten fordern Weltoffenheit, Elastizität, lebenslanges Lernen ein. Das alles löst jedoch (zumindest) bei etlichen Älteren mit formal geringer Bildung in ihrer oft kleinstädtischen Sesshaftigkeit blanke Furcht und heftige Besorgnis aus. Zugleich sperrt sich der Effizienzdiskurs, da er für sich unzweifelhafte Autorität einer gänzlich alternativlosen Sachverständigkeit erheischt, gegen jedes Veto, also: gegen das demokratische Versprechen.

Die von den wissensgesellschaftlichen Gewinnern goutierte Modernität und gepriesene Individualität sind stets auch Schrittmacher für populistisch nutzbare Ängste, die allein als „Wohlfahrtschauvinismus"[51] kri-

---

51 Vgl. Mau, Steffen, Die neue Krankheit, in: Süddeutsche Zeitung, 14.2.2014.

tisch-verächtlich abzustempeln weder analytisch hinreichend noch politisch klug ist. Jedenfalls: Der Fortschritt ist ohne das Janusgesicht schwerlich zu haben. Der Populismus ist auch ein elementarer Störmelder, der Fehlentwicklungen in Demokratien auf brüske Weise anzeigt, und infolgedessen die Chance zur Selbstkorrektur eines offenen Systems bietet.

Was etwa die Linke zu bedenken hätte, angesichts der rapiden Vertrauensverluste bei den „unsichtbaren"[52] Franzosen, die ihre Ängste und ihre Wut in der Politik nicht berücksichtigt sehen, beschreibt klar der französische Soziologe Alain Mergier:

> *„Warum wenden sich die Unterschichten und die Mittelklassen immer mehr der Front national zu? Nicht weil diese Partei einen fremdenfeindlichen, rassistischen, antisemitischen Diskurs pflegt, sondern weil ihr Diskurs einen Spiegel hinhält, in dem sie ihre eigenen sozialen Erlebnisse wiedererkennen: das Brüchigwerden der sozialen Verbindungen, deren wachsende Verwundbarkeit, die Nichtvorhersehbarkeit des nächsten Tages. Der Vorwurf, den sie der UMP und der PS machen, besteht darin, sich angesichts dieser Zerstörung ihres alltäglichen Lebens taub zu stellen. [...] Von 2005 an können wir eine Veränderung der Stimmabgabe für die Front national feststellen. Die Protestwahl ist zu einer Überzeugungswahl übergegangen, nicht so sehr was das Programm angeht, sondern eher was die Aufmerksamkeit gegenüber denje-*

---

52 Vgl. Fressoz, Francoise, Le coup de semonce de 'la France des invisibles', in: Le Monde, 24.4.2012, online einsehbar unter: https://www.lemonde.fr/politique/article/2012/04/23/le-coup-de-semonce-de-la-france-des-invisibles_1689759_823448.html [zuletzt eingesehen am 14.06.2018].

nigen betrifft, die sich von den traditionellen Parteien im Stich gelassen fühlen. Diese Entwicklung ist mit einer Verschlimmerung des Gefühls des [...] ‚sozialen Abstiegs' [...] verbunden, das heißt mit dem Gefühl einer unerbittlichen Verschlechterung der Lebensbedingungen, begleitet von einem genauso unerbittlichen Gefühl, dass genau dies von Seiten der UMP wie auch von der PS geleugnet wird. Man protestiert nicht mehr gegen die Taubheit [der traditionellen Parteien, d.V.], wenn man für die FN stimmt, denn man hat die Nutzlosigkeit dieses Protests erlebt. Man wählt die FN vielmehr, weil man sich eine Veränderung der politischen Kräfteverhältnisse erhofft, die das Jahr 2002 vorstellbar gemacht hat."[53]

Lernbedarf gab es auch angesichts eines zunehmend geringeren Organisationsniveaus und der über Jahre kontinuierlich abnehmenden gesellschaftlichen Verwurzelung der klassischen Parteien, die ihre Verluste an Mitgliedern, Wählern und Bodenhaftung ganz mit unaufhebbaren Entwicklungen in der Soziologie moderner Nationen zu rechtfertigen versuchen. Aber in den neuen rechtspopulistischen Formationen nahm währenddessen die Zahl der Mitglieder zu. Sie mobilisierten an Wahltagen selbst und gerade solche Bürger, die schon politisch-parlamentarisch ausgestiegen zu sein schienen. Und sie präsentieren Kandidaten mit intakten Vertäuungen in den jeweiligen Regionalkulturen und Lebenswelten.

---

53   Zit. nach Fressoz, Françoise, ‚Le FN n'est plus à la marge du politique, il en devient le centre'", in: Le Monde, 17.09.2013 (Interview mit Alain Mergier), online einsehbar unter: https://www.lemonde.fr/politique/article/2013/09/17/le-fn-n-est-plus-a-la-marge-du-politique-il-en-devient-le-centre_3478999_823448.html [zuletzt abgerufen am 14.06.2018].

Schon Max Weber hat auf den engen Zusammenhang von Demokratisierung und Populismus hingewiesen, hat den populistischen Politiktypus mit der Entstehung des Verfassungsstaates und der Entwicklung der Demokratie verknüpft, statt ihn als ungehörigen Bastard aus der Familie auszuschließen. Schließlich weiß jeder politisch aktive Bürger, dass auf einer Kundgebung am meisten Energien freigesetzt werden, wenn der Redner in einfacher, bildreicher, zuspitzender Sprache die Kampagne führt. Im Grunde ist auch ein dynamischer, republikanischer Sozialreformismus ohne einen Schuss Populismus schwer vorstellbar, historisch auch kaum auffindbar. Staubtrocken, stocknüchtern, mit allein redlicher Solidität wird man weitreichende politische Entwürfe in den Krisen moderner Gesellschaften nicht mit Erfolg unter das Volk bringen können.

Ohne Zweifel: Demokratien sind besser dran, wenn sich diese sozialmoralisch ungebändigten Propheten ihrer selbst nicht zu agil im Alltag tummeln. Doch wenn sie das tun und dabei auf Gehör stoßen, dann sollten auch liberale Bildungsbürger nicht lediglich distinguiert die Nase rümpfen, sondern präzise die Fehlentwicklungen im Verhältnis zwischen Eliten in Politik, Ökonomie, Kultur und – keineswegs zuletzt – Medien und dem Rest unter die Lupe nehmen. Im Übrigen: Öffentlicher Streit und politischer Diskurs können nicht nach den Regeln eines intellektuellen Salons verlaufen. In Massengesellschaften gehören Emotionen dazu, zuweilen auch das große Theater, entfesselte Leidenschaften, erschütternde Dramen. Würden Politiker des gutdemokratischen Zentrums solcherlei Gefühlslagen einfach nur ignorieren oder mit gestanzten Rationalisierungsformeln darüber hinwegargumentieren, dann käme die Stunde der kalten Tabubrecher und demokratiesprengenden Anheizer der kochenden Volksseele: der fraglos gefährlichen extremen Verächter von Demokratie, Rechtsstaat und reflexiver Pluralität also. Deren Zahl ist zuletzt erheblich, angestiegen.

Experten als Ersatz?

Wären Experten eine Alternative? Auch sie sind ja viel gefragt. Hält eine Hitzewelle 10 Tage an, dann muss der bekannte Klimatologe im „ARD-Brennpunkt" den besorgten TV-Zuschauern erklären, ob neue Bedrohlichkeiten aus dem Ozonloch zu erwarten stehen. Sind im Nordhessischen auffällig viele Patienten mit schlimmen Schmerzen in der Magengegend nach dem Verzehr von Leberwurst zu konstatieren, dann wird der bekannte Virologe von der Universitätsklinik im „Heute-Journal" Gesundheitsaufklärung für das aufgeschreckte Volk leisten müssen. Niemand jedoch wird in solchen Fällen nach dem Rat der gesamtgeistigen Autoritäten von ehedem rufen.

Und so ist das mittlerweile auch in der Politik. Willy Brandt führte noch bei schwerem rotem Wein nachdenkliche Gespräche mit Dichtern und Literaten. Frau Merkel hingegen wandte sich an die Experten mit handfester Berufserfahrung in der Wirtschaft, der Wissenschaft, der Verwaltung und Rechtsprechung. Politikberatung dieser Art wird so zu einem einträglichen Geschäft der Expertenklasse. Ihre Notwendigkeit steht kaum zur Debatte. Die Politik allein könne, heißt es weithin, das akkumulierte Wissen nicht mehr überschauen. Für höhere Rationalität und größere Entscheidungssicherheit benötigten die politischen Entscheider daher zwingend den Rat ausgewählter Experten. So lautet die übliche Begründung für das Gewerbe der Expertenberatung.

Nur: Die Heilserwartung, dass man durch die Produktion und didaktische Vermittlung von Mehr-Wissen eine höhere Rationalität verbindlicher Entscheidungen herzustellen vermag, könnte paradoxerweise mehr Schaden als Nutzen bringen. Politik ist durch Wissensvervielfältigung sich ihrer keineswegs sicherer und im Handeln durchaus nicht erfolgreicher geworden, sondern entweder ängstlicher oder aktionistischer. Denn jedes Wissen multipliziert Nicht-Wissen, produziert erfahrungsmäß auch nicht-beabsichtigte Resultate von Wissensanwendungen, gar mit hohen Risikofolgen. Und auch das erleben Politiker Tag für Tag: Auf den einen Experten replizierte stets fundamental different dazu der Gegenexperte. Der Expertise folgt im raschen Takt der scharf kontrastierende Alternativvorschlag – alles im Gewande strengen Expertentums.

Denn leider ist es so: Es gibt im Raum von Gesellschaft, Politik und Ökonomie die unzweifelhafte, pure Objektivität nicht, infolgedessen erst recht nicht die über Jahre gerne proklamierte Alternativlosigkeit.[54] Was den einen klugen Köpfen rundum einsichtig erscheint, werden die anderen trotz gleichermaßen hoher Intelligenz und mit bestechenden Belegen für ihre Haltung gänzlich abwegig

---

54 Vgl. Walter, Franz, Wissenschaftliche Demokratie? Expertokratie und Kontrollgesellschaft, in: Pfizenmaier, Ruben/Grabsch, Malte (Hrsg), Auf dem Markt der Experten: zwischen Überforderung und Vielfalt, Frankfurt am Main 2016, S. 98–109.

finden. Das, was angeblich unleugbar ist, wird oft genug subjektiv konstruiert und ausgedeutet, durch verschiedenartige normative Perspektiven, gesellschaftliche Orte, kulturelle Werte und, nicht zuletzt, handfeste Interessen der Betrachter und Interpreten.

Im Grunde weiß die Politik dies alles auch. Aber sie braucht etwas, woran sie sich in der verwirrenden Vielfalt halten und womit sie sich legitimierend ausweisen kann. Der Experte wird so zum Schirmherrn ihres verunsicherten Tuns. Zwar parlieren Politiker gerne über „Strategie", doch geht es kaum irgendwo so mäßig strategisch zu wie in der Politik. Gute Politiker verlassen sich auf ihre Intuition, ihren Gefahreninstinkt, ihren Möglichkeitssinn, ihr Verständnis von Macht und Geschichte, auf ihre Zukunftsahnung. Und in der Tat: Die großen runden Tische der Experten stören dabei eher nur. Sie werden nicht ausgleichen können, was an politischer Führungsqualität fehlt.

Das zyklische Bedürfnis nach Charisma

Kommt es also auf Charisma an, wie gern postuliert wird, wenn wieder irgendwo eine Führungsfigur die Anhänger nicht recht in Schwung zu bringen vermag? Was sagen uns die historischen Erfahrungen über den hierzu alternativen Typus in der Politik, der scheinbar ansatzlos viel Wirbel auslöst, die Augen seiner Anhänger und Fans zum Leuchten bringt, sie wie pubertierende Teenies akklamieren und jubeln lässt, der die Edelfedern in ihren Kommentaren beschwingt, die Demoskopen in Verblüffung versetzt?

Zunächst: Die Stunde solcher Figuren, die wie aus dem Nichts heraus einen polit-emotionalen Sturm entfachen, schlägt allein in Zeiten einer allgemeinen Ratlosigkeit, der Stagnation, ja Depression. Dann – und nur dann – ist das Portal geöffnet für den Auftritt der Künder des Anderen, der den Mutlosen den Weg aus dem Jammertal in das gelobte Land neuer Gemeinschaftlichkeit verspricht.

Sie können damit ein furioses Spektakel in Szene setzen.[55] Sie sind in der Lage, wenigstens für einen politischen und gesellschaftlichen Moment Leidenschaften zu entfesseln und ermüdete Gruppierungen aus ihrer Erschlaffung und Trägheit zu reißen. Charismatische Leitgestalten dieser Sorte sind Aktivierer. Ihr Drang richtet sich nach außen. Ihnen reicht nicht die introvertierte Enge eines selbstgenügsam vor sich hindämmernden Ortsvereins. Oft produzieren sie eine neue, besonders einsatz- und initiativfreudige Apostelschar.[56] Etwas moderner und (partei)politisch angemessener ausgedrückt: Der charismatische Appell zielt auf einen Wechsel, eine grundlegende Erneuerung in der Repräsentationsschicht politischer Organisationen. Die Verzagten und Ausgebrannten dürfen abtreten und frischen, noch enthusiastischen Kräften Platz machen.

---

55 Zu Möglichkeiten charismatischer „Führung" vgl. Grande, Edgar: Charisma und Komplexität. Verhandlungsdemokratie, Mediendemokratie und der Funktionswandel politischer Eliten, in: Leviathan, Bd. 18, Nr. 4, Wiesbaden 2000, S. 122–141, hier: S. 136.

56 Gebhardt spricht sogar von „Ideencharisma", Vgl. Gebhardt, Winfried, Charisma und Ordnung, Formen des institutionalisierten Charisma- Überlegungen in Anschluss an Max Weber, in: Gebhardt, Winfried (Hrsg.), Charisma- Theorie, Religion, Politik, Berlin 1993, S. 47–68, hier: S. 57.

Das zyklische Bedürfnis nach Charisma

Es ist wohl so, dass Gesellschaften in regelmäßigen Abständen an Inspirationsdefiziten, an mangelndem Elan leiden. Das ist nicht die Stunde der Pragmatiker und Administratoren, der soliden Handwerker des Politischen. Dann treten auf einmal die von der Alltagsroutine schnell gelangweilten, an den Fragen präziser Details eher uninteressierten Männer oder Frauen mit ihrer betörenden Rhetorik der Empathie und des besseren Morgens nach vorn. Und das Publikum winkt plötzlich nicht verächtlich ab, sondern hört ihnen zu, findet Gefallen am ungewöhnlichen Auftritt, der lange nicht mehr gehörten Aussicht auf Umkehr und Reinigung. Immerhin, zuweilen vermögen diese Künder des Anderen strukturelle Beschränkungen und bürokratische Restriktionen für einen kurzen Moment hinter sich zu lassen und Hoffnungen auf etwas Neues – was immer es auch sein mag, gar nicht selten wird es als Rückkehr des guten Alten gepriesen – schüren. Politpropheten dieser Sorte mit hinreichend realpolitischem Hintergrund können, wenn alle Faktoren günstig zusammentreffen, in der Tat im richtigen historischen Augenblick Bewegung bringen, Lähmungen und Erstarrungen überwinden.

Politiker wie Ludwig Erhard oder Willy Brandt[57] trugen in ihrer besten Zeit moderat charismatische Züge, hatten wohl auch so etwas wie eine Vision jenseits der sonst als ehern ausgegebenen Empirie des gegenwärtig Faktischen. Als Macher an der Spitze ihrer Bonner Kabinette scheiterten sie zum Schluss zwar einigerma-

---

57 Vgl. von Kieseritzky, Wolther, „Wie eine Art Pfingsten..." Willy Brandt und die Bewährungsprobe der zweiten deutschen Republik, in: Möller, Frank (Hrsg), Charismatische Führer der deutschen Nation, München 2004, S. 219–258.

ßen ernüchternd, wie letztlich – und oft schlimmer – fast alle Charismatiker als Regierungsführer in modernen Demokratien. Doch hatten sie zunächst mit kräftigen Erklärungsformeln und couragierten Aktionen bis dahin blockierte Wege gebahnt, dadurch den politischen Gestaltungsraum weit über den üblichen Normalzustand hinaus erweitert und auf diese Weise möglich gemacht, was zuvor als unrealistisch abgetan wurde.

Nur: Zu viel von dem dabei mitschwingenden antiinstitutionellen Impetus können komplexe Demokratien nicht gut vertragen. Aufbruchsrhetoren in Permanenz halten Nationen nicht aus. Denn Charismatiker, diese insbesondere rednerisch begabten Tribunen, sind keine verlässlichen Praktiker des Tagesgeschäfts. In dieser Sphäre richten sie häufig Unordnung an, hinterlassen nicht selten einen Scherbenhaufen.

Gleichwohl, Führungskraft ist unverzichtbar. Und: Politische Autorität muss wissen, wohin sie will, nur dann kann sie große Bevölkerungsteile auf die schwierigen Märsche mitnehmen. Dafür braucht sie einen langfristigen Blick, Perspektiven, ein überwölbendes Thema, auch Entschlossenheit und Leidenschaft, ja ein Ethos, einen stabilen Überzeugungskern. Politische Autorität und starke – eben sinnträchtige – Überzeugungen gehen eng zusammen. Doch umgekehrt gilt ebenso Der Sinnverlust ist der Ausgangspunkt für die mögliche Implosion des Politischen.

Nun kann man Sinn und Leidenschaft nicht dekretieren. Und ein Zuviel kann gerade in der Politik enorm schaden. Doch muss die deutsche Gesellschaft die Fieberhitze ideologisch aufgeladener Temperamente derzeit wohl nicht fürchten. Denn aus der deutschen Politik ist der Typus der überzeugungsstarken Kraftnaturen gänzlich verschwunden. Nirgendwo, so scheint es zumindest, ist in der deutschen Republik eine cäsaristische Versuchung und Gestalt in Sicht. Darüber kann man aus etlichen guten Gründen gewiss erleichtert sein. Die 1970er Jahre waren ein bemerkenswertes Produktionsjahrzehnt dieses Typus'. Auch hier dürfte es wohl so eine Art Zyklus geben: Nach der großen Überfülle kommt regelmäßig die Zeit des Mangels. Das Jahrzehnt, als erbittert über Ostverträge gestritten wurde, die Kernenergie martialisch umkämpft war, die Nachrüstung die Gemüter erhitzte, war ein Jahrzehnt politischer Opulenz. Munterer und kontroverser als in den 1970er Jahren ging es selten in der Politik der alten Bundesrepublik zu. Programmatische Diskussionen gehörten zum guten Ton; parlamentarische Feldschlachten ebenso. Die Kraftnaturen der damals jüngeren und mittleren Generation hatten somit ein Terrain, auf dem sie sich prächtig austoben konnten. Seit den frühen 1980er Jahren schwand indes die Hoffnung auf weiteichende Einfluss- und Gestaltungsmöglichkeiten durch Politik oder Parteien. In der nachrückenden Generation galt das Politische mit seinen ständigen Arrangements, Verhandlungen und Kompromissen in föderalen Verbundsystemen und transnationalen Kooperationsgeflechten nun nicht mehr als erster Gestaltungsort und als Ferment weitreichender gesellschaftlicher Veränderungen. So wandten sich die Menschen des „Grand Design" von der Politik ab. Die Attraktivität von Politik lebt eben von substanzieller Macht. Allein wenn der politische Sektor als Zentralachse für die großen und gezielt eingeleiteten Transformationen der Gesellschaft angesehen wird, zieht er die Ehrgeizigen und Entschlossenen an. Zwischen 1950 und 1983 war das in einigen Intervallen so, danach – als allseits die Omnipotenz ökonomischer Imperative und Marktdiktate angenommen wurde – lange nicht mehr.

Auch der demographische Trend mag diese Entwicklung gefördert haben. Alternde Gesellschaften dürsten nicht nach verwegenen Sinnstiftern, welche Aufbrüche verkünden, das Herkömmliche unsentimental hinter sich lassen wollen. Alternde Gesellschaften schlagen sich eher auf die Seite derer, die Erhalt und Stabilität versprechen, die lieber auf Vorsicht setzen, statt beherzt Unkonventionalitäten zu riskieren. So präsentierte sich zumindest die deutsche Gesellschaft in den Merkel-Jahren: Ohne hyperventilierende Leidenschaft, ohne wilde Energien, ohne atemberaubende Zukunftsentwürfe. Nichts davon offerieren auch die Professionellen der Sinnstiftung diesseits des Politischen, die Intellektuellen, Prediger und Kommentatoren also.

Dennoch, das Politische, auch der harte politische Konflikt, ist mittlerweile in die modernen Demokratien zurückgekehrt, wenngleich von einer anderen Seite, als viele Barden der Zivilgesellschaft und des bürgerschaftlichen Protests erhofft und erwartet hatten. Doch elementare Auseinandersetzungen, fundamentaler Protest und Gegenprotest, der bittere Ernst des Streits, sind nicht mehr lediglich artifizielle Geschöpfe rhetorisch ausgerufener Feuilletondebatten. Noch suchen die Konfliktlagen zwar nach Gehäusen, grundlegenden Erklärungen und längeren Perspektiven ihrer selbst, nach strukturierenden Organisatoren wie originellen Denkern und oratorischen Begabungen. Mag also sein, dass wir in den Anfängen einer neuen politischen Sattelzeit leben. Wie und wohin sich die Kräfteverhältnisse ordnen und bewegen, ist keineswegs ausgemacht. Aber die klassischen Ressourcen aus Organisationsfähigkeit, Autorität, Gefahreninstinkt, Formierungsbegabung, Weitsicht werden weiterhin bedeutsam sein. Vielleicht mehr denn je.

Komplexe Allianzbildung

Denn die Mühen der Ebene haben sich durch den Trend zum Mehr- oder Vielparteiensystem weiter vermehrt. Regierungsbildungen werden durch die Notwendigkeiten zu komplexen Bündnissen schwieriger und zeitraubender. Einige Interpreten sehen in einer solchen Entwicklung den Zug zur Destabilisierung des politischen Systems; andere feiern sie als Beginn kreativer Allianzen. Wie meist, so haben wir auch in diesem Fall weder das eine noch das andere ernsthaft zu gewärtigen. Wir werden gewiss mit nicht ganz wenigen Problemen zu tun bekommen, aber ebenso fraglos auch einige Vorzüge entdecken und mit ihnen umzugehen lernen.

Zunächst einmal ist die Bewegung zum Vielparteiensystem Ausdruck von gesellschaftlich längst zuvor vollzogener Ausdifferenzierung, Demokratie und Modernität. Der gern reklamierte „Souverän", der wählende Bürger mithin, will es nun auch politisch so, wie er es alltagskulturell seit einiger Zeit bereits kennt und praktiziert. Er mag sich nicht mehr auf die bipolare Alternative zwischen zwei mehr und mehr blass und diffus wirkenden Volksparteien beschränken. Schließlich ist die Gesellschaft insgesamt bunter geworden, heterogener, facettenreicher. Es war letztlich nur eine Frage der Zeit, wann sich das auch im Parteiensystem widerspiegelt – ein schönes Beispiel dafür, dass Politik in der Regel nicht pionierhaft vorangeht, sondern als sanktionsfähige Nachhut ratifiziert, was bereits geschehen ist.

Jetzt sind es bemerkenswerterweise die Granden und Lautsprecher der Wirtschaft, die rhetorischen Propagandisten ökonomischer Deregulierung und kräftig entbundener Freiheiten, die mit den neuen Komplexitäten in der Politik hadern und einförmigen Machtstrukturen hinterher jammern. In einer Gesellschaft indessen, in der die Rollen multipler werden, sich oft verschränken, eher kombinieren als ausschließen, in der viel darauf ankommt, dass man verschiedene Bereiche auf Zeit vernetzt und verwebt, Kommunikation zwischen den jeweiligen Systemen und Lebenswelten herstellt, für eine solche Gesellschaft taugt, nimmt man zumindest das ganze Governance-Gerede ernst, das auf Konferenzen gerade von Führungskräften aller Façon gerne routiniert abgespult wird, eher die Idee des komplexen Bündnisses als die der vermeintlich eindeutigen Politik aus einem Guss und nach einem Prinzip.

Ein bisschen unorthodox jedenfalls geht es unzweifelhaft in den Werte- und Mentalitätssynthesen in weiten Bereichen der deutschen Gesellschaft mittlerweile zu. Das stellt Politik sicher vor mehr Problemen als noch vor vierzig, fünfzig Jahren. Doch besteht politische Kunst ja nicht darin, starre Prinzipien monoton zu repetieren oder aller Welt verstockte Standfestigkeit zu demonstrieren. Politische Kunst bedeutet, Gelegenheiten kühl und couragiert zugleich zu ergreifen, auf neue Konstellationen eher als die anderen Kontrahenten mit neuen Einfällen

Komplexe Allianzbildung

und oft gewiss nicht unriskanten neuen Allianzen zu antworten.

Gehen wir zuerst einige bündnispolitische Varianten durch. In den letzten Jahren lief es in der Republik oft so ab, dass im Patt der Lager am Ende lustlosen Geplänkels eine sogenannte Große Koalition herauskam, die man eigentlich nicht wünschte, die man am Ende aller zähen Verhandlungsspiele aber mürrisch als „alternativlos" deklarierte. Nun spricht in dieser Republik mit ihren vielen inneren, zugleich aber systematisch verwobenen Veto-Mächten durchaus auch weiterhin einiges für die Lösung einer größeren Koalition. Dann aber muss man die Allianz auch wollen, muss sie beherzt und zielstrebig ansteuern, muss die Techniken der Kooperation optimieren, eine Kultur und institutionelle Struktur des Ausgleichs schaffen – zugleich jedoch ebenfalls Räume für Eigensinn, ja Konflikte lassen, wie man das in der ersten Koalition dieser Art zwischen 1966 und 1969 sehr genau beachtet hatte, in den beiden christdemokratisch-sozialdemokratischen Nachfolgeregierungen indessen sträflich unberücksichtigt ließ.

Doch bleibt die Kooperationsfertigkeit konstitutiv. Medien jedoch ist der Stil von Konkordanz – Aushandlung in kleinen, informellen, verschwiegenen Kreisen zum Zwecke der Konsensbildung – regelrecht ein Dorn im Auge. Denn Medien brauchen für ihre Präsentation die Atmosphäre einer permanenten Kampfarena, sie brauchen Sieger und Verlierer, benötigen Gute und Böse, zelebrieren den (zwischenzeitlich) brillanten Helden und stellen die tragisch Gescheiterten ins Schaufenster. Die Logiken der Medien und der Kooperationsdemokratie laufen diametral auseinander:

Medien lechzen nach dem Gewinner; in einer Koalition darf es den einen Gewinner im unverzichtbaren Kompromissbildungsprozess gar nicht geben, sonst scheitert das Bündnis. Es basiert auf einer Kultur der Einsicht, dass der Erfolg des anderen zwingend auch die Voraussetzung für den eigenen Erfolg ist, dass die beiderseitigen Anhängerschaften Opfer und Lasten des Regierens symmetrisch zu tragen haben.[58] „Unter diesen Bedingungen lautet die optimale Strategie: ‚Tit for Tat'. Wenn A kooperiert, reagiert B auch mit Kooperation. Wenn A defektiert, reagiert B auch mit Defektion. Erst wenn einer der beiden wieder kooperativ handelt, wird es auch der andere tun."[59] Gerade erfolgreiche Konkordanzkoalitionen sind insofern notwendigerweise langweilig. Die kommerzielle Medienkultur darf es aber partout nicht sein.

Konkordanzgesellschaften mit längerer Tradition als hierzulande haben gelernt, mit diesem Verlangen nach binären politischen Entscheidungsszenarien umzugehen.[60] Daher etablierten sie neben der Kooperationsebene in aller Regel die Direktdemokratie.[61] Nur scheut

---

58 Vgl. Hengsbach, Friedhelm, Abschied von der Konkurrenzgesellschaft: für eine neue Ethik in Politik, Wirtschaft und Gesellschaft, München 1995, S. 51 ff.

59 Vgl. Friedrich, Jürgen, Gesellschaftliche Krisen. Eine soziologische Analyse, in: Scholten, Helga (Hrsg.), Die Wahrnehmung von Krisenphänomenen. Fallbeispiele von der Antike bis in die Neuzeit, Köln/Weimar/Wien 2007, S. 13–28, hier: S. 22. Ursprünglich vgl. Axelrod, Robert, Die Evolution der Kooperation, München 1988.

60 Grundlegend hierzu weiterhin Lehmbruch, Gerhard, Proporzdemokratie. Politisches System und politische Kultur in der Schweiz und Österreich, Tübingen 1967.

61 Vgl. Vatter, Adrian, Die Wechselbeziehung von Konkordanz- und Direktdemokratie, in: Politische Vierteljahrsschrift 38

angesichts des zivilgesellschaftlich plebiszitären Furors von rechts mittlerweile auch das linksliberale, „Zeit" und „Süddeutsche" lesende Bürgertum referendumsdemokratische Initiativen. Langjährige Breitbandkoalitionen ließen stets von Beginn an auch koalitionsfreie Räume zu, in denen die Kabinettsdisziplin schon mittels des Koalitionsvertrages suspendiert war, in denen auch für die Regierungsfraktionen „Bereichsopposition" als statthaft, ja demokratiefördernd galt. Allein dadurch behielten auch die Individualisten, Exzentriker und bunten Vögel in der Regierungspolitik ihr Terrain; dadurch konnte nicht nur der Typus des „Packlers" – wie man in Österreich die schlitzohrigen Macher des Kuhhandels und der Proporzregeln nennt – die Szenerie beherrschen.

Nochmals, zwischen 1966 und 1969 hat man es so auch in der Bundesrepublik praktiziert, weil zwei selbstbewusste Fraktionsvorsitzende der Regierungsparteien es im Parlament so wollten und durchsetzten. Die kritische publizistische Öffentlichkeit hatte zu Beginn der damaligen Großen Koalition noch in düstersten Farben den drohenden Niedergang der Parlamentskultur gezeichnet. Doch das Gegenteil trat ein.[62] Nie zuvor und vermutlich auch niemals danach konnten die Parlamentarier der Regierungsfraktionen so frei und frech ihr Mandat wahrnehmen wie in diesen drei Jahren. Fast näherte sich der Deutsche Bundestag für einige Jahre noch einmal dem montesquieuschen Idealzustand an.

(1997), Heft 2, S. 743–770; ders., Konkordanz unvermeidbar?, in: Schweizer Monatshefte 2/3 (2004), S. 15–17.

[62] Siehe v.a. Soell, Hartmut, Schmidt, Helmut, Vernunft und Leidenschaft, München 2003, S. 555; Philipp Gassert, Kurt Georg Kiesinger. 1904–1988, München 2006, S. 469 ff.

Die Regierungsfraktionen waren nicht mehr Schwert und Panzer der Exekutive, fungierten nicht lediglich als der in das Parlament verlängerte Arm des Kabinetts, sondern bildeten ein wirkliches Kontrollorgan gegenüber der Regierung. Zweiundachtzig Abgeordnete der Regierungsfraktionen stimmten bei der Wahl des Bundeskanzlers gegen den eigenen Kandidaten Kurt Georg Kiesinger – ohne dass dadurch die Welt der Republik oder zumindest die Stabilität der Regierung zusammengestürzt wäre. Die Zahl der öffentlichen Hearings, in denen sich die Regierungsmitglieder peinlichen Nachfragen stellen mussten, schnellte sprunghaft nach oben. Und Abstimmungen wie die über die Abschaffung der Zuchthausstrafe verliefen quer durch die parlamentarischen Lager. Sozialdemokraten stimmten in der ersten Lesung mit den oppositionellen Freidemokraten für die Regierungsvorlage; die CSU-Abgeordneten und ein Teil der CDU-Fraktion votierten dagegen. Wie gesagt: Den Fortbestand und die Handlungsfähigkeit der Regierung hat das alles nicht gefährdet – wie es in kleinen Koalitionen zuvor und seither unzählige Male drohend und disziplinierend kolportiert wurde –, aber die Abgeordneten gewannen an Selbstbewusstsein, Gestaltungsraum, Individualität, an politischer Farbe, was alles wichtige Voraussetzungen für die konfliktreichen parlamentarischen Auseinandersetzungen in den 1970er Jahren waren. Indes, ein Selbstläufer war und ist das nicht: Fraktionen und ihre Vorsitzenden müssen das wollen und durchkämpfen.

Wer derzeit, im Herbst 2017, allerdings ein bisschen originell sein will, kokettiert angesichts der gegenwärtigen Kräfteverhältnisse eher mit einem Minderheitskabinett. Die Mehrheit indes sieht es anders, da sich hier das Credo „stabiler Verhältnisse" noch keineswegs verflüchtigt hat. Die Weimar-Furchtsamkeiten verblassen zwar, sind gleichwohl noch jederzeit präsent, was gewiss nicht nur als phobisch zu qualifizieren ist. Andererseits bilden Minderheitskabinette unzweifelhaft die Majorität unter den Regierungstypen im Gros der europäischen, wenngleich der kleineren Nationen seit 1945. Und gänzlich absurd wäre eine solche Regierungsstruktur auch in Deutschland nicht – in den Bundesländern. Denn im Falle von Minderheitsregierungen mit wechselnden Mehrheiten zählt der einzelne Abgeordnete, zählt das Parlament mehr als in fraktionsdisziplinierten Majoritätsregimen, für die es in den weithin machtverdünnten Landtagen nicht ganz so viel zwingende Notwendigkeiten gibt. Der Regierungschef eines Minderheitskabinetts hat konstant um die Parlamentarier zu werben, muss sie von der Überlegenheit seiner Gesetzesinitiativen überzeugen. Nicht eine militante Fraktionsloyalität gibt den Ausschlag, sondern die Argumentationskraft des Regierungschefs. Die politische Führungsqualität wird auf diese Weise verfeinert, die Autonomie der Parlamentarier erhöht, die Debatte offener und in der Sache ernster genommen. Es gibt gute Gründe, sich eine solche Repolitisierung in den Bundesländern zu wünschen, damit endlich von dort, einst Trainingszentren des politischen Talentnachwuchses, sich wieder eine Fülle von Begabungen auch für die Machtarena in Berlin entwickeln könnte.[63] Nun ist mit einer derartigen

---

63 Vgl. Decker, Frank, Das parlamentarische System in den Ländern – Adäquate Regierungsform oder Auslaufmodell?, in: Aus Politik und Zeitgeschichte 50–51 (2004), S. 3 ff.; Klecha,

Variante in der ängstlichen deutschen Republik selbst in den Bundesländern – obwohl ein Ministerpräsident, ist er erst einmal gewählt, wegen sorgsamer verfassungspolitischer Vorkehrungen so schnell nicht wieder aus dem Amt zu drängen ist – eher höchst selten zu rechnen, auf der Bundesebene durch die Dichte der Vetospieler auch schwerlich durchzuhalten und angesichts der transnationalen Rolle der Bundesrepublik überdies nicht anzuraten.

Schließlich ist es nicht einmal zu einem multiplen Bündnis in Berlin, in der Bundesregierung, gekommen. Immer noch fiel etwa Ende 2017 hierzu der Satz, dass die „kulturellen Differenzen" zu groß gewesen wären – als würde man eine gesinnungsbasierte Wohngemeinschaft beziehen wollen oder zusammen im Urlaub in inniger Verschmelzung miteinander auskommen, gar dauerverliebt turteln müssen, während politische Bündnisse doch „eher einer Vernunftehe als einer intimen Partnerschaft"[64] gleichen. In Deutschland wurde Koalitionsbildung über Jahrzehnte als Allianz der verschiedenen Lebenswelten lediglich eines Lagers verstanden, als eine Art von Binnenintegration, nicht als die strategische Möglichkeit, komplementäre soziale und – ja – kulturelle Kräfte neu zu bündeln. Auch das wird in Zeiten, da Wähler früher noch als ehern erschienene Bindungen im Wahlakt sprengen, sich verändern – im politischen Raum indessen, wie ausgeführt, als Nachhut.

Freilich: In Bündnissen jenseits der Lager stecken auch erhebliche Aporien. In einer solchen Bündniskultur

---

    Stephan, Minderheitsregierungen in Deutschland. Landesbüro Niedersachsen der Friedrich-Ebert-Stiftung, Hannover 2010.

64 Sofsky, Wolfgang/Paris, Rainer, Figurationen sozialer Macht. Autorität-Stellvertretung-Koalition, Opladen 1991, S. 189.

müssen die Parteien noch stärker ihre Eigenarten und Unterschiede abschleifen, werden sie sich noch weiter annähern, diffuser und unschärfer werden. Parteien und Politik könnten dadurch vollends ihre orientierende Kompetenz und Funktion einbüßen. Es weitet sich fortan erst recht das Feld für Propheten und Trompeter des hitzigen Appells, der sorglosen Heilsverkündung. Die Kumulation in der Mitte reproduziert unweigerlich den Bedarf nach politisch scharfkantigen Flankenparteien. Ein Vielparteiensystem verstetigt sich so.

Gewiss, unmittelbare Panik muss das nicht auslösen. Ein solches System ist Spiegel der sozialen und kulturellen Parzellierung, ist Ausdruck einer gewandelten Demokratie. Dabei erleben die Deutschen gerade eine demokratische Paradoxie. Und sie tun sich nicht leicht damit. Sie genießen, auf der einen Seite, die gewachsene Vielfalt an Marktoptionen und individuellen Rollenentscheidungen. Aber sie reagieren, auf der anderen Seite, verunsichert darauf, dass sich die gesellschaftliche Enthomogenisierung nun auch in das Parteiensystem übersetzt. Denn zersplitterte Parteiensysteme erschweren Kooperation und Koalition, auf deren Gelingen aber gerade fragmentierte Gesellschaften elementar angewiesen sind.

Rasche Neuwahlen, wenn es infolgedessen bei Allianzen schwierig wird, nutzen allerdings auch nach der Wahl 2017 nichts. Denn an den Wahlsonntagen lässt man die Wahlbürger zwar zehn Stunden als Souverän fungieren. Aber unmittelbar danach, ab 18.00 Uhr, fällt die Souveränität sofort in die Hände der professionellen Politik-Entscheider. Gerade weil die Wähler im demokratischen Akt komplexe Vielfalt produzieren, verlieren sie die Möglichkeiten, die machtpolitischen Folgen ihrer Entscheidung zu beeinflussen. Denn die Koalitionsarchitektur ergibt sich nicht mehr direkt aus dem Wahlergebnis, sondern erst als Resultat mühseliger, windungsreicher, mit List und Tücke zu führender Koalitionsbildungsprozesse durch die Parteiführer. Die Pluralität und Modernität demokratischer Artikulation im Zuge der Entuniformierung von Politik bewirkt paradoxerweise eine Oligarchisierung der nachfolgenden Entscheidungsprozeduren.

Und das setzt sich unmittelbar fort, wenn komplexe Kabinette mit mehr als nur zwei Parteiformationen gebildet werden. Denn dort liegen die Normen und Zielperspektiven der Gruppierungen oft weit auseinander, sind Herkunft und Interessenslagen der Anhängerschaften häufig widersprüchlich, ist der Argwohn gegeneinander auf Grund traditioneller Fremdheit groß. Um in einem solchen Bündnis abschreckenden Streit zu vermeiden, um Beschluss- und Handlungsfähigkeit herzustellen, werden die Parteiführer die von Emotionen durchwirkten Arenen der Öffentlichkeit meiden und die Absprachen in der Regierungsallianz auf kleinste Zirkel in abgeschlossenen Räumen verlegen. Nur so sind für sie Effizienz und Stabilität zu erreichen. Ob man es mag oder nicht: Denn nichts ist für eine solche nahezu unumgängliche Elitenkooperation widriger als die unkalkulierbare Parteiendemokratie, die daher auch systematisch beschnitten wird. Abermals also: Eine neue demokratische Kultur bringt Vielfalt hervor, aber die Ordnung dieser Vielfalt drängt zur Elitisierung, zur Intransparenz, zur Minimalisierung von Demokratie.

Doch bedeutet solche Oligarchisierung keineswegs Omnipotenz. Im Gegenteil. Die Führungsqualitäten der Parteieliten in kooperativen Bündnissen definieren sich durch Moderation, Abstimmung, Anpassungsfähigkeit, geschmeidigen Opportunismus, Prinzipienindifferenz, durch die Attitüde des Nicht-Politischen. Anders ausgedrückt: Die parlamentarischen Anführer in Breitbandregierungsbündnissen werden noch farbloser sein, werden noch weniger Kanten und Biss aufweisen, als es schon jetzt der Fall ist. Sind sie anders, wie es Christian Lindner gerne wäre, dann zerschlägt das solche Bündnisse (mitunter eben, siehe die Jamaika-Verhandlungen 2017, bevor sie überhaupt zusammengefügt worden sind).

So paradox geht es im Politischen zu. Wir sind Zeitzeugen des evidenten Verfalls der politischen Großformationen. Die Bürger wollen sich dort nicht mehr einfügen, treten aus, kündigen ihre Gefolgschaft auf, fühlen sich von den weit geschnürten Politikpaketen der einst dominanten Volksparteien nicht mehr repräsentiert. Parteien haben in diesem Prozess bekanntlich an Ansehen erheblich verloren, die Gattung des Parteifunktionärs darf allzu viel Reputation nicht mehr erwarten. Aber gerade deshalb sind sie – und nicht die Bürger – für Regierungsbeteiligung und -ausübung noch ein Stückchen wichtiger geworden. Denn die vom Wahlbürger gewollt und durchgesetzte Zerfransung des Parteiensystems führt zu schwierigen Bündnisbalancen, die durch willensstarke, zielsichere, gar visionäre Charismatiker nicht zusammengehalten werden können. Stattdessen dominieren jetzt ganz und gar die leisen, elastischen, programmatisch durchaus indifferenten Mittler der Politik, die das tägliche Geschäft emsiger Kompromissbildung und geräuschloser Ausgleichshandlungen bereits früh in den Nachwuchsverbänden ihrer Parteien gelernt haben. Auch das ist so ein typisches Paradoxon. Die Relevanz der politischen Jugendverbände innerhalb der realen Jugendkohorten der verschiedenen europäischen Nationen ist im letzten Vierteljahrhundert drastisch zurückgegangen, wie wohl nie zuvor in den vergangenen hundert Jahren. Aber die Bedeutung der Herkunft aus den Führungsetagen dieser Jugendorganisationen für die Abgeordnetenkarrieren hat ebenso drastisch – wenngleich in der Öffentlichkeit unbemerkt – zugenommen.

In dieser Situation beklagen wir alle Vierteljahre den Mangel von Visionären in der Politik, zumindest das Defizit an Konzeptionalisten. Die Politik lebt von der Hand in den Mund, rettet sich über den Tag, bestenfalls über die Woche, fährt – wie es so heißt – auf Sicht. Immer mehr Bürger reklamieren dann Partizipation und Teilhabe. Das allerdings bringt noch mehr Vetospieler in die politischen Prozesse, welche anschließend dann noch stärker von den gelernten, aber notwendig profilblassen Maklern der Politik gehändelt werden, was zusätzlich zu einem weiteren Schub in Richtung direktdemokratischer Neigungen bei den Unzufriedenen des Volkes, welches Authentizität und identitäre Übereinstimmung mit der politischen Entscheidung vermisst, führt. Diese wachsende Schere bereitet nun seit Jahren das Terrain für die Glücksritter mit den kühnen Posen in der Politik, die in etlichen Ländern mit großen Versprechungen und einfachen Erklärungen unterwegs sind, in der Regel eine kurze Zeit ihre Nationen in Atem halten, auch Begeisterung entfachen können, deren Stern aber oft ebenso schnell wieder verglüht. Das charismatische Bedürfnis wird aus den Gesellschaften nicht verschwinden, gerade da die Verhältnisse stets verwirrender, fortlaufend unübersichtlicher werden und weil ein Überangebot an Konvergenz den Bedarf nach Divergenz nun einmal fördert. Das erklärt den wachsenden Zuspruch für „non-mainstream political formations"[65] und forsch auftretende, der Behäbigkeit der alten Parteistrukturen entstiegene Heilsgestalten zuletzt in etlichen Teilen Europas und weit darüber hinaus. Figuren und Formationen solcher Art werden somit künftig in schöner Regelmäßigkeit auftauchen, auch erhebliche Resonanz finden – aber dann verlässlich quer zu den prosaischen Ebenen des Regierungsalltags in heterogenen Kabinetten stehen. Das stimmige Projekt, die brillante Blaupause, der fulminante wagnerische Chor des großen gesellschaftlichen Auf- und Umbruchs können daraus nicht hervorgehen, sondern lediglich disharmonische Vielstimmigkeit und ja: das kleine Karo. Die Wähler selbst bewirken das, auch wenn sie ihr eigenes Geschöpf dann mit großem Missfallen betrachten und bekritteln.

---

65 Azmanova, Albena, The mobilisation of the european left in the early twenty-first century, 2004, S. 150, hier: S. 12, online einsehbar unter: https://www.boell.de/sites/default/files/assets/boell.de/images/download_de/AzmanovaEuropeanLeft.pdf. [zuletzt eingesehen am 15.06.2018].

2.
Die Ratlosigkeit früherer Volksparteien

Die politische Landschaft wird durchgerüttelt. In der politischen Auseinandersetzung und Mehrheitsbildung scheint man in der Tat auf feste Strukturen, stabile Loyalitäten, treue Wähler, kalkulierbare Lager, bewährte Koalitionsmuster jedenfalls nicht mehr bauen zu dürfen.

150 Jahre lang war es anders in Deutschland. Während eineinhalb Jahrhunderten existierten in Politik und Gesellschaft scharf konturierte Lager, durchdrungen von Weltanschauungen, religiösen Bekenntnissen oder von der Zugehörigkeit zu einer sozialen Klasse. Im Grunde war diese Konstanz der versäulten Strukturen immer höchst erstaunlich. Denn in den 150 Jahren hat das Land grundlegende Transformationen erlebt: Mehrere politische Systemwechsel, Bevölkerungsverschiebungen durch freiwillige Wanderungsbewegungen und brutale Vertreibungen, einige Kriege, ökonomische Depressionen und Inflationen mit enormen sozialen Verwerfungen für ganze Bevölkerungsteile.

Am Anfang des Zeitraums standen dominant noch die agrarischen Tätigkeiten, jetzt redet jedermann von der Digitalgesellschaft. Und die klassischen Parteifamilien, die sich zu Beginn des modernen Deutschlands um die Mitte des 19. Jahrhunderts herausgebildet hatten

– Liberale, Katholische/Konservative, Sozialisten, Rechtspopulisten/-extremisten – überdauerten alle Einschnitte und Einbrüche. Neu hinzu kamen, neben erratischen und kurzlebigen Interessenkleinparteien der Altmittelständigkeit, lediglich die Grünen, die allerdings von einigen Interpreten als späte Sprösslinge des klassischen Freisinns aus der liberalen Parteienverwandtschaft angesehen werden.

Doch scheinen wir nun, zu Beginn des dritten Jahrtausends, an das Ende dieser Geschichte gekommen zu sein. Die tragenden Klassen der vergangenen 150 Jahre – Aristokraten, Bauern, Bürger, Arbeiter – sind massiv geschrumpft, haben an ökonomischer oder kultureller Bedeutung fundamental eingebüßt, stehen vor dem Abtritt von der großen Bühne. Die Arbeiterklasse, über hundert Jahre Gegenstand von übersteigerten Ängsten hier und ebenso maßlosen Hoffnungen dort, befindet sich, was ihr soziales, ökonomisches und politisches Gewicht angeht, im historischen Sinkflug. Mit ihr verbindet sich nicht mehr Stolz oder Gefahr, weder Selbstbewusstsein noch Veränderungsenergie, keine Moderne oder Progressivität. Eben das war und ist primäre Ursache der ungeheuren sozialdemokratischen Ermattung in Europa.

Und das Bürgertum? Zumindest der Typus des „Gebildeten" oder des „ehrbaren Kaufmanns", der gerade in Deutschland anfangs so charakteristisch war für liberale und konservative Parteien, ist als kulturell homogene Formation spätestens in Folge der Bildungsexpansion und Managerisierung der sechziger Jahre

Die Ratlosigkeit früherer Volksparteien

in der Masse neumittiger Geschichts- und Ortlosigkeit ebenfalls zerbröselt. Das alles hat sich auch auf die Parteien ausgewirkt. Was aber erwartet uns dann bei Parteien ohne politisch und sozialmoralisch durchdrungene Lebenswelten? Bringt es sie endlich auf die Höhe der Zeit, wie man im Gefolge der postmodernen Soziologien aus München oder Bamberg in den letzten drei Jahrzehnten hoffnungsfroh annahm? Oder befinden wir uns vielmehr im Abschied von Parteien und Parlamentarismus als Fossile einer untergehenden, durch allerlei kollektive Verbindlichkeiten imprägnierten Industriegesellschaft?

Im Grunde hatte sich der Parteienwettbewerb mit Beginn des 21. Jahrhunderts – bemerkenswerterweise in der Regierungszeit von Rot-Grün, während der damaligen Einheitsfront der als alternativlos reklamierten „Sozialreform" aus SPD, CDU/CSU, Grünen und Freidemokraten – substanziell entpolitisiert. Zwar rangelten weiterhin Cliquen und Clans in abgeschotteten Subsystemen miteinander, aber kaum noch Repräsentanten und Akteure sozialer Lebenswelten mit Entwürfen für eine verschieden interpretierte und gewünschte Zukunft. Für Parteien dieses Typs wurde schon vor 50 Jahren der Begriff der „catch all party"[66] kreiert. Doch kam der früh prognostizierte Trend zu einer solchen Partei zwischenzeitlich überraschend zum Erliegen[67], was ein Hinweis darauf sein könnte, dass mit Gegenbewegungen auch zukünftig zu rechnen wäre,

---

66 Vgl. Kirchheimer, Otto, Der Wandel des westeuropäischen Parteiensystems, in: Politische Vierteljahrsschrift 6 (1965), Heft 1, S. 20-41, hier: S. 20 ff.

67 Vgl. Schmidt, Manfred G. ‚Allerweltsparteien' und ‚Verfall

wie es sich ja auch in allerlei Hinsicht bereits erkennbar anzudeuten scheint.

Jedenfalls kehrte während der siebziger und achtziger Jahre ein Stück politischer Bissigkeit und Dissensfreude in die politischen Formationen zurück, auch der selbstbewusste Anspruch der Parteimitglieder auf Debatte und Kontroverse. Allerdings hatte in den Jahren um die Wende zum 21. Jahrhundert die Entwicklung zur weltanschaulich weitgehend indifferenten Partei bei den beiden früheren Volksparteien, in gewisser Hinsicht auch bei den Grünen, abermals rasant an Tempo gewonnen. Der Heidelberger Politikwissenschaftler Manfred G. Schmidt hat ihren Charakter einleuchtend zusammengefasst: Parteien dieses weit geöffneten Typs böten keinen Schutz für gesellschaftliche Positionen, sie fungierten nicht mehr als Anlegeplatz für eine intellektuelle Ambition; ihnen fehle nunmehr ein Bild von der Zukunft.

So bluteten die Parteien, allen voran die Christliche Union und die Sozialdemokratie, allmählich normativ aus – und gefährdeten dadurch ihren eigenen Bestand. Gewiss, in einigen Situationen des 19 und 20. Jahrhunderts waren die Parteien mitunter extrem doktrinär, dadurch häufig starr und blockiert. Seit Beginn des 21. Jahrhunderts aber drohte die Gefahr von der anderen Seite: Den Parteimitgliedern mangelt es durch die geistige Entleerung ihrer Organisationen an ideellen Motivationen für ehrenamtliche Aktivitäten; den Par-

---

der Opposition'. Ein Beitrag zu Kirchheimers Analysen westeuropäischer Parteiensysteme, in: Luthardt, Wolfgang/ Söllner, Alfons, Verfassungsstaat, Souveränität, Pluralismus: Otto Kirchheimer zum Gedächtnis, Opladen 1998, S. 173–182.

teianführern fehlen die Maßstäbe und normativ fundierten Kriterien für ihr politisches Handeln.

Der Abschied von Kernüberzeugungen hat die Parteien dabei keineswegs freier gemacht. Er hat ihnen eher die Orientierungssicherheit genommen, hat Loyalitäten reduziert, ihre Stabilität beeinträchtigt. Die überzeugungs- und charakterarmen Parteien sind abhängiger von Stimmungen und externem Druck geworden: Von den Einflüsterungen und Kurzatmigkeiten der Demoskopen, von den Konjunkturen der politischen Leitartikel, von den Aufgeregtheiten in den Kurzkommentaren aus der Twitter-Welt, von den chronischen Dienstleistungserwartungen eines ungeduldigen Kundenelektorats.

Das alles war auch Folge des massiven – nicht zuletzt von empiristisch werkelnden Politologen empfohlenen – Zugs zur „Mitte". Strategisch wirkte die Ansiedlung in der Mitte von Politik und Gesellschaft natürlich nicht unplausibel. Parteien im Zentrum des parlamentarischen Systems können sich die Möglichkeiten politischer Allianzbildung nach rechts wie links, nach oben wie unten, nach vorne wie hinten besser sichern als Formationen auf den Flanken des politischen Spielfelds.

Doch dürfen solche Parteien dann kein scharfes Profil mehr ausweisen. Sie müssen in ihren Positionen vielmehr vage bleiben, haben sich inhaltlich wolkig und leutselig unscharf zu äußern. Denn sie sollen schließlich niemanden in der Bevölkerung und Parteienlandschaft vor den Kopf stoßen, haben möglichst viele Wähler zu halten und Koalitionspotentiale zu mehren. Solche

Parteien aber entleeren sich in ihren Vorräten an Sinn, Werten, Überzeugungen, mutieren eben zu Allerweltsorganisationen.

Ihren Mitgliedern nimmt das zunehmend Orientierung und Sprache.[68] Sie erscheinen dann in ihren Kontakt- und Verkehrskreisen nicht mehr wie ihrer Sache sichere Aktivisten, sondern wirken im Gegenteil verwirrt, gelähmt und richtungslos, mitunter verstummt. Die Parteioberen steuern die Mitte an, währenddessen das Parteifußvolk am Rande mürrisch harrt, zunehmend aber auch zornig aufbegehrt.

Und weiter: Jeder erfolgreiche Schritt der Politik in voraussetzungslose, begründungsindifferente Dehnung – was in der Regel heißt: Abkehr von einem genuinen politischen Charakter und Ort, Öffnung für Identitäten und Interessen aller Art, schließlich die Optionsnonchalance in der Koalitionspolitik – bedeutet den Verzicht darauf, Gesellschaft noch zu prägen. Denn eine solche depolitisierende Methode kern- und programmloser Öffnung schleift die autonomen Maßstäbe und unzweideutigen Wertvorstellungen, die für politische Führung und Erklärungskraft nötig sind.

So sind Allerweltsparteien stets Agenten der obwaltenden Entwicklungsprozesse beziehungsweise der herrschenden Deutungen davon. Und so erscheinen ihnen gegenüber nunmehr solche Parteien ungleich dynamischer und forscher, die ihre Anhänger mit eindeutigen

---

[68] Vgl. Grundsätzlich zu diesem Problem: Doehlemann, Martin, Normen, Werte und Handeln, in: SOWI 11 (1982), Heft 4, S. 187 ff.

und provokativen Parolen in Stimmung bringen, die den eigensinnigen und kurz entschlossenen Zerhau des gordischen Knotens zum Programm machen. Die ermüdete und ermattete Allerweltspartei und der neue, selbstbewusst agierende Populismus bedingen einander.

Im Zuge dieser Dialektik bewegen sich gerade Allerweltsparteien vom begehrten Status der Groß- und Volkspartei mehr und mehr weg. Denn sie verlieren an innerer Kraft, die aber unverzichtbar ist, um nach außen anziehend zu wirken, um kluge und ehrgeizige Mitglieder zu gewinnen, auch um Kraft- und Führungsnaturen zu rekrutieren und zu sozialisieren.

Entkräftete und ausgelaugte Allerweltsparteien sind am Ende dieses ganzen Auszehrungsprozesses „politische Mitte" eigentlich nur durch ihre semantischen Ansprüche, nicht durch ihre wirkliche Erdung und Repräsentanz in den elementaren Lebensbereichen der Gesellschaft. Infolgedessen reagiert diese auch teils höhnisch, teils einfach nur gleichgültig auf die übervorsichtigen, politisch entleerten Allerweltsparteien, ärgert sich einzig über die immensen Kosten, die für sie/wegen ihnen gleichwohl aufzuwenden sind, empört sich zuweilen über Verfilzung, Kartellisierung, den Klüngel.

Jedenfalls: Politische Orientierungen, sinnstiftende Deutungen, konzeptionellen Weitblick traut ein wachsender Teil der Nation den Allerweltsformationen nicht mehr zu. Und daher gärt es in der Tat in der Gesellschaft. Sogar beträchtlich. Aber in welche Richtung führt die Unruhe? Das bleibt ganz diffus – auch dies ist eine Folge der politischen Entleerung durch die in den letzten beiden Jahrzehnten gerade auch von den Medien gepriesenen Allerweltspragmatiker.

Finale der SPD-Geschichte?

Was heißt das nun? Steht etwa die deutsche Sozialdemokratie am Ende eines langen historischen Weges? Erzählen wir zunächst einen Teil dieser Geschichte[69]: Charakteristisch sind die vielen Ambivalenzen. Über hundert Jahre lang lebte die Sozialdemokratie in einer für sie ganz typischen, spezifischen Spannung – zwischen der Empirie des politischen Alltags und den Wunschvorstellungen von einer besseren Zukunft, kurz: zwischen Sein und Sollen. Der Bezug auf das Noch-Nicht-Erreichte aktivierte über viele Jahrzehnte ihre Mitglieder. Diese Spannung, die Orientierung auf das Noch-Nicht, erzeugten Motiv und Antrieb für linkes Engagement.

Mit Recht allerdings wurde nicht ganz selten moniert, dass zwischen dem Alltagshandeln und der Fernzielperspektive der Sozialdemokraten in ihren großen Programmen von 1891 (Erfurt) und 1925 (Heidelberg) strategische Lücken bestanden. Sozialdemokratische Gegenwärtigkeit im politischen Alltag und sozialdemokratische Transzendenz in den theoretischen Schriften waren ein ganzes Jahrhundert lang nicht konzeptionell miteinander verzahnt. Eher war es häufig so, dass die sozialdemokratische Langzeitvision ein großer

---

[69] Siehe hierzu auch Walter, Franz, Die SPD. Biographie einer Partei von Ferdinand Lasalle bis Andrea Nahles, Reinbek bei Hamburg 2018.

Trostspender war für die Tristesse täglicher Mühsal. Die Rhetorik von der sozialdemokratischen Zukunftsgesellschaft war die Legitimationsformel, um sich aus den Schwierigkeiten, den Härten des politischen Diesseits herauszuwinden, war die Entlastungsrede für sozialdemokratische Machtängstlichkeit.

Die Sozialdemokraten wahrten lange Distanz zur Macht. Ihr favorisierter Ort war die Opposition. Denn gerade in Zeiten, als es der SPD politisch und rechtlich schlecht ging, als Bismarck sie durch das Sozialistengesetz zwischen 1878 und 1890 verfolgte, als Adenauer sie durch maliziöse Vorwürfe zu isolieren versuchte, reagierten die Sozialdemokraten als aufopferungsbereite Prätorianer ihrer Partei und „ihrer Sache", wie sie stolz zu sagen pflegten. Politische Ausgrenzung, so lässt sich gewiss etwas überspitzt formulieren, hatte ihnen zur Aura einer Partei besserer Menschen verholfen. So sahen sie sich jedenfalls (verblüffenderweise bis heute, was nicht wenige Leute mittlerweile in der nunmehr selbstgerecht stilisierten Pose gehörig nervt). Die SPD wurde ein Vierteljahrhundert lang staatlich verfolgt, ihre Mitglieder wurden ausgewiesen, zur Emigration gezwungen, in Gefängnisse gesteckt, in den allerschlimmsten Jahren: gefoltert, erschlagen, hingerichtet. Ihr großer Anführer, Tribun und Charismatiker August Bebel, auch Vorsitzender der Partei von 1892 bis 1913, hatte insgesamt 57 Monate seines Lebens in den Kerkern des Obrigkeitsstaates zugebracht. Das hatte die Sozialdemokratie nicht beschädigt. Nochmals: Die staatliche Repression erhöhte im Gegenteil ihre politische Mission, salbte die Partei gleichsam moralisch.

Noch und besonders in den Jahren der Weimarer Republik blieb es kennzeichnend: Wenn es wieder einmal nicht recht funktionierte in den Ressorts der nationalen Regierungen, dann kehrten die erschöpften Sozialdemokraten erleichtert in ihre Biotope aus Arbeitersportvereinen, sozialistischen Chören, Naturfreunden etc. zurück. Wann immer die SPD an der Regierung beteiligt war, schienen ihre Ergebnisse gering, im Widerspruch zum ursprünglichen Ideal gar als Verrat an ihren genuinen Prinzipien. Und so gewannen die Deutschen den Eindruck, dass Sozialdemokraten das Regieren nicht recht schätzten, in der Zeit exekutiver Verantwortung nachgerade masochistisch die eigenen Leistungen schmähten.

Nur war die Sozialdemokratie keineswegs, wie ihr stets vorgeworfen wurde, eine etatistische Partei. Im Gegenteil: Den Staat hat sie lange gemieden. Daher besaßen Sozialdemokraten wenig präzise Pläne für eine Veränderung der öffentlichen Institutionen. Auch verfügten sie kaum jemals über detaillierte Projekte für eine Transformation der Ökonomie. Hierzu war die Partei zwischen den 1880er und frühen 1930er Jahren viel zu sehr Eigenkultur und Agentur der Sozialpolitik. Wirklich im Klaren jedenfalls waren sich die Sozialdemokraten über das finale Ziel ihres politischen Tuns meist nicht. Zwar war in ihren Ansprachen fortwährend von den großen, eigenen Zielen die Rede. Von der besungenen Zukunftsgesellschaft existierten jedoch keine Bilder, keine Baupläne oder Blaupausen. Sozialdemokraten waren keine Strategen eines zielstrebigen Reformismus. Sie waren, von Friedrich Ebert bis Franz

Müntefering, die nüchternen Experten der Organisation, die das allein schon für Politik hielten.

Nun geht der Organisationspatriotismus der Sozialdemokraten seit Jahren signifikant zurück. Mit ihrer Aufwärtsbewegung weg von der klassischen Facharbeiterklasse hat die Partei zugleich den Organisationsausdruck der Handwerkerkultur hinter sich gelassen. Zuvor, über einhundert Jahre, hatte die SPD Zuversicht und Stolz daraus gezogen, Partei der Arbeiter, des produktiven Kerns der Industriegesellschaft, zu sein. Der Zorn der Pioniere der Arbeiterbewegung zog seinen Antrieb aus der Demütigung der Lohnarbeiterklasse in ihrer Entstehungsphase. Daraus hatten sich das Solidaritätsziel der Sozialdemokraten, ihr wütendes Engagement hergeleitet: die Ursachen des Elends zu beseitigen, die gesellschaftlichen Voraussetzungen der Subalternität der Handarbeiterklasse aufzuheben, zäh, schrittweise, mit langem Atem.

Ohne Zweifel: Zug um Zug milderten sich die sozialen Übel des Frühindustrialismus, stellten sich Teilerfolge ein. Im Zuge dieses Prozesses schwanden die Ausgangsbedingungen, die den Sozialdemokraten den Impetus auf ihrem historisch langen Weg gegeben hatten. Die Partei konnte hernach nicht so bleiben, wie sie ursprünglich begonnen hatte. Doch lieben es Parteien weit über den Bestand ihrer Voraussetzungen hinaus am Anfangsmythos festzuhalten, sich weiterhin für die wackeren Kämpfer auszugeben, die sie anfangs wohl gewesen waren. Währenddessen aber waren die Aktivisten der Sozialdemokratie im Laufe der für sie keineswegs unerfolgreichen Emanzipationsbemühungen gesellschaftlich einige Sprossen höher geklettert, gewiss nicht ganz nach oben, aber doch ein gutes Stück vom unteren Ende fort. Als *Outcasts*, die nur ihre Ketten zu verlieren hatten, brauchten sich die Angehörigen sozialdemokratischer Aktivitas im Fortschritt besonders der bundesdeutschen Gesellschaftsgeschichte nicht zu fühlen. Sie propagierten daher bald nicht länger den militanten Klassenkampf, sondern Versöhnung statt Spaltung, partnerschaftliche Inklusion statt antagonistischer Ausgrenzung.

Doch wer versöhnt, wer integriert und pazifiziert ist, kann schwerlich noch in vernehmlicher Rage und empörter Attitüde die rote Fahne auf den Barrikaden schwenken. Ihm liegt nun mehr die Mäßigung, nicht wie einst der Konflikt. Er sucht jetzt den Ausgleich, meidet fortan die Polarisierung. Im Grunde entspricht das ja durchaus dem historisch primären Anliegen und Ziel der Partei: die Dinge so zu verändern, dass Anlass für Fundamentalprotest und Aufstand in den unteren Klassen beseitigt, zumindest abgebaut ist. In dem Maße, in dem die Sozialdemokratie diesem Ziel näherkam, in dem Maße veränderte sie sich in ihrer sozialen Zusammensetzung und politischen Orientierung. Die kollektive Solidarität von ehedem büßte ihren Humus ein.

Oft schon in zweiter, bisweilen gar dritter Generation Akademiker, verfügen heute die aktiven Kernträger der Sozialdemokratie zumeist über ein ordentliches Einkommen, arbeiten im geschützten Öffentlichen Dienst oder genießen längst ihre Pensionen und rechnen sich selbst weit stärker als der Bevölkerungsdurchschnitt einer gehobenen sozialen Schicht zu. Die Zugehörigen der sozialdemokratischen Mitte-Lebenswelten sind Angekommene. Der gegebenen Gesellschaft verdanken sie ihren Aufstieg. Sie sind deshalb mehr Advokaten denn Opponenten des Bestehenden – auch wenn sie es in den Sonntags- und Wahlkampfreden gern anders erzählen, was ihnen aber kaum noch jemand abnimmt.

Doch was wäre auch ein sozialdemokratischer Entwurf für neue Kohorten in neuen Soziallagen mit neuen Problemen auf neuen Konfliktfeldern? Die Sozialdemokraten wissen es nicht. Die Sozialdemokratie ist nicht mehr die Partei, die sensibler als andere Kräfte soziale Probleme frühzeitig wittert, soziale Empörung gezielt in politische Bewegungen transferieren könnte, als Ferment gesellschaftlicher Transformationen zu agieren vermag. Die Sozialdemokratie ist eben alt geworden. Der Partei fehlen – auch wenn im Februar/März 2017 plötzlich junge Leute in den Ortsvereinen auftauchten – die drängenden Nachwuchstalente, die elementar entschlossenen Führungsnaturen und natürlich auch all die mitunter exzentrischen, zugleich aber farbigen und faszinierenden Tribunen wie Häretiker in den eigenen Reihen. Den Sozialdemokraten der Gegenwart mangelt es an einer eigenen politischen Semantik, sodass die Leittexte und Agenden stets von außen geliehen, abgekupfert wirken.

Überraschend sind solche Prozesse nicht. Man hat das historisch unzählige Male erlebt. Eine Bewegung hat Erfolg, verliert fortan an ursprünglich konstituierender Substanz, zerbröselt – wenn sie nicht rechtzeitig die neuen Interessen und Ziele ihrer sozial gewandelten Kernanhängerschaft und deren Umfelds illusionslos definiert, auch prägt und ohne modrige Sentimentalitäten vertritt.

Herzkammer-Geschichten

Man wird dann auch wegkommen müssen von der ewigen Herzkammer-Fama.[70] Wann immer es in der SPD während der letzten beiden Jahrzehnte kriselte, machten sich die medialen Korrespondenten auf nach Dortmund, Gelsenkirchen oder Oer-Erkenschwick, um die Seele der Partei über Reportagen zu erkunden. Nur: Stimmte die Grundannahme tatsächlich? War NRW einst unzweifelhaft *die* Herzkammer der SPD schlechthin? Waren etwa das Münsterland, der Paderborner Raum je Terrain der Sozialdemokraten? Hatte nicht die CDU zwischen Aachen und Höxter lange Mehrheiten geholt, 1958 gar mit 50,5 Prozent die absolute?

Natürlich, mit Herzkammer war wohl in erster Linie das Ruhrgebiet gemeint. Das war schon seit Jahren die probate Region zur Erklärung sozialdemokratischer Erfolge und Abstürze. Wieder und wieder konnte man in elegischen Reportagen über eine Welt im Herbst ihres Daseins lesen: über ältere, aber hellwache Menschen, die in ihrem Erwerbsleben hart unter Tage arbeiten mussten; über kleine, aber redliche Leute in den früheren Werksiedlungen; über brave, aber bitter

---

70 Hitze, Guido, Die Partei und das Land. Der Mythos vom „sozialdemokratischen Stammland NRW"; in: Brautmeier, Jürgen/Heinemann, Ulrich (Hrsg.), Mythen – Möglichkeiten – Wirklichkeiten. 60 Jahre Nordrhein-Westfalen, Essen 2007, S. 153–172, hier: S. 153 ff.

gewordene Genossen, die ihr Leben lang der Partei in Treue verbunden gewesen waren, doch nun zu hadern und zu zweifeln begannen.

Am Beispiel dieser Region – Nordrhein-Westfalen und das Ruhrgebiet insbesondere – versuchten die Deuter des Politischen gern, klarzumachen, warum es mittlerweile so schlecht stünde mit der SPD. Denn NRW–„Pütt"–SPD: Das alles, hieß es, gehörte einst fest zusammen.[71] Nordrhein-Westfalen war mit Kohle und Stahl das Pionierland des Industriekapitalismus in Deutschland. Und damit wurde es zum Zentrum der sozialdemokratischen Arbeiterbewegung. Deshalb konnte man zwischen Duisburg und Dortmund bei Wahlen selbst einen Besenstiel aufstellen – sofern ihm das Etikett „SPD" angeheftet war, wurde er trotzdem gewählt. Dann aber verschwanden die Zechen. Dann schrumpfte die Stahlproduktion. Dann und dadurch dörrte auch das Arbeitermilieu aus. Und deshalb schmolzen die einst gewaltigen Mehrheiten der SPD zusammen. Daher plagt sich die Partei auch hier, in ihrem Stammland, mit den Problemen von Wählerverlusten, Machteinbußen, innerem Zweifel.

So jedenfalls wird uns diese Geschichte berichtet. Immer wieder. Doch trug es sich anders zu, fast gegenteilig zu den gängigen Erzählungen. Die Ruhrstädte wie insgesamt die früheren preußischen Westprovinzen, aus denen die Engländer 1946 das neue Land Nordrhein-Westfalen schnitzten, waren keineswegs

---

71 Faulenbach, Bernd, Die Parteien- und Wahlentwicklung als Spiegel der Veränderung der politischen Kultur im Ruhrgebiet, in: Jan-Pietger, Barbian/Heid, Ludger (Hrsg.), Die Entdeckung des Ruhrgebiets. Das Ruhrgebiet in Nordrhein-Westfalen 1946–1996, Essen 1997, S. 68 ff.

Hochburgen der Sozialdemokratie. Das industrielle Ballungszentrum zwischen Rhein, Ruhr und Emscher war für die SPD nahezu Diaspora, Ort lange Zeit vergeblicher Missionsversuche. Zum Ende des Kaiserreichs lag die Mitgliederdichte der SPD in Essen, Bochum und Gelsenkirchen um die Hälfte niedriger als sonst im Durchschnitt des Deutschen Reichs. Bei den Wahlen in der Weimarer Republik hatte die SPD meist das Nachsehen gegenüber der katholischen Zentrumspartei und den Kommunisten. Das Ruhrgebiet war eine Zitadelle des Katholizismus, auch rhapsodische Kampfstätte ungestümer, junger Linksradikaler. Nicht zuletzt deshalb stand der erste Nachkriegsvorsitzende der SPD, Kurt Schumacher, der Bildung des Landes Nordrhein-Westfalen denkbar misstrauisch gegenüber. Er argwöhnte, dass das neue Großland den Feinden der SPD in die Hände fallen könnte.

Abstrus war der Pessimismus Schumachers nicht. Bei den ersten Landtagswahlen, am 20. April 1947, war die SPD der CDU deutlich unterlegen. Dabei hatten sich die Christdemokraten damals noch einer starken Zentrumspartei zu erwehren. Doch auch die Kommunisten waren noch nicht aus dem Rennen; sie erhielten immerhin 14 Prozent der abgegebenen Stimmen. Kurz: Die oft deklamierte Gleichung NRW–Ruhrgebiet–Zechen– SPD ging keineswegs auf. Die große Zeit der Zechenlandschaft war eine große Zeit der katholischen Arbeiterkultur, dann auch der CDU. Auf dem Nachkriegshöhepunkt der Kohleproduktion, als fast 400.000 Bergleute einfuhren, schaffte die CDU in Nordrhein-Westfalen 1958 bezeichnenderweise die absolute Mehrheit.

Erst als das große Zechensterben einsetzte, begann der Aufstieg der SPD. Sie *litt* nicht an der Erosion des Bergbaus, sondern sie *profitierte* davon. Und sie zog den Nutzen aus dem *Verfall* der klassischen, vorbundesrepublikanischen Arbeitermilieus im rheinischwestfälischen Industrierevier. Erst zerbrach das kommunistische Milieu, da der erlebbare Sozialismus im Osten Deutschlands auch noch im Westen denkbar abschreckend wirkte. Dann, in der Krise der Montan- und Kohlenindustrie, büßte die protestantisch und wirtschaftsliberal grundierte Erhard-CDU der frühen 1960er-Jahre das Vertrauen im „Pütt" ein. Der lange fest verwurzelte Sozialkatholizismus trocknete aus. Der Zerfall der alten hegemonialen Lager und Arbeiterkulturen im Ruhrgebiet wurde zur großen Chance für die SPD. Und sie konnte die Gelegenheit gerade wegen ihrer früheren Schwächen nutzen. Denn die Ruhrgebiets-SPD hatte zuvor keine selbstbewusste, aggressive und abgrenzende Eigenkultur aufbauen können wie ihre Genossen etwa vor 1933 im damaligen Mitteldeutschland. Dadurch aber war die SPD nun um Dortmund und Erkenschwick weit weniger ideologisch, starr, klassenkämpferisch und in Doktrinen gefangen als andernorts. Das erleichterte katholischen Arbeitern, die enttäuscht waren von der Nach-Adenauer-CDU, den Weg zu einer SPD, die nicht bekehren, sondern betreuen wollte.

Denn das war das Elixier des sozialdemokratischen Erfolgs in diesem Industriegebiet der Auflösung, des Ab- und Umbruchs: Die Sozialdemokraten versprachen nicht die neue Gesellschaft, keine rote Zukunft; sie versprachen lediglich, sich verlässlich zu sorgen. Die SPD wurde so zu einer Art Nachfolgepartei des sozialen Katholizismus, Partei der Sorger und Samariter. Ihr Funktionär agierte wie ein Kaplan, war jederzeit ansprechbar, hatte ein Ohr für die Nöte, zeigte Mitgefühl – und spendete Trost. „Hömma, ich krieg dat schon hin" – das bekamen die „kleinen Leute" im großen Ruhrgebiet während der 1960er, 70er, 80er Jahre wieder und wieder zu hören. Der sozialdemokratische Vertrauensmann löste Wohnungsprobleme, verschaffte den Töchtern und Söhnen aus Bergarbeiterfamilien einen Ausbildungsplatz im öffentlichen Dienst, brachte Oma und Opa in Pflegeheimen unter. Er war einer von ihnen, Betriebsrat im selben Werk, Nachbar in derselben Siedlung, Kaninchenzüchter im selben Verein. Nur: Er war stets ein gutes Stück aktiver, ehrgeiziger, strebsamer als der Rest, war auf dem Sprung nach oben. Aber er kümmerte sich und regelte die Dinge, wie ein großer Bruder, genoss daher Vertrauen. Und der oberste, rundum kongeniale Repräsentant des Barmherzigkeitssozialismus war Johannes Rau, der Ministerpräsident von Rheinländern und Westfalen in den Jahren 1978 bis 1998, in diesen guten Zeiten der SPD.[72]

„Bruder Johannes" – wie man ihn gern nannte – machte diesen immer leicht paternalistischen, jedenfalls stellvertretenden, gern betont unpolitisch drapierten Stil auch zur Regierungsmethode im Land zwischen Düsseldorf und Detmold. Im „System Rau" sollten die einfachen Bürger wissen, mehr noch: fühlen, dass die

---

[72] Mittag, Jürgen/Tenfelde, Klaus, Versöhnen statt spalten. Johannes Rau: Sozialdemokratie, Landespolitik und Zeitgeschichte, Oberhausen 2007.

Politik – also die sozialdemokratische Regierung, die Landräte und Oberbürgermeister – sich kümmerte. Zum offiziellen Motto dieses Politikmodells kreierte Johannes Rau 1985 den Slogan „Versöhnen statt spalten". Daran war durchaus vieles verdienstvoll. Aber es war doch ein prononciert patriarchalisches Politikmuster, durch das die Adressaten an den Anspruch auf fürsorgliche Zuwendung gewöhnt wurden, sich nicht eigentlich als mögliche Subjekte selbstbewussten Tuns beteiligt sahen. Indes: Man erzieht so rasch nörgelnde Konsumenten der Politik, nicht aber vitale Akteure der programmatisch gern gepriesenen Bürgergesellschaft. Und das paternalistische Kümmermodell hatte auch ökonomisch einen hohen Preis: Die Schulden, die das Bundesland anhäufte, waren enorm. Es war nicht einzig und allein neoliberale Boshaftigkeit oder individuelle Kälte, was die nachfolgenden Ministerpräsidenten Wolfgang Clement und Peer Steinbrück zu einem Bruch mit der Methode Rau nötigte.

So war es zum Ende der 1990er Jahre jäh mit dem Bruder-Johannes-Modell der SPD in NRW vorbei. Überdies lebten und arbeiteten nunmehr die Sorger von gestern nicht mehr dort, wo sie ursprünglich hergekommen waren. Die meisten von ihnen waren aufgestiegen, hatten lukrative Posten im öffentlichen Dienst ergattert, wohnten längst nicht mehr in der alten Werksiedlung. Plötzlich gab es bei den kleinen Leuten niemanden mehr, der ihnen gleichsam über den Gartenzaun hinweg oder in geselliger Runde im Vereinsheim beruhigend Fürsorge zusicherte. Die Zurückgelassenen waren erst verdattert, dann enttäuscht, schließlich verbittert. Bei Wahlen enthielten sie sich zunächst, hernach orientierten sich viele um, andere machten gar nicht mehr mit, verschafften sich aber im Umfeld immer wieder Luft durch wütende, verächtliche Äußerungen über die „Verräter von der SPD". Währenddessen hatten sich zugleich nicht ganz wenige Sozialaufsteiger aus dem früheren SPD-Milieu ebenfalls von den Sozialdemokraten verabschiedet. Ihnen war das Sozialdemokratische nun zu piefig und miefig, zu sehr Partei mit Mundgeruch.

Bemerkenswerterweise ist man in diesem Prozess in Nordrhein-Westfalen von den politischen Basiskonstellationen her gewissermaßen ins Jahr 1950 zurückgekehrt. Damals kam die CDU im größten Bundesland der Bonner Republik auf 36,9 Prozent der Stimmen, die Sozialdemokraten auf 32,3, die Freidemokraten auf 12,1 und die KPD auf 5,5 Prozent. Ähnlicher waren die Verhältnisse sonst nie. Nach 1950 begann dann der große Aufstieg der Volksparteien. Spätestens 2010 aber war es mit der Glanzzeit dieses Parteientyps vorbei, da beide Volksparteien nicht mehr über 40 Prozent der Stimmen erreichten. Zuletzt, am 14. Mai 2017, erzielten die Sozialdemokraten ihr schlechtestes Wahlergebnis in NRW überhaupt; und die CDU siegte übrigens mit dem zweitschlechtesten Wahlresultat der Nachkriegszeit.

Nach den ‚Dritten Wegen': Die Batterien waren leer

Rund zwanzig Jahre zuvor strotzte die europäische Linke noch vor Optimismus und Kraft. Einige ihrer Vertreter sahen sich gar als Avantgardisten eines neuen Zeitalters der sozialen Demokratie. Ihr Herold war seinerzeit Tony

Blair, der die britischen Konservativen im Mai des Jahres 1997 fulminant von der politischen Macht vertrieb.[73] Das schien die Ouvertüre für eine neue, anhaltende Hegemonie der Linken in Europa zu sein. Denn: Zum Ende der 1990er Jahre regierte die Linke in den skandinavischen Ländern, sie regierte in Frankreich, in England, in Italien. Und ab 1998 erstmals nach sechzehn Jahren auch wieder in Deutschland mit dem Kanzler Schröder.

Sozialdemokratische Regierungschefs waren somit gewissermaßen unter sich, wenn sie in diesen Jahren zu Gipfeltreffen zusammenkamen. Niemand sprach damals mehr, wie noch im Jahrzehnt zuvor, düster vom Ende des sozialdemokratischen Jahrhunderts. Stattdessen redeten alle verzückt von „dritten Wegen".[74] Selbst die Metapher vom unaufhaltsamen Niedergang der europäischen Christdemokratie kam auf. Auch der jugendlichere Neoliberalismus hatte bereits seine beste Zeit deutlich hinter sich. Einer erneuerten Sozialdemokratie hingegen, die ihren Frieden mit Markt und Wettbewerb gemacht hatte, die den Staat nicht länger vergötterte, die ihre Klientel zwar weiterhin förderte, aber nun auch mit einiger Strenge forderte, die den gesellschaftlichen Zusammenhalt mit ökonomischer Innovation verknüpfte, einer solchen modernisierten Sozialdemokratie also mochte zum Ende des vergangenen Jahrtausends die Zukunft gehören. So dachten nicht ganz wenige.

---

[73] Zu Tony Blair insgesamt vgl. Mischler, Gerd, Tony Blair. Reformer, Premierminister, Glaubenskrieger, Berlin 2005.

[74] Vgl. Storm, Roland, Der Dritte Weg – Königsweg zwischen allen Ideologien oder selbst unter Ideologieverdacht?, in: Aus Politik und Zeitgeschichte 16/17 (2001), S. 3 ff.

Doch dann kam es, wie es eben so zu kommen pflegt: Der Beschwingtheit folgte die Depression. Den Reigen sozialistischer Niederlagen eröffnete zunächst die österreichische SPÖ. Das setzte sich in etlichen europäischen Ländern peu à peu fort. Zuletzt erwischte es dann gar die machtgewohnten Sozialdemokraten in Schweden, während ihre deutsche Schwesterpartei sich 2005 noch mühselig in die Große Koalition hatte retten können, was im Jahrzehnt darauf noch zweimal unter Schmerzen gelang.

Dabei: Die Sozialdemokraten hatten, als es in den Nullerjahren bergab ging, überwiegend die Schuldenberge haushälterisch sorgsam abgetragen, sie hatten die Inflationsraten niedrig gehalten, hatten zwischen Amsterdam und Oslo, zwischen Lissabon und Kopenhagen, zwischen London und Wien vielfach für Arbeitsplätze und Investitionen gesorgt. Sie hatten zumindest den wirtschaftlichen Aufschwung nicht entscheidend gehemmt, hatten den öffentlichen Sektor und die Institutionen des Staates nicht maßlos ausgedehnt oder über Gebühr belastet.

Gerade die innenpolitische Bilanz der Ära Blair, mit dem alles begann, fiel in der Summe keineswegs rundum schlecht aus. Gerade in den ersten Jahren der New-Labour-Regierung, als die charismatische Dynamik des Prime Minister noch begeisternd und vitalisierend wirkte, waren die sozial- und wirtschaftspolitischen Erfolge durchaus beträchtlich, waren Resultat eines konzeptionellen, unorthodox und energisch betriebenen Politikmixes. Die Zahl der Arbeitslosen ging nicht zuletzt durch massive Intervention im öffentlichen Dienst erheblich zurück. Die ökonomischen Wachstumsraten lagen weit über dem Durchschnitt der westeuropäischen Volkswirtschaften. Einkommensschwachen Familien mit Kindern ging es besser als in den Thatcher-Major-Jahren. Die Briten hatten den Mindestlohn, auf den die Deutschen damals noch warten mussten. Alleinerziehende Mütter profitieren von einem Set staatlicher Hilfen.

Und doch wuchs gerade bei den Aktivisten und Stammwählern von Labour der Frust über die eigene Regierung gewaltig an. Das Ziel von New Labour – und bald auch der meisten anderen Sozialdemokratien – war nicht die Gleichheit der Einkommen, sondern die Verbesserung von Lebenschancen.[75] Als Instrument dafür galten Bildung und lebenslanges Lernen. Eingebettet war all dies in die sogenannte *Welfare-to-work*-Strategie: Arbeitslose sollten sich nicht durch staatliche Transfers in Abhängigkeit und Passivität verdrängen lassen, sondern aktiv, notfalls mit Druck und Sozialkürzungsdrohungen, in den Arbeitsprozess rückgeführt werden. Arbeit, Arbeit, Arbeit, das war im Kern die Maxime der New-Labour-Politik.

Ein großer Teil der unteren Schichten mochte diese Parole aus den Mündern akademischer und besser situierter New-Labour-Minister bald nicht mehr hören. Auch die Chancenrhetorik löste in den sozialen Souterrains eher Hohn und Hass aus. Das allfällige Postulat von der Chancengesellschaft hatte bei all denen, die es durch Bildung und Wissen nicht schafften, erst recht das

---

75 Vgl. hierzu Nachtwey, Oliver, Marktsozialdemokratie. Die

Gefühl der Demütigung, der Wut, zuweilen der Scham hervorgebracht. Denn New Labour wies ihnen nun die Verantwortung für die soziale Misere individuell zu. Dabei arbeiteten etliche hart, lang, viel und blieben dennoch deprimierend arm. Der Wohlstandsgraben zwischen den oberen 15 Prozent und den unteren 15 Prozent hatte sich in den letzten Jahren unter Blair gar noch vertieft. Sozial gerechter, integrierter, friedlicher, bürgergesellschaftlicher war Britannien alles in allem nicht geworden.[76]

Eher hat der New-Labour-Wohlfahrtsstaat Züge der Intoleranz angenommen. Es zählten allein Leistung, Effizienz, wirtschaftlicher Erfolg. Der Arbeitszentrismus von New Labour fand seinen Zweck in sich selbst. Hauptsache Arbeit – nach dem Sinn, der Substanz, der Lebensqualität, der Perspektive des produktivistischen Tuns wurde im Labourismus nicht gefragt. Es war dieser pure und rigide Ökonomismus, der nach zehn Jahren solcher dritten Wege gerade die früheren Multiplikatoren und Fußsoldaten der Partei verstört und entmutigt hat.

So wurde den Sozialdemokraten im Wahlakt rüde das Vertrauen entzogen. Mit der großen Überzeugungskraft eines glanzvoll regenerierten bürgerlichen Lagers hatte das wenig zu tun, da es dergleichen nicht gab. Das europäische Wahlvolk wählte ab. Aber es drängte deshalb

---

Transformation von SPD und Labour Party, Wiesbaden 2009.

76 Vgl. Michelsen, Danny/Walter, Franz, Beyond New Labour? Zur Selbstfindung der britischen Sozialdemokratie, in: Butzlaff, Felix/Micus, Matthias/Walter, Franz (Hrsg.), Genossen in der Krise. Europas Sozialdemokratie auf dem Prüfstand, Göttingen 2011, S. 129–150.

nicht zu entgegengesetzten Alternativen, konturierte keine eindeutig neuen Richtungen heraus.

Doch war es nicht nur Zufall, auch nicht einfach nur die Laune eines durch chronischen TV-Konsum auf Abwechslung und Zapping eingestimmten Wählerpublikums, dass düstere Wolken über der europäischen Sozialdemokratie aufzogen. Die Malaise war schon elementarer. Präziser: Es war die Geschichte eines mehrfachen Verlustes.

Lange Jahrzehnte sprühten die sozialistischen Parteien vor Energie, auch – und gerade – in den ersten bitteren Jahrzehnten der Opposition und Ohnmacht. Denn lange Jahre waren sie Parteien der Jugend, Parteien des Zukunftsversprechens, Parteien einer durchaus mitreißenden Idee. Viel war davon nicht geblieben. In den Nullerjahren waren die sozialistischen Parteien eher Organisationen der Müden und Ausgebrannten. Der typische Funktionär im west- und mitteleuropäischen Sozialismus strampelte sich seit Jahr und Tag im Organisationsgeflecht seiner Partei ab. Das bedeutete kräftezehrende, kreativitätszerstörende lange Abende in zeitraubenden Gremien, in intrigenreichen Flügelkämpfen, in abendfüllenden Kungelrunden. Infolgedessen waren etliche Mandateure, die das Bild der Sozialdemokratien im westlichen Europa bestimmten, unterdessen erschöpft, ausgelaugt und verschlissen. Und da im Grunde alle ihrer früheren politischen Träume und Hoffnungen verflogen und verloren waren, neigten sie eher zur Melancholie als zur politischen Courage. Große rhetorische Tribunen oder virtuose Theoretiker fand man in ihren grauhaarigen Reihen kaum mehr.

Natürlich hing der Verlust an Energie mit dem Verlust an orientierender Deutungskraft zusammen. Über ein Jahrhundert waren sich die Sozialdemokraten „ihrer Sache" absolut sicher. Die inneren Überzeugungen bildeten die Batterien für den Handlungselan, der für Sozialisten und Sozialdemokraten lange so charakteristisch war. Doch die Batterien waren jetzt leer. Spätestens im Laufe der neunziger Jahre erlosch der Zauber all der sattsam bekannten Slogans aus der langen Geschichte der Arbeiterbewegung.

Mehr noch: Die reale sozialdemokratische Regierungspolitik im Europa der neunziger Jahre und im ersten Jahrzehnt des 21. Jahrhunderts hatte mit all den überlieferten Losungen der grau gewordenen Aktivisten nicht recht etwas zu tun. Sozialdemokratische Regierungen betrieben, eingeschüchtert durch die Hegemonie des Neoliberalismus, eine Politik der Austerität, nicht der expansiven Finanzen und Ausgaben. Auch sozialdemokratische Regierungen entregulierten Arbeitsmärkte und Sozialsysteme; auch sozialdemokratische Regierungen beschlossen den Einsatz von Militärs in auswärtigen Konflikten. Die sozialdemokratischen Aktivisten der mittleren Parteiebenen diesseits der gouvernementalen Verantwortung spürten, dass ihre alte Vorstellungswelt nicht mehr galt.

Am schlimmsten war, dass die sozialdemokratischen Partei nicht mehr wusste, ob ihr Projekt des Dritten

Weges während der vergangenen zehn Jahre eigentlich richtig war oder doch vielmehr in die Irre geführt hatte. Erst recht wussten sie nicht, was nun folgen sollte, was das Ziel, wie der Weg dorthin, was das Marschgepäck sein könnte. Es ging nicht mehr voran auf dem *Third Way* der europäischen Linken. Das machte sie politisch hilf- und artikulationslos – und dies ausgerechnet zu einem Zeitpunkt, als die Legitimationsgrundlagen des entgrenzten Kapitalismus offenkundig fragiler wurden. Aber eine Sprache oder ein Ideensystem, mit dem die kapitalistischen Deformationen zu begreifen und orientierend zu deuten gewesen wären, standen nicht mehr zu Verfügung. Infolgedessen verloren die um ihre Interpretationsmuster und Aktivierungsappelle gebrachten sozialistischen Parteien bei Wahlen schließlich kräftig.

So also fehlte den Sozialdemokraten all das, was einst noch ihre Stärke und Anziehungskraft ausgemacht hatte: drängender Führungsnachwuchs, kühne Leidenschaft, Imaginationen von Zukunft, der Impetus für die Aktion. Ihnen fehlte überdies und deshalb auch der kulturelle und soziale Erfahrungsreichtum verschiedener Strömungen. Ihnen fehlten dadurch die Seismographen für Einstellungen und Stimmungen, für Ängste und Hoffnungen in der Bevölkerung. Und ihnen fehlte dadurch die Integrationskraft in die Breite und vor allem nach unten, in die Kellergeschosse unseres Sozialsystems. Auf die neue Klassengesellschaft, auf die neuen Konflikte in der zunehmend tribalistischen bundesdeutschen Gesellschaft war die Sozialdemokratie am Ende der dritten Wege sozial, kulturell, mental und strategisch nicht vorbereitet.

Das hatte keineswegs zuletzt auch damit zu tun, dass es der Partei auch an substanziellem, inhaltlichem Disput mangelte. Anstelle des Streits war von Hamburg bis München die banale Personalintrige getreten. Dabei gehörte die programmatische Kontroverse stets zum historischen Kern der Sozialdemokraten; sie war der Partei gleichsam wesenseigen. Etwas pathetisch formuliert: Die offene Auseinandersetzung war vielleicht der wertvollste Beitrag der SPD zur Einübung der Demokratie im lange obrigkeitsstaatlich geprägten Deutschland überhaupt. In den anderen Parteien jedenfalls ging es zumeist erheblich diskussionsloser, autoritärer und patriarchalischer zu.

Die SPD war anfangs Schrittmacher und Vorbild für eine offene Debattenkultur. Das war schon in der unmittelbaren Sattelzeit der Parteigründung so, als Lassalle mit Marx und Bebel stritt. Dann folgten zum Ende des 19. Jahrhunderts im Revisionismusstreit die harten Auseinandersetzungen zwischen Kautsky und Bernstein. Auch Scheidemann und Ebert lagen zu Beginn der Weimarer Republik miteinander heftig im Clinch. Rudolf Hilferding und Paul Levi standen in den zwanziger Jahren schroff auf verschiedenen Seiten der Sozialismusinterpretation und lieferten sich darüber auf Parteitagen große Rednergefechte. Schumacher und Reuter sahen die Dinge in der Frühzeit der Bundesrepublik radikal anders und sprachen es offen aus. Eichler und Abendroth konnten sich in den fünfziger Jahren auf ein Programm des demokratischen Sozialismus nicht einigen. Eppler und Löwenthal lagen im Grundwertestreit der Brandt-Ära über Kreuz. Und Gerhard Schröder attackierte in den frühen achtziger

Jahren lustvoll und erbarmungslos seinen Kanzler, den in der Agonie des Sozialliberalismus unzweifelhaft bedauernswerten Helmut Schmidt.

Das alles hatte den Sozialdemokraten das politische Leben nicht leicht gemacht; und dennoch hatte gerade das, der Streit, am Ende dazu geführt, dass die SPD mehr als ein Jahrhundert überlebte. Denn im Streit wuchsen, lernten und reiften die Talente der Partei. Sie mussten im Streit ihre Position schärfen, Anhänger sammeln, neue Zusammenhänge stiften, an ihren oratorischen Fähigkeiten feilen, Durchsetzungskraft entwickeln. Ohne Streit indes schlafft eine Partei ab; sie verliert an Leben, Substanz und eben auch an geeignetem Führungsnachwuchs. Eben in dieser Situation befanden sich die Sozialdemokraten am Ende der ‚Dritten Wege'.

Langer sozialdemokratischer Heimatverlust

Dabei begann das 21. Jahrhundert in Deutschland mit den zuversichtlichsten Hoffnungen, die sich tatsächlich damals mit der Sozialdemokratie verknüpften. Der sonst übliche Pessimismus der Deutschen jedenfalls war im Übergang von 1999 nach 2000 so gut wie verschwunden. Nur noch 10 Prozent der Bürger schauten jetzt düster gestimmt in die Zukunft. „Nie ist", staunte selbst die lebenserfahrene Elisabeth Noelle-Neumann Anfang 2000 in einem Beitrag für die *FAZ*, „in fünfzig Jahren vom Allensbacher Institut ein niedrigerer Wert verzeichnet worden."[77] Der Fortschrittsenthusiasmus

---

77 Vgl. Noelle-Neumann, Elisabeth, Das Jahrhundert der Arche Noah, in: FAZ, 19.01.2000.

war überraschend zurückgekehrt, fast wie in den Zeiten reformistischen Überschwangs, als 1972 rund 60 Prozent der Bundesbürger dem Segen der Progressivität vertrauten. Am Ende der dann anschließenden Ära Helmut Schmidt war davon indes wenig übriggeblieben, da nur noch 30 Prozent die Fortschrittlichkeit priesen. In der Anfangszeit der Kanzlerschaft Schröder jedoch kletterte der Anteil der Fortschrittsfreunde und Optimisten erstmals seit den frühen 1970er Jahren, seit dem Beginn der Kanzlerschaft Brandt also, wieder über 50 Prozent.

Als Ouvertüre für den Trend konnte man schon den deutlichen Wahlsieg der zuvor 16 Jahre in die Opposition verbannten Sozialdemokraten Ende September 1998 ansehen. Immerhin gehörte allein die SPD im folgenden Jahrzehnt – sieht man von dessen letzten (gut) zwei Monaten ab – durchweg der Bundesregierung an. Dass in breiten Kreisen der deutschen Bevölkerung eine Art sozial-demokratische Basismentalität auffindbar war, zählte zu den regelmäßigen Befunden der Meinungsforscher eingangs des 21. Jahrhunderts. Die „soziale Gerechtigkeit" wurde oft und von vielen Bundesbürgern als ein besonders wichtiges Anliegen genannt. Der wirtschaftlichen Elite mochte der Sozialstaat ein Dorn im Auge gewesen sein, aber bei der großen Majorität jenseits der ökonomischen Führungskräfte stand die Forderung nach seiner Konsolidierung und einem Ausbau weit oben auf der Liste gesellschaftlicher und politischer Erwartungen.

Doch einige Jahre später waren Frohsinn und sozialdemokratische Frühlingsgefühle gänzlich verflogen.

"Selten waren die Deutschen", bilanzierte nun Elisabeth Noelle wiederum in der *FAZ*, "so niedergeschlagen, war die Stimmung so pessimistisch wie zur Jahreswende 2002/03."[78] Im Januar 2003 schauten so wenig Deutsche mit freudiger Hoffnung in die Zukunft wie kaum einmal sonst in den vorangegangenen Jahrzehnten. Interpretieren konnte man den rasanten Stimmungswechsel zugespitzt so: Ein Gutteil der großen Erwartungen, die noch Ende der 1990er Jahre und zu Beginn die Nullerjahre vorherrschten, hatte durchaus einen sozial-demokratischen Kern. Aber diese sozial-demokratischen Aspirationen wurden ausgerechnet von *der* Partei zutiefst enttäuscht, die sich die soziale Demokratie auf das programmatische Panier geschrieben hatte. Das führte zu der Paradoxie, dass die SPD in diesem Jahrzehnt in ungewöhnlich drastischer und nachhaltiger Weise an innerer Substanz, an Vertrauen, Glaubwürdigkeit, zudem Anhänger und Wähler verlor, gerade weil die sozial-demokratischen Anliegen und Ansprüche so dominant in der Bevölkerung waren, die Regierungspolitik jedoch im schroffen Kontrast dazu stand. Jedenfalls nahm es das Gros der Bevölkerung so wahr. Und infolgedessen gerieten die sozialdemokratischen Nullerjahre zum Desaster für die SPD als Partei.

Denn sie steuerte 2003, nach zuvor zahlreichen begründungslosen Zickzackwendungen der Regierungspolitik, die "Agenda 2010" an. Die Vorarbeiten dazu hatte ein kleiner Zirkel unter der Regie des Kanzleramtschefs Frank-Walter Steinmeier bereits Ende 2002 geleistet

---

78 Vgl. Noelle-Neumann, Elisabeth, Worüber man in Deutschland spricht, in: FAZ, 29.01.2003.

– ansatzlos, zumindest nicht in einem nachvollziehbaren Nexus zum Wahlprogramm von 1998 oder den Wahlkampfslogans von 2002, geboren in erster Linie aus Verzweiflung, Not und Zuflüsterungen, um irgendwie wieder den Rücken von der Wand, an der die Regenten standen, fortzuwenden. Öffentlich gemacht wurde die neue Marschroute Mitte März 2003 durch eine Regierungserklärung Gerhard Schröders. Ein stringent durchkomponiertes und im Detail ausformuliertes Konzept war die heute im Bürgertum fast schon kultisch memorierte „Agenda 2010" zu keinem Zeitpunkt. Aber mit dem Vortrag Schröders im Bundestag standen die dauerrepetierten Zielkategorien der rot-grünen Bundesregierung für die folgenden zwei Jahre fest: aktivierender Sozialstaat, Fordern und Fördern, Selbstbeteiligung und Eigenverantwortung, Investition statt Konsumtion, Zukunft statt Vergangenheit. Praktisch mündeten all diese Leitvokabeln in Gesetzesinitiativen, mittels derer die Arbeitslosen- und Sozialhilfe zusammengelegt, die Zumutbarkeitsregelungen für die Wiedereingliederung bisher Arbeitsloser in den Arbeitsmarkt verschärft, die Teilhabe der Versicherten an den Gesundheitskosten erhöht wurde. Die Einkommensbezieher durften sich währenddessen über die Minderung ihrer Steuerzahlungen freuen.

Daher zollten im Wesentlichen die Führungskräfte aus der Wirtschaft und weiten Teilen der Medien dem Bundeskanzler freundlich Beifall; doch der signifikant große Teil der Bundesdeutschen sah in den Agendamaßnahmen keineswegs Chancen, sondern Bedrohungen der eigenen sozialen Existenz. Das Misstrauen gegen die Schröder'schen „Sozialreformen" hatte in den Jahre 2003/04 extrem in der Bevölkerung um sich gegriffen. Die bewegenden Themen in diesen Kreisen waren Gesundheit und Alterssicherung, natürlich auch die Arbeitslosigkeit. Und man befürchtete hier überall tiefe Einschnitte, markante Kürzungen, gravierende Belastungen. Je prekärer die materielle Lage der Bürger war, desto heftiger fiel ihre Furcht vor den „Sozialreformen" aus, wie sämtliche empirische Erhebungen jener Jahre valide belegen.

Da in diesem Zeitabschnitt der Erosion sozialstaatlicher Gewissheiten ausgerechnet die SPD im Kabinett die Regie führte, wurden es jetzt und hernach bittere Jahre für die Partei. Die Sozialdemokraten waren 1998 bei den Bundestagswahlen mit der elektoral letztlich erfolgreichen Parole angetreten, die „Gerechtigkeitslücke" zu schließen. Nach sechs Jahren Regierungsführung indes taten nahezu Dreiviertel der Bevölkerung kund, dass die „Gerechtigkeitslücke" während der Schröder-Fischer-Jahre nicht kleiner geworden, sondern sogar noch weiter angewachsen sei. Es waren keineswegs bloße Hypochondrien, die verursachten, dass im weiteren Fortgang sozialdemokratischer Regierungsbeteiligung im ersten Jahrzehnt des 21. Jahrhunderts hunderttausende von Mitgliedern und Millionen von Wählern der Sozialdemokratie enttäuscht den Rücken kehrten. Denn im halben Jahrhundert zuvor (mit den langen christdemokratischen Ären) hatte sich niemals in einer solchen Geschwindigkeit die soziale Ungleichheit, also der Wohlstandsgraben zwischen den Einkommensverhältnissen oben und unten, so stark vertieft wie in den sozialdemokratischen

Die Ratlosigkeit früherer Volksparteien

Regierungsjahren seit 1999 bis 2005. Die Armutsquote war ab 2000 von zwölf auf 18 Prozent hochgeschnellt. Die Zahl derjenigen, die man unter die „working poor" fasste, verdoppelte sich in den Schröder-Jahren. Zahlreiche der neuen Jobs, welche den Agenda-Reformen seither gutgeschrieben worden sind, bestanden vor allem bis 2010 aus Mini-Jobs, unfreiwilligen Teilzeit- und Kurzarbeitsplätzen. Etliche Hunderttausende, die auf diese Weise unsicher beschäftigt waren, lebten zugleich in Teilen von Hartz IV, weil die Entlohnung für ihre Erwerbstätigkeit nicht reichte. Es treffe, urteilte seinerzeit Renate Köcher, „die Partei, die 1998 den Machtwechsel auch mit dem Versprechen einer in ihrem Sinne gerechteren Politik befördert hatte, in ihren Grundfesten, daß die Politik ihrer Regierung zunehmend als sozial unausgewogen empfunden wird. Seit längerem hat die Bevölkerung den Eindruck, daß sich die Regierung nicht einmal um soziale Gerechtigkeit bemüht."[79]

In der Tat hatte sich die von den Sozialdemokraten während der Kohl-Jahre beklagte „Gerechtigkeitslücke" zumindest in der Wahrnehmung der Bevölkerung während der Nullerjahre zur breiten Kluft entwickelt. Am Ende des Jahrzehnts stellte das Allensbacher Institut für Demoskopie fest, dass die Unterschiede zwischen den sozialen Schichten in Deutschland „keineswegs geringer, sondern größer" geworden seien, „materiell wie in Bezug auf Weltbilder und Mentalität."[80] Die Oberschicht lebte in den Nullerjahren wie schon zuvor und wie nun auch das wohlsaturierte

---

[79] Vgl. Köcher, Renate, Regieren gegen die öffentliche Meinung, in: FAZ, 18.02.2004.

[80] Vgl. Köcher, Renate, Statusfatalismus der Unterschicht, in: FAZ, 16.12.2009.

grün-postmaterielle Milieu in kommoder Zufriedenheit mit den obwaltenden Umständen, in den prekären Mittellagen und den unteren Schichten hatte sich das Missvergnügen über die nunmehr als unzureichend empfundenen materiellen Verhältnissen im Vergleich zum vorangegangenen Jahrzehnt erheblich vermehrt. Für die regierende SPD waren das niederschmetternde Bewertungen – und das besonders von Zugehörigen jener Soziallagen, die die Partei über hundert Jahre als Herz und Seele ihrer Weltanschauung und Organisation begriffen hatte. Die ursächlich für den rasanten Reputationsverlust verantwortlichen Vorgänge innerhalb der eigenen Anhängerschaft lagen in den Jahren 2003/04. Mit Beginn der Großen Koalition beschleunigte sich der Abwärtstrend noch weiter, aber sie setzte ihn nicht ursächlich in Gang, da die SPD in dieser Dekade auch auf Länderebene in allen möglichen Allianzen erhebliche Verluste hinnehmen musste: als Partei der absoluten Mehrheit in Niedersachsen 2003, als regierungsführende Partei von Rot-Rot in Mecklenburg-Vorpommern 2006, als von der PDS tolerierte Minderheitsregierung in Sachsen-Anhalt 2002, als Oppositionspartei in Hessen 2005, nach Rot-Grün im gleichen Jahr in Nordrhein-Westfalen etc.

Dem Sozialdemokratischen war die Lebensrealität unten in der Gesellschaft mehr und mehr entrückt. Es wusste davon nicht mehr viel, hatte kaum Antennen mehr dafür. Im unteren Drittel, allmählich auch im Übergangsbereich zum mittleren Drittel, nahm die Furcht vor der Instabilität der fluide gewordenen Verhältnisse zu. Die prominenten Repräsentanten der Sozialdemokratie feierten währenddessen in der rot-grünen Regierungszeit die Entsicherung und Entgrenzung schutzversprechender Strukturen als befreiende Modernität, die den Wohlstand der Nationen mehren würde. Die politische Flankierung der Entwicklung erhöhten sie zur „Agenda" für die Zukunft. Und sie lobten diese als Ausbruch aus der bundesdeutschen Trägheit und als Eintritt in den unaufhaltsamen globalen Fortschritt. Diejenigen, für die man früher Politik gemacht hatte, empfanden das Tag für Tag anders. Der Fortschritt war ihnen Rückschritt in soziale Labilitäten und in Arbeitsverhältnisse, die sie und ihre Familien nicht mehr hinreichend nährten. Doch merkten sie solchen Missstand unzufrieden an, wurden sie herrisch belehrt, dass man durch die Reformen massenhaft Jobs geschaffen habe und dass jede Erwerbstätigkeit besser sei als Nichtstun.

Auch das war verblüffend, wie sehr Sozialdemokraten, die in den ersten Jahrzehnten ihres Daseins als Partei programmatisch noch die Lohnarbeit und Entfremdung explizit überwinden wollten, vergessen hatten, wie subaltern, ja demütigend manches Dienstverhältnis sein kann. Statt das zum Thema zu machen, spannte man bunte Begriffslampions über den ernüchternden Alltag der Ein-Euro-Beschäftigungen und Jobcenter. Der Vertrauensverlust wurde noch beschleunigt durch diesen Kontrast zwischen den stets vollmundigen Slogans der Sozialdemokratie, die Gutes verhießen, und den frugalen Lebensbedingungen ihrer anfänglichen Wähler, die über Jahre noch erhebliche Verschlechterungen bilanzierten. Diese Schere produzierte zunächst Wut, verebbte hernach in Resignation und wurde zuletzt rechtspopulistisch in Zorn und politischen Lagerwechsel transferiert.

So ähnlich lief es auch in zahlreichen anderen europäischen Nationen. Und früh hat hier eine im Vergleich zu Deutschland harte, inhaltlich auch ungewöhnlich zugespitzte Debatte begonnen, die hierzulande erst vor Weihnachten 2017, dann massiv, aber vielleicht wirklich etwas sehr spät, vom früheren langjährigen Parteichef der SPD Sigmar Gabriel per *Spiegel*-Essay für einen kurzen Moment eingeführt wurde. Vor allem der sozialdemokratische Theoretiker aus den Niederlanden René Cuperus hatte früh die kosmopolitische Linkslibertät in seiner eigenen Partei, der Partij van de Arbeid, attackiert.[81] Er widersprach mit Aplomb der in linksintellektuellen Kreisen weitverbreiteten Auffassung, dass der Populismus sich nur von reinen Angstschimären, von zu Paranoia gesteigerten Xenophobien leiten ließe. Es käme vielmehr darauf an, zu verstehen, mahnte Cuperus, „dass der Populismus in der Wirklichkeit fußt." Den linksliberalen Kontrahenten warf der niederländische Sozialist vor, die Kategorie „Populismus allein zur Dämonisierung" zu instrumentalisieren, um diejenigen, die damit abqualifiziert worden seien, „aus der Arena der ‚normalen' und ‚rationalen Politik' auszuschließen." Dabei sei Populismus in erster Linie ein „Ringen um Identität, soziale Anerkennung und Status."

---

81 Vgl. Becker, Frans/Cuperus, René, Die Sozialdemokratie in den Niederlanden. Drei Zukunftsoptionen, Friedrich-Ebert-Stiftung, Internationale Politikanalyse, 2011, S. 6, online einsehbar unter: http://library.fes.de/pdf-files/id/ipa/08256.pdf [zuletzt abgerufen am 15.06.2018].

Die Ratlosigkeit früherer Volksparteien

Für die Linken sei die Debatte um Europa, Einwanderung und den Islam schwierig, da „der sogenannte ‚Globalisierungskonflikt' die Wählerschaft der Mitte-Links-Parteien teilt und die kulturelle Kluft repräsentiert, die sich in unserer Gesellschaft zwischen bildungsnahen und bildungsfernen Schichten aufgebaut hat. Zwischen denen also, die es sich in der globalisierten Welt gut eingerichtet haben und die sich dort sicher fühlen – und denen, die sich verraten und im Stich gelassen fühlen."

In den Niederlanden lasse sich beobachten, wie sich die gut Ausgebildeten und die weniger gut Ausgebildeten in zunehmend separierten Welten aufhielten, jeden Kontakt miteinander vermieden. Frühere Orte und Räume gemeinsamer Zusammenkunft wie Kirchen, Armee oder Wohltätigkeitsorganisationen hätten an gesellschaftlichem Gewicht verloren. Vor allem jedoch die Akademiker neigten dazu, sich allein in der eigenen Lebenswelt, unter ihresgleichen zu bleiben. „Aus diesem Biotop schauen sie dann verächtlich auf die weniger Gebildeten herab. Sie verachten deren Humor, deren Geschmack und deren politische Überzeugungen."[82]

Überhaupt hegte Cuperus die allergrößten Zweifel am gehobenen politisch kulturellen Niveau des sich so prononciert libertär gerierenden akademischen Bürgertums: Viele der dort verbal herumgereichten Einstellungen „beruhen zumeist nur auf dem

---

[82] Vgl. Cuperus, René, Wie man Populismus nicht bekämpft, in: Internationale Politik und Gesellschaft 10.11.2014, online einsehbar unter: http://www.ipg-journal.de/interviews/artikel/wie-man-populismus-nicht-bekaempft-664 [zuletzt abgerufen am 15.06.2018].

Bemühen um soziale Statusabgrenzung gegenüber den als ordinär und vulgär wahrgenommenen unteren Klassen. Denn wie kosmopolitisch, pro europäisch und islamfreundlich ist diese akademische Elite bei genauerer Betrachtung wirklich? Provozierend kann man sagen: Die wirkliche Avantgarde sind heute die weniger Gebildeten, indem sie auf die Schattenseiten der Globalisierung hinweisen und die ungerechte und ungleiche Lastenverteilung der Globalisierung auf die politische Agenda setzen."[83]

Dadurch weite sich die Kluft zur Sozialdemokratie. Wohin das führen konnte, zeigte drastisch das Beispiel der Schweiz. Die Sozialdemokratischen Partei (SP) dort war bis in die 70er Jahre des 20. Jahrhunderts eine Partei der Facharbeiter und kleineren Angestellten vornehmlich der urbanen, protestantischen oder allmählich säkularisierten Quartiere. Die Arbeiterbewegung bestand nicht nur aus der Partei, sondern ebenfalls aus den Gewerkschaften und einer großen Anzahl von Freizeit-, Kultur- und Bildungsvereinen. Das enge Bündnis mit den Gewerkschaften war für die Sozialdemokraten wichtig, da diese in der Referendumsdemokratie ohne staatliche Parteienfinanzierung auf die Organisations- und Mobilisierungspotentiale der Gewerkschaftsverbände elementar angewiesen waren.

Die „68er", die neuen sozialen Bewegungen der 1970er und 1980er Jahre, die Tertiärisierung der Gesellschaft

---

83 Cuperus, René, Das Versagen der selbstgerechten Etablierten, in: Berliner Republik, 6 (2014), online einsehbar unter: http://www.b-republik.de/aktuelle-ausgabe/das-versagen-der-selbstgerechten-etablierten [zuletzt abgerufen am 15.06.2018].

– all dies hinterließ fortan tiefe Spuren in den Sozialdemokratien Mittel- und Westeuropas. Aber nirgendwo ging der Wandel von einer Partei der „kleinen Leute" zur Partei der „Modernisierungsgewinner" derart weit wie in der Sozialdemokratischen Partei der Schweiz. Anfangs hatte die SP noch mit großer Distanz auf die studentenbewegten Vorgänge der späten 1960er Jahre in den helvetischen Großstädten reagiert. Dann aber marschierte die politisierte Generation von 1968 mit Aplomb in die SP und veränderte sie radikal. Die Positionen der Frauenbewegung, der Dritte-Welt-Initiativen, der Ökologiegruppen, der Bürgerrechtler, Pazifisten, Schwulenvereinigungen drangen in alle Poren des sozialdemokratischen Selbstverständnisses. Auch die antikapitalistische Pose erfuhr wieder rhetorischen Aufwind, da die Partei 1982 programmatisch den „Bruch mit dem Kapitalismus" postulierte und als Vorbild für ein neues Gesellschaftsmodell die jugoslawische Selbstverwaltungsökonomie pries. All das hätte gewiss gereicht, um Abstände zu den Traditionsrevieren der klassischen Industriearbeiterschaft herzustellen.

Doch die Entfremdung zwischen der SP und ihrem früheren Subjekt der gesellschaftlichen Transformationsprojekte erhielt zudem noch Auftrieb, da im rechten Spektrum des Parteiensystems neue Akteure auftraten, die das Medium der direkten Demokratie nutzten, um über die Migrations- und Ausländerfrage durch populistisch zugespitzte Kampagnen Stimmungen zu erzeugen, die im Laufe der 1970/80er Jahre einen tiefen Graben zwischen Sozialdemokratie und Arbeiterschaft entstehen

ließen. Der Pionier dieses neuen rechten Populismus war
James Schwarzenbach, Chef der „Nationalen Aktion",
der 1970 eine Referendumsinitiative in Gang setzte,
mit der die Schweiz Schranken gegen „Überfremdung"
errichten, Ausländer auch ausweisen sollte. Immerhin
46 Prozent der Abstimmenden folgten ihm, darunter
eben auch viele bisherige sozialdemokratische Anhänger
und Gewerkschafter, die Furcht vor Konkurrenten um
ihre Arbeitsplätze und vor einem Anstieg der Mietpreise
auf Grund wachsender Migration empfanden. In der SP
sahen sie bald keinen politischen Anwalt ihrer Interessen
mehr, da deren politische Repräsentanten sich weiter
unverdrossen für offene Zuwanderungswege und liberale
Asylgesetze aussprachen. Binnen einer Dekade ging der
Arbeiteranteil am SP-Elektorat um die Hälfte zurück;
1991 betrug er nur noch 18 Prozent, wobei gewiss zu
beachten ist, dass auch der Arbeiteranteil an den Erwerbstätigen von 46,2 Prozent 1970 auf 32,2 Prozent
1990 geschrumpft war.[84] Die SP, die sich vollständig
einem postmaterialistischen Politikverständnis ver-
schrieb und in den 1980er Jahren in einigen Kantonen
Listenverbindungen mit den Grünen einging, geriet
zum Ende des Jahrzehnts in eine tiefe Krise.[85] Erstmals
seit Einführung des Proporzwahlrechts im Jahr 1919
fiel sie bei den Nationalratswahlen 1987 und 1991
unter 20 Prozent der Stimmen. Ihre Kandidaten aus

---

84 Vgl. Maissen, Thomas, Geschichte der Schweiz, Baden 2010, S. 288.

85 Vgl. hierzu und im Weiteren: Institut für Politikwissenschaft an der Universität Bern, Jahrbuch Schweizerische Politik. Dossier Parteien. Sozialdemokratische Partei, online einsehbar unter: http://www.anneepolitique.ch/docu/HP-SP.pdf [zuletzt abgerufen am 19.06.2018].

den Gewerkschaftsorganisationen schnitten besonders schlecht ab und schafften vielfach nicht den Einzug ins nationale Parlament. Der Vorsitzende des Schweizer Gewerkschaftsbundes, Fritz Reimann, schimpfte wütend über die Akademiker und Intellektuellen in der SP, machte sie und den Wechsel der Themen verantwortlich für die Wahldesaster. Ihre Gegner verspotteten die Sozialdemokraten nun als „Cüpli" (Champagner)-Sozis, wie in Frankreich die Sozialisten mit dem Schmäh „gauche caviar" oder die Sozialdemokraten in Deutschland eine Zeitlang mit dem Etikett der „Toskana- Fraktion" leben mussten. In einigen Orten traten Funktionäre der Gewerkschaft aus der SP aus und gründeten eine „Demokratisch-Soziale Partei", die allerdings lediglich in Basel vorübergehend eine nennenswerte Existenz führen konnte.

Doch der große Gewinner hieß: Christoph Blocher.[86] Während die SP in ihrem historischen Tal feststeckte, krempelte der protestantische Pfarrerssohn und Millionär die bis dahin brav und gemütlich auftretende SVP, die Partei der Bauern, Winzer und Gewerbetreibenden, radikal um. Blocher selbst war ein begnadeter Rhetoriker, der seine Botschaften immer bildreich, pointiert und verlässlich aggressiv unter das Volk brachte, wenn er gegen die „classe politique", gegen „Linke und Nette" und „kriminelle Ausländer" ins Feld zog. Die Schweizerische Volkspartei SVP, die zwar Partei zahlreicher Unternehmer und Modernisierungsantreiber war, wurde auf diese Weise innerhalb eines Jahrzehnts auch zur Partei der Schlechtgebildeten, der Arbeiter und Arbeitslosen,

---

86 Zu Blocher vgl. Walter, Franz, Rebellen, Propheten und Tabubrecher. Politische Aufbrüche und Ernüchterungen im 20. und 21. Jahrhundert, Göttingen 2017, S. 238 ff.

Langer sozialdemokratischer Heimatverlust

kurz: der Modernisierungsverlierer. Sie, nicht die SP, entwickelte sich zur modernen Arbeiterpartei der Schweiz. Aus der 11-Prozent-Partei wurde bis zum Ende des 20. Jahrhunderts eine 22,5-Prozent-Partei; bei den Nationalratswahlen im Jahr 2007 erhielt die Blocher-Partei gar 28,9 Prozent der Stimmen und lag knapp 10 Prozentpunkte vor der SP. Eine solche Erschütterung hatte das über etliche Jahrzehnte bemerkenswert immobile Schweizer Parteiensystem zuvor nicht erlebt.[87] Im Jahrzehnt darauf lag der Sonntag der Abstimmung über die Volksinitiative „Gegen Masseneinwanderung". Auch hier hatte Blocher wieder die Rolle des Feldherrn einer politischen Miliz gegen die „vom Volk entfernten Oberen" aus der Champagneretage der Linken, Grünen und Freisinnigen samt ihrer Förderer an Universitäten und in der Finanzwirtschaft übernommen – und obsiegte, wenn auch knapp.[88] Im Jahr danach, bei den Nationalratswahlen im Herbst 2015, hielt die Schubkraft noch an und die Partei erzielte mit 29,4 Prozent der Wählerstimmen ein neues Spitzenresultat.[89]

Aus solchen Erfahrungen speisten sich die Ausführungen von Cuperus, die oben referiert wurden. Und die Reflexionen des Niederländers korrespondierten mit Über-

---

87 Vgl. Seitz, Werner, Nur wer polarisiert, hat die Nase vorn, in: Berner Zeitung, 29.04.2000.

88 Differenzierte Analyse von: Hug, Michael, Umschwung in der Agglomeration, Berner Zeitung, 18.3.2014, online einsehbar unter: https://www.bernerzeitung.ch/schweiz/standard/Umschwung-in-der-Agglomeration/story/21650943 [zuletzt abgerufen am 15.06.2018].

89 Bundesamt für Statistik, Nationalratswahlen, online einsehbar unter: https://www.bfs.admin.ch/bfs/de/home/statistiken/politik/wahlen/nationalratswahlen.html [zuletzt abgerufen am 15.06.2018].

legungen einer revisionistischen Gruppe im englischen Sozialismus. Als revisionistisch konnte man diesen Kreis deshalb charakterisieren, da er die Ära der „neuen Sozialdemokratie" mit ihren „Dritten Wegen" überwinden und hinter sich lassen wollte, nicht um neuerlich zu modernisieren, sondern um Traditionen und Identitäten, die seit Jahren auf der Strecke geblieben wären, zu revitalisieren. Besonders stringent verfolgte der Historiker Jonathan Rutherford dieses Ziel. In Anschluss an die Begrifflichkeit des marxistischen Kulturtheoretikers Raymond Williams bemängelte er an der neuen Sozialdemokratie das fehlende Bewusstsein für die Stimmungsstruktur im Volk, die zwar schon existiere, aber ihre Artikulation und ihre Position in der Politik erst finden müsse.[90] Doch hätte die neue sozialdemokratische Generation, so Rutherford, längst verlernt, die Sprache der einfachen Menschen, deren spezifische Sitten und Gebräuche noch zu verstehen. Die Sozialdemokratie hätte versäumt, überlieferte Lebensentwürfe wertzuschätzen. Sie hätte die Bedeutung von Identifikation und Freude durch Ortsansässigkeit und Zugehörigkeit ignoriert. Sie hätte weder den Wunsch nach Heimat und Verwurzelung, noch die Kontinuität von Beziehungen am Arbeitsplatz und in den Nachbarschaften zum Thema gemacht, stattdessen die Menschen unternehmerisch einem volatilen Markt ausgeliefert. Programmatisch fehlte aus seiner Sicht ganz eine fesselnde Geschichte über die Zukunft des Landes. „Where was the

---

[90] Rutherford, Jonathan, Blue Labour is over but the debate has just begun, in: New Statesman, 29.07.2011, online einsehbar unter: http://www.newstatesman.com/blogs/the-staggers/2011/07/blue-labour-conservative-mood [zuletzt abgerufen am 15.06.2018].

hope? We had only a bleak story to tell. And what did Labour stand for? People no longer knew." Dabei sollten Sozialdemokraten, so Rutherford fraglos ziemlich romantisch, doch kreative Sinngeber für Menschen werden, genossenschaftliche Poeten, welche die gemeinsamen Werte eines alltäglichen Lebens in ein solidarisches kommunales Projekt zu übertragen vermögen.

Für Rutherford war es nur verständlich, dass „nach drei Dekaden der Deindustrialisierung, Globalisierung und marktgesteuerter Reformen" sich auf der britischen Insel das Bedürfnis vermehrt und vertieft habe, fundamentale Bestandteile des sozialen Lebens – Beziehungen, Zugehörigkeitsgefühle, lokale Vertrautheit, soziale Sicherheit, Geschichte, kulturelle Gewissheit – zu sichern, auch politisch geschützt und verteidigt wissen zu wollen. Labour hingegen habe diese Grundbedürfnisse gerade bei ihren lange treuesten Aktivitas einfach ad acta gelegt, habe nur noch von Staat und Wirtschaft, nicht aber von Gesellschaft gesprochen. Die Erkenntnis des Werts von Kultur, als Narrativ von dem, was die Menschen sind und was ihnen im Leben wichtig ist, sei den arrivierten Sozialisten verloren gegangen. Doch wenn gemeinsames Erleben durch den totalen Zugriff der Märkte und Warenbeziehungen vereitelt werde, büße Kultur den orientierenden Kern ein – und das Erleben reduziere sich auf pures Leben, ohne Verständnis für Herkunft, ohne emotional unterfütterte Bindungskräfte, ohne einen vergemeinschaftenden Sinn des Ganzen im kommunalen Wurzelbereich.

Dann aber, so isoliert und atomisiert, werde der Kosmopolitismus der Politikeliten – den er auch bei der gegenkulturellen Linken, Identitätsliberalen, Feministinnen, Anti-Kolonialisten, überhaupt beim „Corbynismus" ansiedelte[91], der anlässlich der überraschenden Wählerhausse für Labour im Juni 2017 ebenfalls im Segment der Bessergestellten und Hochgebildeten wieder auf Kosten der Arbeiterklasse und des unteren Einkommens reüssierte[92] – erst recht als umfassender Kontrollverlust erfahren und erlitten. Denn erst stabile Gemeinschaften machen Integration von Neu-Bürgern überhaupt möglich.[93] Ähnlich zweifelte in Frankreich auch der Professor für Philosophie und dezidierte Liberalismuskritiker Jean-Claude Michéa daran, dass sehr mobile Gesellschaften bei hohen Migrationszahlen lokal basisdemokratisch organisiert werden können, da hierfür die Klammern von Kontinuitäten, kulturellem Konsens, einem Kanon von verbindlichen Werten von Nöten seien.[94] Die Zukunft müsse daher konservativ

---

[91] Rutherford, Jonathan, Labour must choose between two fundamentally different understandings of the human condition, in: New Statesman, 26.9. 2017, online einsehbar unter: https://www.newstatesman.com/politics/staggers/2017/09/labour-must-choose-between-two-fundamentally-different-understandings [zuletzt abgerufen am 15.06.2018].

[92] Rutherford, Jonathan, Why Labour lost and how it can win: an essay on rebuilding a broad church, in: New Statesman, 6.7. 2017, online einsehbar unter: https://www.newstatesman.com/politics/uk/2017/07/why-labour-lost-and-how-it-can-win-essay-rebuilding-broad-church [zuletzt abgerufen am 15.06.2018].

[93] Riddell, Mary, Labour's anti-immigration guru, in: The Telegraph, 18.07.2011, online einsehbar unter: https://www.telegraph.co.uk/comment/columnists/maryriddell/8644334/Labours-anti-immigration-guru.html [zuletzt abgerufen am 15.06.2018].

[94] Sehr interessant hierzu Jean-Claude Michéa und der Orpheuskomplex, online einsehbar unter: http://blog-proleter.myblog.de/blog-proleter/art/7258354/Jean-Claude-Michea-und-der-Orpheuskomplex [zuletzt abgerufen am 15.06.2018].

sein, propagierte Rutherford provozierend.[95] Andernfalls würde der Niedergang der Sozialdemokraten in Europa weiter fortschreiten, komplementär begleitet vom Aufstieg der nationalistischen Rechten, die den Fremdenfeindlichkeiten und dem Rassismus Auftrieb zu geben vermögen, weil die Landschaften der alten Sozialdemokratie durch die Ignoranz der nachfolgenden Generation geistig und kulturell verödet seien.

Einst hatten Sozialdemokraten, wenngleich zweifelsohne der Progressivität programmatisch zugetan, noch über die anthropologisch und lebensgeschichtlich gesättigte Erfahrung verfügt, dass Fortschritt auch Substanz und Ligaturen vertilgt, dass Fortschritt den einen Vorzüge bringt, den anderen aber Nachteile beschert. Warum also sollten diejenigen, die mit der Optionsvirtuosität des oberen Drittels nicht überreichlich gesegnet waren, Freude oder Begeisterung empfinden? Weshalb sollten sie Schutz und Sicherheit als gering erachten, ihren Bedarf nach haltgebenden Organisationen und Institutionen gar als verächtlich, als vorgestrig denunziert sehen wollen? Fortschritt war schließlich in der Tat nie einfach oder gar ausschließlich der liebenswürdige, menschheitsverbessernde Ausdruck eines klugen und weisen Weltgeistes, wie es die pausbäckige Aufklärungsnaivität des 19. Jahrhunderts noch glauben durfte. Es gäbe mithin einige gute

---

95 Vgl. Rutherford, Jonathan, The Future is Conservative, in: Glasman, Maurice/ Rutherford, Jonathan/ Stears, Marc/ White, Stuart, (Hrsg.), The Labour Tradition and the Politics of Paradox: The Oxford London Seminars 2010-11, S. 88–105. Auch: Rutherford, Jonathan/ Cruddas, Jon, Is the future Conservative?, online einsehbar unter: https://www.lwbooks.co.uk/sites/default/files/free-book/isthefutureconservative.pdf [zuletzt abgerufen am 15.06.2018].

Gründe, wenn die Sozialdemokraten einen Teil ihrer reflexiven Fortschrittsfragezeichen aus den 1980er Jahren vernünftig setzten – ohne moralinsaure Grämlichkeit oder bildungsphilisträs zelebrierten Weltekel, sondern als umsichtige Verknüpfung weisen Fortschreitens mit den geerdeten Bewahrungs-, Tradierungs-, Überschaubarkeits-, Sicherheits- und Innehaltebedürfnissen derjenigen Menschen, die das als modern ausgegebene Nomadentum der globalen Klasse nicht unbedingt für einen universell erstrebenswerten Glückszustand halten. In der Krise des zur Phrase ausgedünnten Neuliberalismus und in der durch die Modernisierung der CDU hinterlassenen Leerstelle des klassischen Wertekonservatismus könnte darin ja auch eine politische Gelegenheit bestehen. Im Übrigen: Was vermag mehr den Eigensinn, die Freiheit und Würde selbstverantwortlicher Bürger zum Ausdruck zu bringen, als ein von Fall zu Fall trotziges, wohlbegründetes Votum gegen den „Sachzwang" neohegelianisch oder optimierungsdogmatisch begründeter Fortschrittsdiktate?

Zugegeben: Einer politischen Partei mit einem solchen Auftritt dürften höhnische Kommentare von all denen, die Tag für Tag den Höhen der Zeit entgegen rasen, nicht erspart bleiben. Eine solche Partei würde von der Wirtschaftsjournaille schnarrend als Bremserin jeglicher Fortentwicklung der Menschheit geschmäht und abgekanzelt werden. Großen Aufwand hätten die Befürworter des Progressionsdeterminismus hierbei nicht zu betreiben, da sie im Kampf um die Hegemonie der Begriffe bereits ein großes Stück mediales Terrain okkupiert haben. Die Ausdeutung von „Fortschritt",

„Reformen", „Freiheit", „Individualität" haben sie seit den 1970er Jahren systematisch verfolgt – und die Sozialdemokraten sind ihnen mit einigen Jahren Verspätung bei nur schwächlicher Resistenz meist devot hinterhergelaufen. Am Ende war die Sozialdemokratie interpretatorisch und normativ entleert. Schließlich konnte sie, im Unterschied zu ihrer Glanzzeit, kaum Beiträge leisten, die je gegenwärtigen Probleme mit eigener Semantik sowie spezifischen Sinnperspektiven zu erklären und mit genuinen Handlungen zielstrebig anzugehen. Zuletzt hatte sie nicht einmal Ansätze eines zündenden Gegenkonzepts in der Hinterhand. Der italienische Linguist und Kulturphilosoph Raffaele Simone machte infolgedessen schon vor Jahren den „spektakulären intellektuellen Niedergang ihrer Führungsschicht" für die gewaltige Depression der demokratisch-sozialistischen Linken verantwortlich.[96] In dem Maße, in dem der intellektuelle Diskurs der Sozialdemokratie erschlaffte, in dem Maße lösten sich auch das „Volk" und die Klassensolidarität der Linken auf. Denn ein Kollektiv, so zuletzt der französische Soziologie Bruno Latour, trete nur dann zielbewusst handelnd in Aktion, wenn es für das drängende Problem „die richtige Metapher" verfügbar habe. Sozialdemokraten, soll das heißen, müssen zuvörderst klären, was sie eigentlich wollen. Alle Organisationsreformen und chronisch wechselndes Personal an der Spitze werden nicht viel bewegen, wenn die Partei nicht zu der Erkenntnis darüber gelangt, wer sie eigentlich (mittlerweile) ist, für wen sie Politik machen will, auf welchem Wege, zu welchem Ziel – und mit welchen Weggenos-

---

96 Simone, Raffaele, „Die Linke hat keine Kraft mehr", in: die tageszeitung, 6.5.2009, online einsehbar unter: http://www.taz.de/!5163608/ [zuletzt abgerufen am 15.06.2018].

sen. Genau in dieser Frage ist die Sozialdemokratie seit Jahren einfach nicht recht vorangekommen.

Denn die intellektuellen Kapazitäten scheinen verschlissen. Tatsächlich war zuvor, in den optimistischen und erfolgreichen Jahren der sozialistischen Bewegung, die Symbiose zwischen zumeist fachlich hoch qualifizierten Arbeitnehmern und Intellektuellen aus bürgerlichen Randbereichen nachgerade konstitutiv. Jene lieferten die Erfahrungsdeutung und das Zukunftsnarrativ für diese und für ihre Abwehrkämpfe gegen das Kapital.

Denn soziale Ungerechtigkeiten schufen nicht aus sich heraus den Transfer von Leid in Empörung und bewusste Veränderungsanstrengungen. Die plausible Interpretation von Hoffnung und Perspektive musste hinzukommen. Auch Moses hatte, könnte man etwas pathetisch formulieren, den versklavten Hebräern in Ägypten erst Aussicht und Hoffnung auf das gelobte Land vermittelt, eher er die zerstrittene Menge sammeln und durch die Wüste führen konnte.

Das war seit jeher das Geschäft, pathetisch formuliert: die historische Mission, von Ideologiestiftern und Propheten, die sich den Emanzipationskämpfen verschrieben hatten. Für die Ausgebeuteten und Verfolgten der unteren Schichten verfassten die Intellektuellen ihre flammenden Pamphlete, überzeugt davon, die geschichtswendenden Drehbücher für die Erlösung des Menschengeschlechts zu schreiben.

Langer sozialdemokratischer Heimatverlust

Weit schwerer taten sich die Intellektuelle hingegen in den Niederungen der politischen Praxis. Denn sie waren nun mal Figuren der analytischen Kategorie und der Reflexionen, nicht der alltäglichen Empirie und konventionellen Kärrnerarbeit. Erlagen die Intellektuellen gleichwohl den Lockungen von politischer Karriere und realer Macht, dann verlief der Ausflug aus Salon oder Caféhaus in die gouvernementale Arena meist ohne alle Fortune. Die Intellektuellen räsonierten, parlierten und zauderten, wo Instinkt, Entscheidungskraft verlangt war.

Carl von Ossietzky spottete daher schon in Weimarer Zeiten über die gelehrten Sozialisten, die ohne „Witterung des Irrationalen hinter den Dingen, ohne die Ahnung gerade des echten politischen Logikers, dass das Irreguläre des Lebens den Schlüssen der Logik gelegentlich ein freches ironisches Schnörkelchen anzuhängen belieben. Denn wirklich groß war immer nur der Politiker, der es verstanden hat, hin und wieder verteufelt unlogisch zu handeln. Und Führer ist nur, wer einmal seinen ganzen Wissenskram vergessen kann. Schnurgerades Denken ist schätzbar, schätzbarer der Instinkt."[97]

Doch die schlimmste Zeit kam für die Intellektuellen immer dann, wenn die soziale Bewegung, in welche sie sich eingegliedert hatten, allmählich Erfolge aufwies, wenn sich Löhne erhöhten, Wohnverhältnisse verbesserten, die Zahl der Urlaubstage sich vermehrte,

---

[97] von Ossietzky, Carl/Hilferding, Rudolf: Der Mann ohne Schatten, in: Das Tage-Buch, 5.07.1924.

sich gar Aufstiegsmöglichkeiten ergaben. Das dämpfte die Wut der einst Entrechteten, ihre Entschlossenheit zur radikalen Forderung. Von da ab pflegten die Wege zwischen der Klasse und ihren Deutungslieferanten auseinanderzugehen. Schließlich nährte der Intellektuelle sich und sein theoretisches System aus der sozialen Spannung, dem tiefen gesellschaftlichen Gegensatz. Und insofern entzogen die Gewerkschafterei, der kommunale Reformismus, das genossenschaftliche Versorgungsnetz, die sozialdemokratische Sozialstaatsreform den radikalen Intellektuellen das Substrat ihres Anspruchs.

Auf diese Weise sind den Sozialdemokraten die klassischen Intellektuellen sukzessive abhandengekommen. Intellektualität und programmatische Begründungsfähigkeit gingen in der Zeit nach Willy Brandt und Erhard Eppler vollends verloren. Ein roter Faden politischer Begründung lässt sich in der geistigen Ortlosigkeit der SPD schwerlich ausmachen. Vielmehr deuten die Sozialdemokraten sich und ihr Tun in flüchtigen Episoden, chronisch wechselhaft, widersprüchlich, meist in Gestalt lieblos abgekupferter Modelle anderer sozialer oder politischer Kräfte. Das Paradigma des „Demokratischen Sozialismus" ist leer; ihm kommt nur noch die Funktion der Lederhose für den Trachtenverein auf dem alljährlichen Kirchweihfest zu.

Andererseits: Die Intellektuellen jenseits der SPD sind nicht minder ratlos. Auch sie haben bislang einen Erzählstrang für die nachindustrielle, eine postkapitalistische und nachsozialdemokratische Gesellschaft nicht zu entwickeln vermocht. Wohl in keiner neuzeitlichen Krise herrschte eine solche Begriffslosigkeit bei der Betrachtung von Zukunft, bei den Erörterungen über das „danach", wie im gegenwärtigen Umbruchsmoment. Man hat sich offenkundig zu fest und gut im „Jetzt" eingerichtet. Man drängelt nicht in Richtung „danach" – weder die Sozialdemokraten noch die Intellektuellen. Diese Geschichte einer Emanzipationsallianz ist zu Ende. Nur: Wer vermag dann den dringlichen Transfer von Leid in Empörung und bewusste Veränderungsstrategien bei denen zu leisten, die mit dem für sie äußerst prekären „Jetzt" nicht im Einvernehmen leben?

Partei ohne ordnende Idee: Die CDU

Schon 1957 galt Zeitgenossen und Historikern lange als ein Katastrophenjahr der bundesdeutschen Sozialdemokraten. Sie hatten bei der Bundestagswahl in diesem Jahr 31,8 Prozent der Stimmen erhalten, was alle, ob nun Freund oder Feind der SPD, unisono als ein höchst deprimierendes Wahlergebnis werteten. Von da an ertönte in den Reihen der Genossen bis in die 1960er Jahre hinein die Parole, doch endlich von einer engen Klassenpartei, eingesperrt im 30-Prozent-Turm, zu einer offenen und weiten Volkspartei zu werden – nach dem damals beneideten Vorbild der CDU.

Wenn nun eine Partei, die Ende der 1950er Jahre bei weit höherer Wahlbeteiligung auf knapp 32 Prozent der Stimmen kam, seinerzeit weit entfernt vom Status und Gütesiegel einer „Volkspartei" war, dann lässt sich eine Partei, die sich 2017 mit 32,9 Prozent der Voten begnügen muss, schwerlich problemlos noch als Volkspartei kennzeichnen. Wir reden, natürlich, von der CDU/CSU. Bei den männlichen Wählern unter 60 Jahren blieb die Christliche Union am 24. September 2017 unterhalb der 30-Prozent-Marge, bei den 18-34- Jährigen bekannten sich nicht einmal ein Viertel der Wähler dieser Kohorte für die Formation von Angela Merkel.[98] Über 40 Prozent der Stimmen – was gemeinhin als Zielvorgabe für Volksparteien gilt – erzielten CDU/CSU, demographisch gesehen, allein bei den über 60 jährigen Frauen und, unter erwerbssoziologischen Gesichtspunkten betrachtet, in der Gruppe der Rentner. Bei den beruflich aktiven Schichten und Jahrgängen ist sie hingegen weit vom Typus einer Volkspartei entfernt. Besonders schlecht schneidet die Partei bei den zentralen Akteuren der Wissens- und Digitalgesellschaft mit Abitur und Hochschulabschluss ab. Gewiss war der elementare elektorale Bezug der Union auf Wähler, die in großer Zahl von sozialstaatlich geregelten Transfers lebten, bereits in den letzten Jahren eine entscheidende Barriere für die vor 15 Jahren noch lautstark verkündeten, in der Regierungspraxis jedoch stillschweigend einkassierten „schmerzhaften Marktreformen".

Die CDU/CSU also ist lediglich noch Volkspartei der Rentner und Pensionäre, zugespitzt: der früheren Zugehörigen einer überwiegend gestrigen Arbeitswelt. Eben das wirft unmittelbar die Frage auf: Wie lange noch? Und was heißt das für die weitere Zukunft der Christlichen Union?

---

98 Konrad-Adenauer-Stiftung, Bundestagswahl in Deutschland am 24. September 2017. Wahlanalyse. Endgültiges Ergebnis, Berlin 2017, online einsehbar unter: http://www.kas.de/wf/doc/kas_50152-544-1-30.pdf?170928163817 [zuletzt abgerufen am 15.06.2018].

Jedenfalls gärt es seit dem Wahlsonntag vom 24. September 2017 in der CDU/CSU. Dabei waren die Zeichen des Menetekels schon (spätestens) im Frühjahr 2011 zu erkennen mit dem Machtverlust der CDU in Baden-Württemberg – in einem Bundesland also, in dem die Union zuvor über ein halbes Jahrhundert ohne Unterbrechung regiert hatte. Dieser Vorgang war ein Hinweis darauf, dass die klassische christdemokratische Ära, dass die Erfolgsformeln bürgerlicher Politik von Adenauer bis Kohl, selbst in ihren letzten Hochburgen fragil geworden sind. Er zeigt an, dass die Union einige Parameter neu entwickeln musste: in der Konstruktion ihres Sozialmodells, in der Bündnispolitik, im Wertetableau, in der Personal- und Elitenrekrutierung.

Über Jahrzehnte hatten die Politiker der Christlichen Union ihr In-sich-selbst-Ruhen daraus geschöpft, dass sie sich ganz selbstverständlich als Teil und Ausdruck von Mitte und Mehrheit der bundesdeutschen Gesellschaft fühlen durften. So hatten sie es von den 1950er Jahren bis weit in die Regierungszeit Helmut Kohls im Alltag oft genug erfahren. Linke Intellektuelle mochten maliziös lästern und sich über intellektuelle Unzulänglichkeiten der biederen CDU-Anführer kritisch auslassen – das Volk in seiner Majorität schätzte dennoch Rhetorik und Auftritt der Adenauers, Erhards und Kohls; nicht zuletzt gerade wegen ihrer schlichten Bürgerlichkeit, wegen ihres Patriarchalismus, wegen ihrer Bindung an Provinz und Brauchtum. Die CDU war die Partei der Mitte, die Partei der Republik, die natürliche Regierungspartei schlechthin.

Gänzlich verflogen war dieser Konnex natürlich auch in der Ära Merkel noch immer nicht. Die eher linksliberale Chefredakteurin damals der Berliner Zeitung zog Anfang Dezember 2012 Bilanz: „Merkel macht aus dem, was ihr als größter Fehler vorgeworfen wird, ein Erfolgsmodell. Sie ist schlicht, unbestimmt, unprätentiös. Sie ist keine brillante Rednerin, sie hat keine schwärmerischen Überzeugungen. Jahrelang wurde sie dafür kritisiert. Und jahrelang wunderte man sich, warum Merkel gleichwohl beliebt ist. Die Antwort ist einfach. Genau deswegen! Weil sie nüchtern, kompromissfähig, unideologisch ist. Weil sie in die Gesellschaft hinein hört und sich nicht scheut, ihre Meinung zu ändern." Dergleichen Wertungen konnte man durchaus auch dieses Jahr noch bis Ende August vielfach in Kommentaren verschiedener Façon lesen und hören.

Und doch war währenddessen kaum zu ignorieren, dass die Gleichung von Mitte = CDU längst nicht mehr – und das nicht nur auf Marktplätzen in Ostdeutschland – so aufging wie in früheren altbundesrepublikanischen Jahrzehnten. Mit den Händen zu greifen war im Grunde schon seit einigen Jahren die Verunsicherung, die sich darüber besonders bei langjährigen, älteren Christdemokraten breitmachte. Es schien nicht mehr ihre Welt zu sein, wie sie sie kannten. Einst, von Adenauer bis Kohl, bedeutete Wahlkampf für sie eine unstrittige, letztlich einfache Aufgabe: Man hatte dem roten Gegner mit schwerem Säbel zuzusetzen und das Bürgertum durch düstere Andeutungen drohender Gefahren des Chaos und Eigentumsverlusts in Schrecken zu versetzen. Dann konnte man verlässlich kalkulieren, das Wahlvolk von

Mitte bis rechts hinter sich zu sammeln – und den „Sozen" am Wahlsonntag eine deftige Niederlage beizubringen.

Doch Lagerkämpfe gewann die CDU in der Zeit nach Kohl kaum noch. Immer dann, wenn in den letzten 15 Jahren harte Polarisierungswahlkämpfe versucht wurden, holte sich die CDU meist gar eine blutige Nase, was stillschweigend zur Begründung und Grundlage der berühmten asymmetrischen Demobilisierung Merkels wurde. Die militante Gesinnungsfront für aggressive Lagerwahlkämpfe à la Adenauer und Kohl war mittlerweile einfach zerbröselt, auch endogen, innerhalb des eigenen Lagers. Die ehemals tief konservativen Moralüberzeugungen, Ethiken, Glaubensinhalte im Bürgertum Deutschlands hatten sich schließlich weitgehend verflüchtigt und damit die klassische politische Kampfgemeinschaft erheblich geschwächt. Denn solche Truppen brauchen nun einmal ein fest umrissenes Feindbild. Aber ein solches war nur noch mit höchster Mühe artifiziell zu errichten. Denn die einen, die Sozialdemokraten, waren keine gefährlichen linken Feinde von Eigentum, Gesittung und Staat mehr; daher koalierte man ja recht kommod mit ihnen. Und die Grünen, die in ihrer arrivierten, selbstzufriedenen Bürgerlichkeit auch niemanden mehr erschreckten, brauchte man dringend für andere Koalitionsoptionen. Christdemokraten unterschieden sich somit nicht mehr von ihren früheren „Kampfgegnern", sondern hatten sich diesen in den Merkel-Jahren geschmeidig angepasst. Die Patronen, welche die Union lange gegen die Kulturrevolte, den Hedonismus, den libertären Postmaterialismus benutzt hatte, waren längst verschossen.

Solcherlei Transformationen bildeten schon zuvor einen durchaus europaweiten Prozess. Wesentliche Weichen stellten sich auf diesem Weg bei den meisten europäischen Christdemokratien bereits in den 1980er Jahren, in Deutschland wohl etwas versetzt in den 1990er Jahren. In diesen beiden Jahrzehnten schafften es die in den 1950er Jahren noch so erfolgreichen Sammelparteien der Mitte nicht mehr, das auseinanderstrebende europäische Bürgertum politisch zu verknüpfen und weiterhin mit dem genuinen Sozialmodell der Aufbaujahre in Verbindung zu bringen. Das Bürgertum sortierte sich neu. Der Nachwuchs des europäischen Bildungsbürgertums siedelte sich zu einem guten Teil auf der linkslibertären Seite des Parteienspektrums an. Der neue Postmaterialismus schmälerte dadurch das altbürgerliche Lager. Mit den neuliberalen Rendite- und Individualisierungslockungen stiegen dann große Teile des mitteleuropäischen gewerblichen Bürgertums aus dem sozialkatholisch mitbegründeten Sozialstaatskonsens ihrer Gesellschaften aus und trugen zum Aufwind marktradikaler liberaler Parteien bei. Mit den Immigrationsströmen in die mitteleuropäischen Wohlstandszentren entstanden überdies rechtspopulistisch-wohlstandschauvinistische Protestparteien, die erheblichen Zulauf aus dem christdemokratischen Kleinbürgertum verzeichneten. Fundamentalistische christliche Gemeinschaften suchten ebenfalls nach neuer, authentischer und konziser politischer Repräsentanz. Und mit der Implosion des osteuropäischen Staatssozialismus fiel schließlich der bis dahin entscheidende Leim, der einheitsstiftende Feind des mitteleuropäischen Bürgertums, weg. Da auch die Kohäsionskraft des institutionalisierten Christentums

Partei ohne ordnende Idee: Die CDU

und seiner Milieus nicht mehr hinreichend wirkte, fielen die christdemokratischen Anhängerschaften mehr und mehr auseinander.

Vor allem auch die verbliebenen Reste des Kernkatholizismus erkannten in ihrer zunehmenden gesellschaftlichen Randstellung in „ihrer" CDU keinen sicheren Adressaten zum Schutz der eigenen Position in der Gesellschaft mehr. Daher hatte – um bei diesem markanten Beispiel einer klassischen christdemokratischen Hochburg zu bleiben – die baden-württembergische CDU in ihren über Jahrzehnte stabilen katholischen Zentren Oberschwabens schon vor Jahren starke Einbußen verzeichnet. Die Partei erschien den ländlichen Katholiken als säkularisiert, uninteressiert am Geist des „C". Wo noch Vertreter des Christentums in Spitzenposten erkennbar waren, da handelte es sich bis zum Ende der Koalition Merkel/Gabriel überwiegend um Protestanten – in einer Dominanz, die es in all den Jahrzehnten seit Gründung der Partei zuvor niemals gegeben hatte: die Bundeskanzlerin, der Innenminister, die Ministerin für Verteidigung, der Finanzminister, der Fraktionsvorsitzende – allesamt: Protestanten. Gläubige Katholiken, die Sonntag für Sonntag den Gottesdienst besuchten, fremdelten allmählich mit ihrer Partei, gingen in die innere Emigration.

In Baden-Württemberg hatte sich das bereits bei den Bundestagswahlen 2009 negativ im Wahlergebnis der Union niedergeschlagen, da die Partei gerade in ihren alten katholischen Stammquartieren im Süden des Landes deutliche Einbußen durch Wahlenthaltung einstecken musste. Die Christdemokraten kamen im „Ländle" – wie auch jetzt bei den Bundestagswahlen im September – nur noch auf 34,4 Prozent der Wählerstimmen. In keinem anderen Bundesland fielen die Verluste der CDU damals – 2017 nur negativ übertroffen von Sachsen – so gravierend aus wie hier, zwischen Freiburg und Heilbronn, wo die Partei zwischen 1972 und 1988 bei fünf Landtagswahlen fünfmal hintereinander die absolute Mehrheit erzielte.

Die Partei war in eine Zangenbewegung geraten: Ihr entzogen sich die altkonservativen Kräfte in Ravensburg und Wangen auf der einen und die neubürgerlichen Humandienstleiter in Konstanz, Stuttgart, Karlsruhe, Freiburg, Tübingen und Heidelberg auf der anderen Seite; hinzugekommen sind die großen Terraingewinne der AfD in eher ländlich geprägten Räumen etwa im Rems-Murr-Kreis oder im Alb-Donau-Kreis, auch in Städten wie Pforzheim oder Rastatt. Und das integrative Sozial- und Wertemodell für eine christdemokratische Partei in einer zunehmend nachchristlichen Gesellschaft ist nicht recht zu erkennen.

Die Christdemokraten in Deutschland scheinen dadurch ohne ein veritables Projekt zu sein. Ihnen fehlt ein einleuchtendes Paradigma. Angela Merkel schmiegt sich den jeweiligen Beweglichkeiten der Zeit an. Doch selbst scheint sie geradezu eine Abneigung zu haben, geistig prägen zu wollen. Nahezu chronisch unzufrieden waren daher die Wirtschaftsliberalen mit ihr, die jederzeit ordnungspolitische Verlässlichkeit im Regierungshandeln vermissten. Die Kanzlerin, die in ihrer politischen Biografie auch schon früher mehrmals durch tiefe Täler hatte schreiten müssen, genoss zwischenzeitlich ersichtlich die milden Temperaturen in der Bevölkerungsresonanz für sich und ihre Partei. Noch rascher als andere Regierungschefs, die als pure Innenpolitiker in ihr Amt kamen, hat sie bereits während der ersten Großen Koalition die Vorzüge der Außenpolitik schätzen gelernt, mit denen man sich des popularitätsmindernden Kleinkleins der Berliner Alltagspolitik entziehen und sich dafür mit einer beliebtheitsfördernden Aura leicht präsidial enthobener Souveränität ausstatten kann.

Insofern wirkte schon zum Ende des letzten Jahrzehnts die kurze Zeit der strengen Ordnungspolitikerin Angela Merkel, als die sie 2005 in den Wahlkampf zog, wie unendlich weit entrückt, fast schon unwirklich. Merkel wollte als „Durchregiererin" eine ganz neue politische Richtung in Deutschland einschlagen; entdeckt hatte sie stattdessen die Annehmlichkeiten sanfter Depolitisierung, elastischer Problemreduktion, und für sich selbst die Position der über den Konflikten und Parteieifersüchteleien thronenden Matriarchin.

Aber natürlich ist einiges von dem, was derzeit auf die CDU drückt, Folge gesellschaftlicher Prozesse und nicht lediglich Produkt der säkularisierten Programmunschärfe von Frau Merkel. Denn zum stabilsten Kern christdemokratischer Traditionalität gehörte stets die Gruppe der „selbstgenügsamen Traditionalisten", wie es im Vokabular der Werteforscher heißt. Die meisten in diesem Milieu sind mittlerweile über 70 Jahre alt; darunter etliche Witwen, die sich in ihren eigenen vier Wänden am wohlsten und sichersten fühlen. Dort, insbesondere im ländlich-katholischen Bereich, spielen Religion, strikte Ordnungswerte und Traditionalitäten wohl noch eine die Alltagsmoral regulierende Rolle. Aber diese Gruppe schmilzt mehr und mehr, wird – ein wenig roh formuliert – auf mittlere Sicht keine wahlentscheidende Bedeutung mehr besitzen.

Dass sich dies schon jetzt unmissverständlich abzeichnet, darauf weist aktuell der Befund über die Saldo-Verluste/Gewinne bei den Bundestagswahlen hin, da die Partei durch den Generationenwechsel über 800.000 Wähler verloren hat, was prosaisch bedeutet: Es sterben (und dies seit einigen Bundestagswahlen schon) erheblich mehr Wähler weg, als durch das erstmalige Wahlrecht junger Bürger hinzutreten. Auch nach den Landtagswahlen in Niedersachsen am 15. Oktober 2017 ließen die Wahlforscher verlauten, dass etwa zehn Prozent der CDU-Wähler von 2013 bis 2017 verstorben waren.

Darin lag unzweifelhaft die Räson für die Öffnung und Liberalisierung der Partei während der letzten Jahre. Aber ebenso fraglos führte dies zu spirituellen Freiflächen. Die Christdemokraten in Deutschland haben keine klare Idee vom künftigen Wozu und Wohin ihres Tuns. Über Jahrzehnte galt die nivellierte Mittelstandsgesellschaft als eine Art gelobtes Land ihrer Anhängerschaft. Man strebte eine gerechte Reziprozität von Leistungen und Gegenleistungen an, schuf dafür das Bild von der großen gesellschaftlichen Familie, in der Unternehmer wie Arbeitnehmer einträchtig in dem einen großen Boot saßen. Waren die einen fleißig, machten die anderen ordentliche Gewinne. Fielen die Renditen der Letzteren üppig aus, dann erhöhten sich ebenfalls die Löhne und Gehälter der Ersteren. Bildete man sich strebsam fort, dann winkte der soziale Aufstieg. Das war christdemokratischer Kanon von Adenauer bis Kohl.

Aber dieses Äquivalenzprinzip geriet zuletzt mehr und mehr in Unordnung. Daher müsste die CDU an einer Instandsetzung ihres grundlegenden gesellschaftlichen Modells arbeiten. Denn allein dadurch hat sie Volkspartei werden können und nicht lediglich eine Partei des „bürgerliches Lagers" sein dürfen. Und selbst über einen zeitgemäßen Konservatismus könnte man ja reden, etwa über die Möglichkeiten eines Konservatismus durchaus moderner Lebenswelten, in denen bei allen schnellen Veränderungen in Gesellschaft und Ökonomie auch (erwünschte) Orte des Rückzugs und der Stetigkeit, Räume der Verlässlichkeit und des Innehaltens, gewissermaßen Häfen des voraussetzungslosen Einlaufens bestehen – und von der Politik institutionell gestützt werden. Ein problemangemessen konservativer, dabei unverklemmt und nicht-reaktionär eingestellter Politiker von morgen etwa könnte Offenheit und Veränderung mit Bodenhaftung und Verwurzelung mit einem ordnungsstiftenden, gruppenüberschreitend attraktiven Zielgedanken kombinieren, ausbalancieren und als lebbar (re-)präsentieren. Indes: Gedankliche Klärungen solcher Art sind in den letzten Jahren – um es milde zu formulieren – kaum begonnen worden.

Die Spaltung der Bürgerlichkeit

Dass die Union mittlerweile die Partei der Rentner und (formal) Niedriggebildeten geworden ist, hat gewiss auch mit einem gravierenden Verlust der einst noch unbestrittenen bürgerlichen Leitposition in Politik und Gesellschaft zu tun. Begonnen hat dieser Prozess der Transformation von Bürgerlichkeit bereits in den späten 1960er, frühen 1970er Jahren. Bis dahin war die Christdemokratische Union eine bemerkenswert weit gefasste und höchst erfolgreiche soziale Allianz, die sich ganz betont in der „Mitte" der Gesellschaft platzierte. Diese Allianz blieb beisammen, da sich alle Segmente zustimmend in einem Set von Wertewelten wiederfanden: Religion, Familie, Fleiß, Ordnung, Staatstreue, Heimat etc.

Die Werterebellion der 1960er/70er Jahre, welche aus dem akademischen Nachwuchs der bildungsbürgerlichen Mitte hervorging, nagte an diesem Bestand, unterspülte ihn schließlich im Laufe der folgenden Jahrzehnte. Die neuen Jahrgänge in der Schicht der „Gebildeten" siedelten sich – erstmals im 19. und 20. Jahrhundert – damals überwiegend im linken Spektrum an, orientierten sich dann ab 1980 zunehmend an den Grünen. Das markierte den ersten Riss im bürgerlichen Lager.

Ein Jahrzehnt später verabschiedeten sich auch die hochagilen, oft nun religions-, heimat- und familienlosen jungen Wirtschaftsbürger von den eher traditionalistischen, frommen, ehetreuen, sesshaften „Kleinbürgern" älterer Facon. So spaltet sich das bürgerliche Lager auf, nach Generationen, Lebensstilen, Wertvorstellungen.

Das wirkt auf die Politik der Union zurück, der es mehr und mehr misslang, einen Wertebogen vom klassischen Sozialkatholizismus ihres Kolping-Milieus über die Deutschnationalität älterer Semester bis hin zum betriebsamen, global changierenden Individualbürgertum der jungen Generation zu schlagen. Und mittlerweile steht der moderne bürgerliche Nachwuchs keineswegs mehr in den Büros der Kreisverbände der Christdemokratischen Union Schlange, um die Mitgliedschaft in der Partei zu erwerben. Er hat dafür schlicht auch gar keine Zeit mehr.

Denn an die Spitze des christdemokratischen Ortsverbands kommt im Wesentlichen der Local Hero, der ständig anzutreffen, in seiner Stadt allzeit präsent ist. Nur denkbar wenige ehrgeizige CDU-Nachwuchspolitiker waren und sind bereit, etwa die Heimatuniversität auch nur für ein Semester zu verlassen, weil man nach habjährlicher Absenz sich der mühsam zusammengestellten innerparteilichen Hausmacht nicht mehr gewiss sein kann.

Wer in der CDU Erfolge erzielen will, der kann im außerpolitischen Beruf nicht rund um die Uhr gefordert sein. Denn verfügbare Zeit ist für Politiker seit eh und je eine entscheidende Quelle von Einfluss- und Machtbildung. Der CDU-Aktivist, der es weit bringen will, benötigt Zeit für den Info-Tisch, für die Ortsverbandsversammlungen, die Stadtratssitzung, die zahlreichen

Kungelrunden und Kommissionen, für Schützenfeste und Wanderungen mit dem Heimatverein. Jungen Wirtschaftsbürgern fehlt es vielfach an einem solch üppigen Zeitbudget. Sie pendeln zwischen den „Wirtschaftsstandorten" mit dem ICE oder dem Flieger, wenn der christdemokratische Ortsverband die Delegiertenlisten für den nächsten Kreisparteitag präpariert und schließlich zum gemütlichen Bier, Körnchen oder Viertele übergeht. Dadurch aber hat die Politik der CDU an Vertäuungen eingebüßt, an Flechtwerken und Erfahrungsorten in Gesellschaft und Wirtschaft. Bürgerliche Politiker bekommen so ihre zunehmende Einsamkeit zu spüren, ihre Beschränkung allein auf den politischen Raum, auf Parteibüros, Abgeordnetenräume, Fraktionssäle.

Das vielzitierte junge und mobile Wirtschaftsbürgertum löste sich seit Jahren schon sukzessive aus dem sehr viel sesshafteren politischen Parteienbetrieb. Wirtschaftsbürger hier und bürgerliche Politiker dort bewegen sich, stärker zumindest als in den frühen Jahrzehnten der Bundesrepublik, mittlerweile in unterschiedlichen Sphären. Über Jahrzehnte waren die Berührungen im Alltag vielfältig. Man begegnete sich in den gleichen Vereinen, teilte gemeinsame Geselligkeiten, verschränkte sich zwecks Optimierung der eigenen Karriereaussichten miteinander. In früheren Jahrzehnten konnte es sich für Männer in der Wirtschaft lohnen, in der CDU/CSU zumindest maßvoll aktiv zu sein. Das ist gegenwärtig längst nicht mehr im gleichen Maße sinnvoll.

Programmatische Ratlosigkeit

Die CDU steckt offensichtlich in einer Zwickmühle. Sie beschwört in ihren Sonntagsreden vor den Getreuen die christlichen Maßstäbe. Doch pflegt sie es in der Ära Merkel damit keinesfalls zu übertreiben; schließlich weisen ihre Anführerinnen mahnend auf die modernen und säkularisierten Lebenswelten junger und mittelalter Bildungsbürger und vor allem -bürgerinnen hin, die man als zeitgemäße Volkspartei des 21. Jahrhunderts mit pastoralen Formeln nicht mehr erreiche. Kurzum: die Partei muss das „C" rhetorisch an den Festtagen und nach innen gerichtet weiterhin im Munde führen, denn es bindet die treuesten Wähler, über die sie noch verfügt. Aber das „C" trennt die Union doch zugleich auch von den säkularisierten Lebensmilieus; seien diese nun liberal oder libertär oder auch völkisch-identitär. Ersatz oder eine Neudefinition des „C" besitzt die Christdemokratie indes nicht, die dadurch ähnlich ausgedünnt wirkt wie die andere, zuvor bereits verschlissene Ex-Volkspartei.

Die Merkel-Liberalisierung der Partei mochte unumgänglich gewesen sein. Doch sie hat unzweifelhaft zu einer spirituellen Leere geführt. In der gegenwärtigen CDU herrscht normativ gewissermaßen eine Brunch-Mentalität: Jeder schnappt sich, ganz individuell, vom Buffet, wonach ihm gerade ist. Bei nächsten Mal kann man, jeder für sich, das Sortiment anders zusammenstellen. Angesichts der so entstandenen normativen Heterogenitäten aber scheut die CDU entscheidungsorientierte Diskussionen über die konstitutiven und hochumstrittenen Wertefragen von Politik und

Gesellschaft. Sie fürchtet die Sprengkraft, wenn sich Konservative und Liberale, Traditionalisten und Modernisierer, Globalisierer und Heimatmenschen, Verlierer und Gewinner im Klein- und Großbürgertum auf Normen und Ethiken des künftigen Zusammenlebens, also gleichsam auf ein gemeinsames Sinnmenü, einigen müssten.

Daher findet nie eine ernsthafte Debatte statt. Dergleichen wird sofort drastisch gestoppt und unterbunden. Streit, so die eiserne und bedauerlicherweise nicht rundum abwegige Organisationsregel der Union, komme beim Wähler schlecht an. Im gültigen Grundsatzprogramm der CDU (verabschiedet in Hannover 2007) ist in erster Linie festgehalten, was ihre Mitglieder und Anhänger im vorangegangenen Jahrzehnt – vor allem in der Familien- und Erziehungspolitik – hinzugelernt, zumindest als unabänderlich mehr oder weniger fatalistisch hingenommen haben. Aber ein neuer Gedanken, eine bislang unbekannte Idee über eine wünschenswerte Gesellschaft von autonomen Individuen und bergenden Gemeinschaften, von intakter Staatlichkeit auch in transnationalen Geflechten, subsidiärer Zivilgesellschaftlichkeit und freiheitlichem Personalismus gelangte in der Merkel-CDU nicht in den Diskurs.

So weiß man mittlerweile nicht mehr so recht, was denn eigentlich die ordnungsstiftende Idee der Partei ist. Und schnell schließt sich dann die Frage an, warum man überhaupt für die CDU in die Auseinandersetzung ziehen sollte. In solchen Phasen des Verschwiemelns der rhetorisch gern zelebrierten „Inhalte" wächst ganz nach dem Prinzip kommunizierender Röhren regelmäßig der

Bedarf an größerer Eindeutigkeit. Gerade in schwierigen Zeiten der haltlosen Unübersichtlichkeit haben von Desintegrationen irritierte oder gar verängstigte Menschen Sehnsucht nach Orientierung und Kohäsion, nach dem Kitt und der Wärme homogener Vergemeinschaftungen. Das ist dann aber mittlerweile nicht mehr die Stunde jener früheren, nunmehr entkernten und leeren Volksparteien, sondern von neuen Sammlungsparteien des Protests. Die Sammlung erfolgt allerdings nicht ausgleichend-moderierend, sondern heftig polarisierend gegen das „Andere" und „Fremde". Eben dies erleben wir nun auch in Deutschland seit dem Sommer 2015. Doch die Union – allerdings bekanntlich nicht nur sie – traf es unvorbereitet.

Die Christdemokraten in Deutschland stehen in dieser Situation unverkennbar ohne ein plausibles oder gar begeisterndes Modell da. Wieder mit Pathos formuliert: Die Christdemokraten in Deutschland haben kein Kanaan mehr, wohin sie ihre Anhänger führen könnten. Ihnen fehlt ein einleuchtendes Paradigma, den klassischen katholischen Solidarismus und die säkularisierten Individual-Mentalitäten, die kosmopolitischen Lebensrealitäten einiger (und sich mehrender Jungbürger) mit den Beheimatungsbedürfnissen nicht ganz weniger noch zur Synthese zu verknüpfen. So mangelt es an einem „Lebensinhalt", wie es Konrad Adenauer einst nannte. Aber wer braucht schon Formationen ohne Lebensinhalt, ohne ein Bild über das Wohin?

Von Zeit zu Zeit gehen einige Kanzlerinnenkritiker daher mit der Parole „CDU pur" herum. Aber „CDU pur" – im Sinne ordnungspolitischer Stringenz auf dezidiert marktwirtschaftlicher Basis – hat es in der Parteigeschichte niemals gegeben, auch und gerade nicht in den goldenen christdemokratischen Zeiten von Adenauer und Kohl. Der spezifische Charakter der CDU war, im Gegenteil, gerade die programmatische Dehnung, die strategische Elastizität, die politische Wendigkeit, der bewusste Verzicht auf „pur". Allein so konnte die Christliche Union nach 1945 ein ganz außergewöhnlich erfolgreiches Parteienprojekt in der deutschen Parlamentsgeschichte werden. Denn dieser Erfolg rührte im umfassenden Allianzcharakter der Partei. Die Union integrierte bekanntlich von vornherein die unterschiedlichsten Gruppen: Bürger, Arbeiter und Bauern; Katholiken und Protestanten; Nationalisten und Regionalisten sowie Zentralisten und Föderalisten; soziale, liberale und konservative Menschen. Gelingen konnte eine solch weit ausspannende parteiorganisatorische Symbiose, weil die CDU eben lockere *Union* war und weniger starre *Partei* wurde, also programmatisch oft vage blieb, sich politisch nicht apodiktisch festlegte, auf Regierungsebene keineswegs konzise agierte, sondern durch Leerstellen und intuitive Berücksichtigung grassierender Alltagsängste beweglich operierte, dabei gegensätzliche Interessen flexibel überwölbte, im Feindbild aber Einigung fand.

Dass es indes nicht völlig unmöglich ist, aus der eigenen Vergangenheit mit durchaus modernisierungskritischen Tönen ein zukunftsträchtiges, gewinnbringendes Modell zu erschaffen, haben dabei gerade frühere Stammwähler der Union in lang überlieferten Zentren der katholisch-christlichen Demokratie seit einiger Zeit bereits bewiesen: die Winzer in Baden, im Rheinland, an der Mosel. In diesen Gegenden bekam die Union in ihren guten Zeiten weithin über sechzig Prozent der Stimmen. Doch vollzog sich auch in diesen Regionen im Laufe der 1970er/80er Jahre ein Generations- und Einstellungswandel. Eine neue Kohorte von Winzern löste sich von der schonungslosen Mengenproduktion der Väter, die in der christdemokratisch begründeten Wohlstandsgesellschaft der 1960er Jahre mit üppiger Flächennutzung pappig-süßliche Massenerzeugnisse für eine gewachsene Konsumentenschaft boten. Aber so kam der Wein (nicht nur) bei Connaisseuren in Verruf. Die ökologischen Schäden wurden ruchbar. Jungwinzer erinnerten sich nun an die Traditionen der Groß- und Urgroßeltern. Und sie änderten Zug um Zug die „Philosophie". Alle Weingüter, die etwas auf sich und ihre Qualität halten, beginnen heute ihre Selbstdarstellung, ob im Print-Prospekt oder beim Internetauftritt, mit der Präsentation ihrer „Philosophie". Und immer wird die „Tradition" großgeschrieben, der behutsame, sorgsame Umgang mit der Natur betont, auf gebietstypische Pflege der Reben hingewiesen, die Geschichte der heimatlichen Böden, Kirchen und Kulturen stolz in Erinnerung gerufen. Und zugleich achtet man darauf, die Tradition mit der eigenen Fortschrittlichkeit eng zu verknüpfen, das eine aus dem anderen herzuleiten. Im Grunde haben die Winzer vorgemacht, was der CDU ebenfalls hätte gelingen können, was sie aber geradezu ignorant versäumt hat: Ökologie, Regionalkultur, Geschichte und darin eingebundene Innovationsfreude durchaus eigensinniger wie experimentierfreudiger Winzerfamilien als konservativen Erzählstrang aufzunehmen und in eine mineralisch frische Überzeugungssprache zu überführen.

3.
Zwischen alternativem Protest und Statusmilieu: Neubürgerliche Ambivalenzen

„Die Geschichte des 20. Jahrhunderts war seit 1973 die Geschichte einer Welt", schrieb der britische Sozialhistoriker Erich Hobsbawm, „die ihre Orientierung verloren hat."[99] Zumindest schwanden seither viele Gewissheiten aus den industriegesellschaftlichen Blütejahrzehnten. Denn nun bildete sich etwas Neues heraus, in der Ökonomie, in den gesellschaftlichen und kulturellen Werten und in den Formen, wie junge Menschen politisch aufbegehrten. Ein qualitativ veränderter historischer Abschnitt begann. Sozialwissenschaftler sprachen von postmodernen Gesellschaften und postmateriellen Einstellungen der Bürger. Und als Partei dieser neuen Sozialformen entstanden nun die Grünen, als Avantgarde des neuen Trends, die irgendwann gar die siechen Altparteien der erschlaffenden Industriegesellschaft ablösen könnte.

Das hielten jedenfalls allerlei Soziologen und Politologen jener Jahre für möglich. Und in der Tat schmolzen die klassischen Milieus der Kirchen und der Arbeiter-

---

99   Vgl. Hobsbawm, Eric, Das Zeitalter der Extreme, Wien/München 1995, S. 503.

bewegung dahin. Die disziplinierte Kollektivität der überlieferten Großorganisationen verlor in den Jahren nach 1968 an Attraktivität für nunmehr selbstbewusste und rebellionsfreudige Menschen aus der Mitte der mitteleuropäischen Nationen. Das alles begünstigte eine Kultur politischer Alternativen, die in den 1970er Jahren in etlichen Nationen des demokratischen Europas unter dem symbolischen Signum der Sonnenblume an ihr parteipolitisches Gründerwerk gingen.[100]

Bemerkenswerterweise – und von den „Post"-Theoretikern ganz übersehen – formierte sich der neue grüne Parteientypus recht klassisch, nach dem bekannten Muster der Altparteien, wie sie einst in der zweiten Hälfte des 19. Jahrhunderts entstanden waren. Ein neues Problem von historischer Reichweite, die Ökologie, tauchte auf, das von den bislang etablierten Kräften nicht rechtzeig in seinem Ausmaß erkannt und politisch bearbeitet wurde. Also bestiegen neue Akteure die Bühne des politisch unrepräsentierten Konflikts, kämpften (wie in der Schweiz) gegen Straßenbauprojekte oder (wie in Österreich) gegen Atomkraftwerksbauten oder (wie in Deutschland) gegen Atomwaffen und ‚Schnelle Brüter'. Und wie die Protestbewegungen des 19. Jahrhunderts fügten sich die jungen Rebellen der 1970er Jahren zu Milieus zusammen, siedelten in besonderen städtischen Wohnquartieren, pflegten einen spezifischen Jargon und Habitus, spendeten sich gegenseitig emotionale

---

[100] Vgl. Richter, Saskia, Entwicklung und Perspektiven grüner Parteien in Europa, Bonn 2009 (Internationale Politikanalyse der FES), online einsehbar unter: http://library.fes.de/pdf-files/id/ipa/06879.pdf [zuletzt abgerufen am 15.06.2018].

Wärme in Wohngemeinschaften und Alternativkneipen, kauften in rot-grünen Buchläden und ließen sich bei Rechtsauseinandersetzungen von Anwaltskollektiven ihrer Couleur vertreten. Auf diesem Milieu sattelten dann insbesondere in den späten 1970er Jahren grüne Parteien auf.

Anfangs tummelten sich in den europäischen Nationen davon gleich mehrere Organisationen, die kräftig miteinander rivalisierten. In den einen hatten sich besonders altbürgerliche Umweltschützer meist eher wertkonservativer Gesinnung zusammengetan, die Gottes Schöpfung bewahren wollten und die in der Schweiz zuweilen als „Gurkengrüne" etikettiert wurden. In die anderen zog es die Kader des mittlerweile welk gewordenen Partei- und Studentenkommunismus, überdies Linkslibertäre und Linkssozialisten aus dem Windschatten der 68er Revolte, die sogenannten „Melonengrünen".[101] In den 1980er Jahren (in der Schweiz erst 1991/93) fand weithin eine Vereinigung dieser unterschiedlichen Strömungen statt, schon um an politisch-parlamentarischem Gewicht zuzulegen. Doch die Auseinandersetzungen zwischen „Fundamentalisten" und „Realpolitikern" hielten in diesem Jahrzehnt an, sorgten für kräftezehrende Querelen, die manche Aktivisten der ersten Stunde ab- und fortstießen.

Nun setzte sich die Pioniergruppe der Grünen aus Zugehörigen der 1950er-Geburtsjahrgänge zusammen, eine

---

101 Werner, Seitz, „Melonengrüne" und „Gurkengrüne". Die Geschichte der Grünen in der Schweiz, in: Baer, Matthias/Seitz, Werner (Hrsg.), Die Grünen in der Schweiz. Ihre Politik. Ihre Geschichte. Ihre Basis, Zürich/Chur 2008, S. 15-37.

besonders geburtenstarken Kohorte in Europa. Diese Generation wurde im Laufe der 1980er Jahre älter, wechselte vom Studium in den Beruf, begann Familien zu gründen, Kinder zu bekommen. Das dämpfte allmählich die wilde Protestenergie der Jugendjahre und führte aus den Wohngemeinschaften und der frugalen Alternativkultur heraus. Das Bewegungsmilieu von ehedem wandelte sich peu à peu in ein unverkennbar arriviertes Statusmilieu. Dadurch änderten sich auch die europäischen Grünen.

Der basisdemokratische Furor der Entstehungszeit verebbte. Der Slogan in den 1990er Jahren lautete jetzt: Professionalisierung von Strukturen und Entscheidungsprozessen. Auch verlor die oppositionelle Marginalität im parlamentarischen System an Reiz. Den politischen Mandateuren der Grünenpartei, beruflich mittlerweile vielfach in gehobenen, gestaltenden Positionen tätig, bereitete es kein Vergnügen mehr, folgenlose Anträge aus dem parlamentarischen Abseits zu formulieren. Sie wollten nun mitregieren, die politische Macht nutzen, um ihre ökologischen und bürgerrechtlichen Projekte nicht nur zu propagieren, sondern auch real umzusetzen. Als Koalitionspartner boten sich primär Sozialdemokraten, Sozialisten und Rest-Kommunisten an, welche im Laufe der 1980er Jahre ebenfalls ökologische, feministische, linksliberale Teilaspekte in ihre Programme aufgenommen hatten. Die Grünen wiederum hatten sich aufgrund der linken Herkunft zahlreicher ihrer frühen Aktivisten neben ihrer atomkritischen Kernidentität soziale Gleichheitspostulate auf die Fahnen geschrieben.

Doch die reale Rückkehr der sozialen Frage in Europa nach 1990 erschwerte zunächst den weiteren Weg und Aufschwung grüner Parteien. Sie galten zu sehr als Bürgerkinder, als Teil einer besserverdienenden, akademisch parlierenden Lebenswelt. Ihre postmateriellen und kosmopolitischen Losungen wirkten auf diejenigen, deren Jobs durch die wirtschaftliche Baisse und als Folge neuer Konkurrenz von Arbeitskräften aus Ost- und Mitteleuropa auf dem Spiel standen, wie die abgehobene Attitüde privilegierter Moralisten. Die Grünen in der Schweiz bekamen den Gegenwind bei den Parlamentswahlen in den 1990er Jahren deutlich zu spüren. In Deutschland verloren sie nach dem erstmaligen Eintritt in die Bundesregierung 1998 bei etlichen Landtagswahlen deftig. Das manifestierte eine weitere chronische Crux dieser Partei: Ihre Anhängerschaft schmollte schnell, wenn ihren politischen Repräsentanten in den Kabinetten nicht gelang, was sie zuvor oppositionell vollmundig versprochen hatten.

1989/90 veränderte sich die grüne Landschaft in Europa zudem deshalb tiefgreifend, da jetzt im Osten des Kontinents neue ökologische Parteien mit einem ganz anderen Hintergrund von Erfahrungen und Motivation hinzukamen. Die westliche 1968er-Prägung im Sinne eines libertären Hedonismus, garniert mit freudianisch-marxistischen Metaphern von Herbert Marcuse, fehlte in den postkommunistischen Ländern. Grün-alternative Milieus wie in den mittel- und westeuropäischen Großstädten hatten sich auf der anderen Seite des Eisernen Vorhangs nicht entfalten können. Hier reüssierten Grüne eher in ländlich-konservativen Regionen.

Grüne Parteibildungen hatten es daher im Osten weitaus schwerer als im Jahrzehnt zuvor im Westen, wenngleich die Grünen in einigen Ländern (Lettland, Estland u. a.) erstaunliche Ergebnisse errangen. Andererseits gab es auch im westlichen Europa regelrechte Diasporagebiete für grüne Bewegungen und Parteien. In Skandinavien gelang ihnen in Dänemark und Norwegen nicht viel. In England behinderte das Mehrheitswahlrecht größere parlamentarische Erfolge. Und in den südeuropäischen Ländern wie Spanien, Griechenland oder Portugal waren Umweltbewegungen auf denkbar wenig Resonanz und Interesse gestoßen. Hier blieb stattdessen der klassische Kapital-Arbeit-Konflikt gesellschaftlich höchst vital; hier sammelte sich der Protest junger Leute daher in erster Linie bei linkspopulistischen bzw. linkssozialistischen Formationen wie Syriza in Griechenland und Podemos in Spanien.

Zentren der grünen Parteien befanden sich in Deutschland, Finnland, Luxemburg, Belgien, mehr erratisch in Frankreich, begrenzt auch in Schweden, dazu in den Niederlanden, lange besonders in Österreich, seit dem ersten Jahrzehnt des 21. Jahrhunderts durchaus ebenfalls in der Schweiz. Als erklärte Kosmopoliten stand schon früh eine europäische Vernetzung der grünen Formationen an, die lose bereits 1979 begann. 2004 hoben grüne Parteien aus 32 Ländern in Rom die „Europäische Grüne Partei" aus der Taufe, der ein Jahrzehnt später 39 ökologische Parteien aus 34 Staaten angehörten.[102] Als erste Parteienfamilie

---

102 Vgl. o.A., Der (europäische) Föderalist, online einsehbar unter: http://www.foederalist.eu/2015/10/europaische-parteien-namen-europaische-grune-partei.html [zuletzt abgerufen

überhaupt wagten die europäischen Grünen seit 2004 zu den Europawahlen mit einem gemeinsamen Manifest und Spitzenteam sowie einer einheitlichen Kampagne anzutreten.

Währenddessen hatte sich die rot-grüne Fixierung im Spektrum der grünen Partei seit der Jahrhundertwende abgeschliffen. Bündnisse mit Liberalen und Konservativen wurden nicht mehr ausgeschlossen. Besonders auf regionaler und kommunaler Ebene sind solche Allianzen während der letzten Jahre auf erstaunlich harmonische Weise zusammengekommen. Aber auch auf nationaler Ebene – etwa in Irland, Finnland, Tschechien, Lettland – sind Grüne bürgerlichen Regierungen beigetreten. Indes hat dies die früheren Protestparteien zugleich domestiziert, hat ihnen Kanten und Ecken genommen. Dort, wo dieser Kurs von den grünen Parteieliten gar zu weit vorangetrieben wurde, reagierten die Anhängerschaften nicht selten mit massiver Abwendung oder Enthaltsamkeit im Wahlakt. In den letzten Jahren erlebten die Grünen einige rasante Abstürze.

In Schweden war es der ‚Miljöpartiet de Gröne' 2010 noch gelungen, zur drittstärksten Partei im Reichstag zu avancieren. 2015 trat sie erstmals der Regierung (mit den Sozialdemokraten) bei, geriet dann aber in den Strudel von Krisen, mit Demissionen ihrer Minister und eklatanten Umfragetiefs (Anfang Februar 2018 3,2 Prozent). Noch herber gerieten die französischen Grünen, die mit ihrer Führungsfigur Daniel

---

am 15.06.2018]; Dietz, Thomas, Die grenzüberschreitende Interaktion grüner Parteien in Europa, Wiesbaden 1997.

Cohn-Bendit 2009 bei den Europawahlen glänzende 16,3 Prozent der Stimmen erzielt hatten, in einen Abwärtssog. 2012 konnte die Partei nach den Wahlen 17 Abgeordnete in die Nationalversammlung entsenden und für zwei Jahre Minister im Kabinett mit den Sozialisten stellen. Nach den Parlamentswahlen aber lag das Fundament der ‚Europe Écologie Les Verts" ziemlich in Trümmern. Mit 2,9 im ersten und 0,13 Prozent im zweiten Wahlgang blieb den Grünen nur noch ein Parlamentssitz und damit eine extreme Randposition im französischen Regierungssystem.[103]

Soeben noch himmelhochjauchzend, nun zu Tode betrübt – damit mag man die Stimmung wiederum bei den Grünen in Österreich knapp charakterisieren. Nach harten Wahlkampfmonaten feierten sie dort im Dezember 2016 die Wahl ihres langjährigen Sprechers und parlamentarischen Klubobmanns, Alexander van der Bellen, zum Bundespräsidenten. Kaum ein Jahr später taumelten die Grünen, lange als erfolgreichste Organisation ihrer europäischen Parteienfamilie zelebriert, durch die allertiefsten Täler. Von 12,4 Prozent im Jahr 2013 war die Partei im Oktober 2017 bei den Nationalratswahlen auf 3,8 Prozent der Wählervoten abgesunken, verfehlte derart das Quorum, flog nach 31 Jahren aus dem Parlament.

Doch auf eine generelle, gar künftig stetige Tendenz grüner Dezimierung weisen diese Beispiele nicht hin. Während die Depression in der österreichischen Partei im

---

103 Vgl. Nentwig, Teresa, Die Grünen in Frankreich, online einsehbar unter: http://www.demokratie-goettingen.de/blog/die-krise-der-gruenen-in-frankreich [zuletzt abgerufen am 15.06.2018].

Frühjahr und Sommer 2017 sichtbar heran kroch, feierten die Niederlande mit ihrem dreißigjährigen Spitzenmann von „GroenLinks" einen neuen, smarten Shootingstar in der nationalen Parteienlandschaft, den holländischen Trudeau, wie es in der medialen Berichterstattung gern und oft hieß.[104] Die grüne Partei galt zuvor schon als fast erledigt; nun steigerte die neue Lichtgestalt an der Spitze, Jesse Klaver, im März 2017 nach einem muntern, unkonventionellen Wahlkampf die Parlamentssitze für seine Partei um nahezu das Vierfache.

Ein wenig erinnert der Hype um Klaver an den Rummel um den Aufstieg von Sebastian Kurz und Emmanuel Macron. Auch und gerade die Grünen, die sich einst mit antiautoritärer Verve allem Starkult verweigerten, brauchen den Charismatiker an der Spitze, um ganz große Wahlerfolge zu erreichen. Denn ihre Milieus verlangen nach dem Besonderen. Grüne Anhängerschaften aus den „kreativen Berufsgruppen" lieben die Distinktion, zelebrieren die alltagskulturelle Differenz zum Durchschnitt, oder wie es bei ihnen heißt: zum Mainstream. Eben deshalb halten sie sich von den nivellierten, unoriginellen früheren Großparteien fern.[105]

Aber eine einfache Wählerschaft ist das für grüne Parteien nicht. Denn deren Bedürfnisse sind oft paradox genug. Sie

---

[104] Beispielhaft Jesse Klaver – der Justin Trudeau der Niederlande, in: Kieler Nachrichten, online einsehbar unter: http://www.kn-online.de/Mehr/Bilder/Bilder-Nachrichten/Jesse-Klaver-Der-Justin-Trudeau-der-Niederlande#p1 [zuletzt abgerufen am 15.06.2018].

[105] Vgl. Walter, Franz/Dürr, Tobias, Die Heimatlosigkeit der Macht, Berlin 2000, S. 60 ff.

erwarten von ihrer Partei ein bisschen Gesinnungsethik, aber nicht übertrieben viel davon. Sie finden warme Worte für die Partizipation der Basis, sind indes rasch verärgert, wenn dies zu Lasten effizienter Führung geht. Sie machen sich für eine strenge ökologische und menschenrechtliche Ethik stark, mögen mittlerweile jedoch nicht allzu gern mehr im Ruf des Moralismus und Asketentums stehen. Sie legen in ihren Äußerungen viel Wert auf sparsamen Energieverbrauch, aber als freie Individuen und Bürger beharren sie auf ihren regelmäßigen Urlaubsflüge in die fernsten Winkel dieser Welt. Gelingt den Grünen-Politikern nicht die Balance solcher Ambivalenzen, dann pflegen die Postmateriellen und Kreativen in den europäischen Metropolen ihre Partei eben abzustrafen.

Grüne, Liberale und bürgerliche Bündnisse

Doch dürften in Deutschland Grüne, gemeinsam mit den Freien Demokraten, in den nächsten Jahren mehr und mehr zum Zünglein an der Waage parlamentarischer Mehrheits- und Regierungsbildung werden bzw. es bleiben: Und das möglicherweise im Paket: sei es in einer Ampel, sei es in den Farben von Jamaika.

Indes: Beide Parteien zierten sich lange. Christdemokraten und Sozialdemokraten halten sich für (fast) alles offen. Aber Freie Demokraten und Grüne machten über weite Strecken ängstlich die Schotten dicht. Jene sträubten sich gegen die Ampel, diese verweigerten sich Schwarz-Gelb-Grün. Grün und Gelb – das schien sich in der Tat zu beißen. Das konnte man paradox, ja: unreif finden. Denn im Grunde ging ein Teil der Ressentiments zurück auf die Pubertät der Hauptakteure

Grüne, Liberale und bürgerliche Bündnisse

in beiden Parteien. Die Jugendkultur vor etwa dreißig Jahren war geteilt in – wohl mehrheitliche – „Trittins" und – seinerzeit weniger zahlreiche – „Westerwelles".

Die einen gerierten sich sehr links, bekämpften zumindest mit Plaketten und Autoaufklebern die Atomkraft, verbrachten die Kneipenabende auf ziemlich schmuddeligen Sofas, trugen ausgefranste Parkas und lange Haare. Die anderen präferierten für die geselligen Abendstunden die mit teuren Alkoholika gut ausgestatteten Partykeller der Eltern, kleideten sich in gelben Pullis und nicht ganz billigen Cashmere-Schals, legten Wert auf Façon beim regelmäßigen Haarschnitt und gaben sich betont affirmativ gegenüber dem Staat, der Wirtschaftsordnung, der Leistungsgesellschaft.

Das mag klischeehaft klingen, aber es war eine hunderttausendfach geteilte Alltagserfahrung irgendwo in den Jahren 1973 bis 1983. Auf den Schulhöfen standen die beiden Gruppierungen sorgfältig getrennt in verschiedenen Ecken. Die beiden Kulturen begegneten sich mit herzlicher Abneigung, ja Verachtung. Es spricht viel dafür, dass sich selbst bei kühlen Machtmenschen in Sondierungsgesprächen, ob sie noch wollen oder nicht, rasch die eingeübten Reflexe ihrer Sozialisationsjahre einstellen, sobald sie sich nur über den Weg laufen.

Vieles von den Gegensätzen damals drückte sich also aus in Habitus, Expressivität und Stilisierung. Doch hat sich diese Divergenz unterdessen bekanntermaßen abgeschliffen. Der frühere Aktivist des Kommunistischen Bundes, Jürgen Trittin, ist mittlerweile keineswegs schlechter gekleidet als die ehemaligen Yuppies. Man wird überhaupt die größte Mühe haben, auf den Versammlungen von Grünen irgendwelche Exemplare einer demonstrativen Gegenkultur zu finden. Schmuddelkinder sind die in die Jahre gekommenen Ökos längst nicht mehr. Sie haben vielmehr – vergleicht man es mit der langen und mühseligen Dauer des Integrationsprozesses der sozialistisch orientierten Arbeiterbewegung – in erstaunlich kurzer Zeit ihren Aufstiegs- und Anpassungsprozess hinter sich gebracht.

Im Protest zu dieser Gesellschaft stehen die Grünen natürlich nicht mehr. Im Gegenteil, sie haben sich seit den späten 1990er Jahren zur Republikpartei schlechthin gewandelt. Eine Umfrage im Jahr 2009 ergab, dass niemand Deutschland als so gerecht verfasst empfindet wie die Sympathisanten dieser Partei. Und dass die deutsche Sicherheit am Hindukusch verteidigt wird, bezweifelten viele Bürger, am wenigsten aber diejenigen, welche sich zu den Grünen bekannten und die entschiedener als alle anderen für den Afghanistan-Einsatz der Bundeswehr plädierten. Gemeinsam ist Grünen und Gelben, dass sie die Erwerbstätigenparteien schlechthin in der Republik sind. Fast vier Fünftel ihrer Wähler stehen aktiv im Beruf, während die Hälfte des Elektorats der beiden einstmaligen Volksparteien von Transfers lebt.

Dennoch konnten sich Grüne und Freie Demokraten über all die Jahre partout nicht ausstehen. Und natürlich ging das nicht allein auf frühere gymnasiale Fehden und pubertär überhitzte Abneigungen zurück. Es gab und gibt nach wie vor *tatsächliche* Differenzen. Die grobe soziologische Betrachtung reicht nicht. „Das Sein bestimmt bei den Grünen-Wählern eben nicht weitgehend das Bewusstsein", kommentierte Anfang 2010 das Parteiratsmitglied der Grünen Arvid Bell das Ergebnis einer neuen TNS-Infratest-Studie über Einstellungen grüner Sympathisanten, die in den meisten Fragen weiterhin links von der Mitte angesiedelt waren.

Grüne und Freie Demokraten teilten zwar den gutbürgerlichen Status, aber sie begründeten gleichwohl zwei verschiedenartige Lebenswelten im Milieu der Besserverdienenden. Zwischen diesen Welten gab es bemerkenswert wenig soziale Kontakte und normative Berührungspunkte. Selbst CDU-Wähler stehen den Grünen nachweislich nicht so misstrauisch-ablehnend gegenüber wie die Anhänger früher von Westerwelle, jetzt von Lindner. Auch die Analysen der Wanderungsbewegungen zwischen den Parteien bei Wahlen ergaben, dass sich zwischen FDP und Grünen faktisch wenig tat. Wer der FDP abtrünnig wurde, ging nicht zu den Grünen; wer sich von den Grünen enttäuscht fortbewegte, strebte nicht ins Lager der Freien Demokraten.

Bei der FDP geben in den letzten Jahren wieder kleinere und mittlere Selbstständige politisch den Takt an. Bei den Grünen sind das die Beamten des höheren öffentlichen Dienstes. In der neuen FDP-Kernanhängerschaft dominiert der Typus des Mannes, der laut damit hadert, dass nicht genug Netto vom Brutto bleibt. Im Spektrum der Öko-Partei überwiegen akademische Frauen mittleren Alters, denen eine ordentliche sozialstaatliche Infrastruktur und öffentliche Institutionen zur Unterstützung ausbalancierter Lebensmodelle wichtiger sind als kräftige Steuersenkungen für den Einzelnen. Ein stattlicher Anteil der FDP-Wähler beurteilt soziale Unterschiede als durchaus gerecht; bei den Grünen ist diese Weltsicht nur wenig vertreten.

Eben das macht das Problem einer Zusammenarbeit zwischen den beiden Scharnierparteien der Mitte wirklich aus: Sie sind sich sozial nah, aber differieren im Ethos, in den Alltagsphilosophien, in ihren orientierenden Deutungsmustern nach wie vor, wenn auch allmählich mit geringerer Wucht. Sie unterscheiden sich vor allem dort, wo es ums Eingemachte geht, um die primären politischen Kernaussagen. Keine Formation wettert weiterhin stärker über die vermeintliche Steuerlast in Deutschland als die der Liberalen. Niemand hält demgegenüber die steuerliche Beanspruchung der Bürger für so angemessen wie das grüne Pendant. Fast alle Grünen-Wähler hätten gern sämtliche Atommeiler abgeschaltet; nahezu drei Viertel der FDP-Wähler setzen dagegen eindringlich auf die Atomtechnologie. Grüne Anhänger sind in erheblicher Zahl ehrenamtlich aktiv, in den letzten Jahren zunehmend im kirchlichen Bereich. Die jungen Truppen der FDP hingegen kündigen vermehrt – nicht zuletzt wegen der Kirchensteuern – ihre Mitgliedschaft im institutionellen Christentum auf und zeigen wenig Sinn für bürgergesellschaftliches Engagement gleich welcher Art.

Es sind also nicht nur Simulativdifferenzen, welche die beiden Parteiführungen beschwören. In der wohlhabenden Mitte der Gesellschaft haben sich zwei eigene und (maßvoll) konträre Lebenswelten entwickelt, nicht in materieller Hinsicht, aber in Hinsicht auf Prinzipien, auf Einstellungen, in der Sichtweise von dem, was man für wichtig hält, wie man die Zukunftsentwicklungen interpretiert, welchen Umgang man mit anderen Schichten erstrebt. Dahinter verbergen sich keine fundamentalistisch entgegengesetzten Ideologien, da vor allem die Grünen enorm abgerüstet haben. Aber Unterschiede in der normativ unterlegten Perspektive, was eine „gute Gesellschaft" ausmacht, lassen sich durchaus erkennen.

Dabei haben die Grünen in den bürgerlichen Lebenswelten hierzulande durchaus tiefe Wurzeln. Sie sind fraglos Teil eines neuen bürgerlichen Juste Milieus geworden. Keine andere Partei der Bundesrepublik kann einen vergleichsweise hohen Anteil von Erwerbstätigen und Steuerzahlern in ihrer Wählerschaft ausweisen wie eben die grüne. Zumindest die im Vergleich zur FDP weit stärkere Kernwählerschaft der Grünen ist sozial sehr homogen, materiell arriviert, mittlerweile in die Jahre gekommen und nicht zuletzt deshalb eine gute Portion konservativer geworden. In dieser Gruppe hat der Bezug auf die Natur, die zu bewahren und zu schützen ist, als Sinnstifter die frühere Kirchlichkeit der alten Bundesrepublik abgelöst. Anders als die alten konservativen Milieus lebt die Grünen-Sympathisantenschaft zwar überwiegend nicht mehr auf dem platten Land und im kleinen Dorf, sondern in urbanen Siedlungsgebieten. Aber dort hat man sich gewissermaßen Dörfer im städtischen Umfeld errichtet, in denen es sich ruhig und sicher leben lässt, wo auch die besten Freunde in erreichbarer Nähe wohnen, wo sich die Geselligkeit im gewohnten, überschaubaren Raum abspielt, kurz: wo alles angenehm vertraut ist, fast wie in der guten alten Provinz. Allein für die Aura – man möchte partout nicht als Spießer erscheinen – weist man auf den großstädtischen Übergang, auf die Vielfalt, Lebendigkeit und Unübersichtlichkeit hin, die allerdings punktuell zu ertragen den mittelalten Postmaterialisten allein in der Trutzburg des eigenen besserverdienenden Reviers gelingt.

Der neubürgerliche Elitismus der früheren Rebellen war in den letzten Jahren auf einigen Spott gestoßen: Das grüne Bildungsbürgertum hätte sich im Laufe der letzten zwei bis drei Jahrzehnte, wurde mokant konstatiert, vom Bewegungs- zum Distinktionsmilieu verändert. Fehl ging diese Beobachtung nicht. Doch erkennen Sozial- und Werteforscher in diesem Jahrzehnt gleichsam einen Wandel des Wertewandels. Das postmaterielle Milieu hat zuletzt die vorwiegend individualistische Lebensweise des Connaisseurs mit exquisitem Geschmack und unkonventionellen Interessen reduziert, schaut stattdessen wieder mehr und kritisch auf gesamtgesellschaftliche Entwicklungen. Doch um eine pure Retrobewegung handelt es sich dabei nicht. In den grünen Milieus vollzieht sich seit einiger Zeit eine bemerkenswerte Synthetisierung von Werten aus der eigenen Biographie der Opposition zum altbürgerlichen Konservatismus mit einigen Basisnormen des früheren Gegners. Das grüne Bürgertum hält zwar weiterhin an den Postulaten des Eigensinns, der Emanzipation, der Freiräume, der Partizipation fest, verbindet sie im familiären Alltag – gerade, wenn Kinder zu erziehen sind – unterdessen aber mit Tugenden, die noch in den 1980er Jahren verächtlich als sekundär geschmäht wurden: Pünktlichkeit, Höflichkeit, Verlässlichkeit, Rücksicht. Der eigene Nachwuchs wird zum Respekt angehalten.

Postmaterielle, die in ihren jungen Jahren die Leistungsgesellschaft attackierten, gelten den Sozialforschern heute als weit überproportional leistungsbereit und -fähig, wenngleich sie nach wie vor das Etikett „leistungsorientiert" zur Charakterisierung ihrer selbst vehement ablehnen. Sie pochen darauf, dass Leistung zwingend mit Selbstbestimmung verknüpft sein muss. Und angesichts der Erfahrungen mit der Schul- und Hochschulzeit ihrer Töchter und Söhne während der Gymnasial- und Bolognareformen hat sich ihr Argwohn gegen einen monomanisch fixierten Leistungs(druck)imperativ gehalten, wenn nicht sogar verstärkt.

Nur: Damit stehen sie nicht (mehr) allein im deutschen Bürgertum. Auch Anhänger der CDU haben in den letzten Jahren ihr Missfallen gegen diese Art von Leistungsüberdrehung, die zu Lasten von reflexiver Bildung und autonomer Individualität geht, unmissverständlich kundgetan. Sehr weit jedenfalls sind christdemokratische Bürgerliche von Grün-Bürgerlichen in dieser Frage nicht entfernt, wie überhaupt die früheren altkonservativen Sektoren der Gesellschaft die überlieferten obrigkeitsstaatlichen Einstellungen, soldatischen Maximen und kirchlichen Dogmatismen hinter sich gelassen haben, während zeitgleich im grünen Neu-Bürgertum der schnodderig-provokative

Auftritt und die Formlosigkeit der 68er und Alternativbewegungszeit nunmehr als eher peinliche Episode empfunden und ad Acta gelegt worden ist. Insofern haben sich die Wertewelten der beiden über Jahrzehnte nahezu kulturell unversöhnlich koexistierenden bürgerlichen Milieus heute in einem Ausmaß angenähert wie nie zuvor im letzten halben Jahrhundert. Politische Allianzen aus Schwarzen und Grünen sind heute keine spektakulären Veranstaltungen mehr.

Dagegen tun sich Grüne und Gelbe weiterhin schwer miteinander. Das hat Gründe. Und nicht alles sollte unbedingt eingeebnet, planiert, entkernt, nivelliert werden. Die Differenz ist schließlich ein Motor für Produktivität. So gesehen muss man tatsächlich nicht zwingend darauf drängen, dass Grüne und Freie Demokraten den koalitionären Schulterschluss, koste es, was es wolle, vollziehen.

4.
Gewalt und demokratische Linke

„Gewalt ist nicht links"[106], hieß es im Sommer 2017 nach den Ausschreitungen im Umfeld des G 20-Gipfels in Hamburg bei Ralf Stegner und anderen Sozialdemokraten. Jedenfalls gelte das, wurde – um den erwartbaren Hinweis auf die mörderischen Aktionen von Stalinisten, Maoisten und anderen zu parieren – nachgereicht, für die eigentliche, die wirkliche, also die demokratische Linke.

Begeben wir uns hierfür in ein Teilstück der Geschichte dieser demokratischen Linken. In der Tat ist die Straße, wo die politische Gewalt sich in der Regel entfaltet, schon lange kein Ort sozialdemokratischer Öffentlichkeit und Manifestationen mehr. Das war nicht immer so. Und dies mit guten demokratischen Gründen. Als grundsätzliche Oppositionsformation in einer nichtdemokratischen Gesellschaft entstanden, waren Sozialdemokraten anfangs angewiesen auf die Demonstrationen ihrer Anhänger auf den Straßen, in Stadtvierteln und auf zentralen Plätzen. Zwar zog es das Gros der

---

106 Stegner, Ralf, Gewalt ist nicht links. Der Versuch der SPD ein ungeklärtes Verhältnis zur Gewalt anzudichten, ist ehrverletzend. In: Frankfurter Rundschau, 17.07.2017, online einsehbar unter: http://www.fr.de/politik/meinung/gastbeitraege/g20-in-hamburg-gewalt-ist-nicht-links-a-1314724 [zuletzt abgerufen am 15.06.2018].

Sozialdemokraten schon früh in die parlamentarische Arena, aber zumindest im Kernland des Deutschen Reichs, in Preußen, fanden sie dort anfangs überhaupt keinen Platz. Als sie 1903 dort erstmals zu den Wahlen antraten, erzielten sie 18,8 Prozent der Stimmen, ohne allerdings dafür – es galt das Dreiklassenwahlrecht – einen einzigen Sitz im Abgeordnetenhaus zu erhalten. Die Konservativen kamen auf 144 Mandate, obgleich sie nur einen schmalen Vorsprung von 0,6 Prozent vor den Sozialdemokraten vorweisen konnten. Diese, seinerzeit fleißige und effiziente Organisatoren der Massen, hatten sich mithin in diesem historischen Moment zu entscheiden, wie sie aus der numerischen Fülle ihrer Wähler auch politische Wucht und Macht gewinnen konnten. Darauf drängten Sozialdemokraten bemerkenswerterweise des rechten wie linken Flügels in der Partei, Eduard Bernstein hier und Karl Liebknecht dort, welche die „Straßendemonstration" als Druckmittel für die Proteste gegen das preußische Klassenwahlrecht in die Debatte warfen.

Doch blieben die Protagonisten der beiden Flügel mit ihrer Demonstrationsparole anfangs noch allein. Die deutsche Sozialdemokratie war eine vorsichtige Partei, favorisierte – insofern hat Ralf Stegner recht – die Arbeit im Reichstag gegenüber jeder außerparlamentarischen Militanz. Andererseits durfte die Partei das preußische Zensuswahlrecht nicht einfach quietistisch hinnehmen, gewissermaßen hinter das Bismarck'sche allgemeine Männerwahlrecht, das auf Reichsebene galt, zurückfallen. Allein diese gravierende Differenz zwischen der Partizipationsreichweite – im Reich allgemein, in Preußen strikt nach Zensus – machte die herablassende Arroganz, mit der man im Kernland des Reiches den unteren Schichten begegnete, wie ein steter Stachel spürbar.

Zwischen 1905 und 1912 ging es in der Folge ungewöhnlich turbulent auf den Straßen deutscher Großstädte zu, vor allem in Preußen, auch in Sachsen und in Hamburg, wenn Sozialdemokraten zu Veranstaltungen für das „gleiche, direkte und geheime Wahlrecht nach Maßgabe der Verhältniswahl für alle über zwanzig Jahre alten Staatsbürger ohne Unterschied des Geschlechts" mobilisierten.[107] Die Kundgebungen 1905 in Sachsen verliefen alles in allem friedlich. Dagegen eskalierte der Wahlrechtsprotest am 17. Januar 1906 – ja, auch damals schon – in Hamburg. Der Tag begann mit einem Massenstreik – der erste Streik für politische Ziele seit 1848 in Deutschland – und er schloss über Nacht mit regelrechten „riots". Der gefürchtete Mob der vorindustriellen Zeit schien zurückzukehren, nun aber, so der sinistre Verdacht der Polizei, gelenkt von kühlen Ideologen des Sozialismus.

Als die Sozialdemokraten einige Tage später in Berlin ebenfalls zu großen Wahlrechtsversammlungen mobilisierten, holte die preußische Regierung Infanterie, Kavallerie und Artillerie aus den Kasernen. Umgehend bremste der sozialdemokratische Parteivorstand die eigene Bewegung ab, indem er öffentlich machte, dass man jede Straßenkundgebung zu unterlassen habe und nicht auf „Scharfmacher" in den eigenen Reihen herein-

---

[107] Hierzu und im Folgenden sehr ergiebig Lindenberger, Thomas, Straßenpolitik. Zur Sozialgeschichte der öffentlichen Ordnung in Berlin 1900–1914, Bonn 1995.

fallen solle. So blieb alles ruhig und friedlich. Auch das kann man getrost als Bestätigung der Auffassung von Stegner deuten.

Ein Jahr später sah man sich wieder. 1908 wurde das Muster vorgegeben, wie legale Saalveranstaltungen gewissermaßen schleichend zu illegalen Straßendemonstrationen politischer Massen mutierten. Die Sozialdemokraten in Berlin hatten abermals in die üblichen Räumlichkeiten ihrer Großversammlungen – so zum Beispiel die Pharussäle in der Müllerstraße, die Germiasäle in der Chausseestraße, die Brauerei Königsstadt in der Schönhauser Allee, die Säle der Brauerei Friedrichshain, Kliems Festsäle, die Neue Welt an der Hasenheide und Kellers Festsäle in der Kopenstraße – eingeladen, um das Übel des Preußischen Klassenwahlrechts anzuprangern. Doch fanden etliche Zehntausende keinen Platz, mussten draußen warten. Es war Januar, es war kalt. Man hatte den Körper bei den niedrigen Temperaturen also in Bewegung zu halten. Und so zogen die Massen durch die Straßen, vom Osten und Norden zumeist in die Mitte der Stadt ins Zentrum der preußischen Monarchie.[108] Dort aber stießen sie auf die geschlossenen Formationen der Berliner Polizei, die den „Roten" keinen Zugang zur Prachtstraße Unter den Linden, erst recht nicht zum königlichen Schloss erlauben wollten. Diesmal ging es weniger friedlich zu. Die Polizisten zogen blank, wie es seinerzeit hieß, ihre Reitstaffeln stürmten unversehens in die Menge. Zahlreiche Demons-

---

108 Siehe auch den Bericht o.V., Der Kampf um die preußische Wahlrechtsreform, in: Frankfurter Zeitung, 14.01.1908, online abrufbar unter: https://archive.org/details/derkampfumdaspr00landgoog [zuletzt eingesehen am 15.06.2018].

tranten wurden "sistiert", viele verwundet. Der *Vorwärts* nannte es im Kommentar ein "Massaker".[109] Ein akribisch ausgeheckter Plan lag dem Vorstoß in Richtung königliches Schloss nicht zugrunde. Es waren nicht die Funktionäre der Partei, die zu Konflikten mit der Polizei anstachelten. Vielmehr schien der damals viel zitierte "Janhagel"[110] – also das ungelernte, nicht organisierte, von der sozialdemokratischen Facharbeiterschaft verachtete "Lumpenproletariat" – am Werk, als man die Polizeiketten sprengen wollte. Die Säbelhiebe, die dann zu blutigen Verletzungen führten, wurden am Tag darauf selbst in der Presse des liberalen Bürgertums als überzogen verurteilt.

Ordnung und Ordentlichkeit waren den Sozialdemokraten wichtig. Schon habituell achteten die Demonstranten auf Ehrbarkeit. Man trug den guten Sonntagsanzug bzw. das gute Sonntagskleid, Hut und akkurat geputzte Schuhe. Ein unterschichtiger oder anarchischer Eindruck sollte nicht entstehen; die "Kolonnen" der Demonstranten hatten "Disziplin" und "Ordnung" zu halten, hatten dem "Kommando" der Ordner strikt Folge zu leisten. Es ging schon auch gut preußisch zu in der Sozialdemokratie des Landes. 1912 erlebte Berlin die letzte Wahlrechtsdemonstration, natürlich politisch genehmigt und rundum ordentlich im Ablauf.

Stolz dokumentierte daher das Parteiorgan *Vorwärts* eine kleine Szene von einer solchen Demonstration:

---

109 Vgl. o.V., Das Volk heischt sein Recht, in: Vorwärts, 14.01.1908.

110 So etwa o.V., Wahlrechtskundebungen, in: Vossische Zeitung, 13.01.1908.

Gewalt und demokratische Linke

> *„Wie dieser zu einem Gesamtzug angeschwollene Zug sich in der Höhe der Rednerwiese wieder in Einzelzüge teilte, die nach den für die einzelnen Wahlkreise bestimmten Plätzen abschwenkten, das war einfach ein Wunder von Organisation und Disziplin. In den Seiten des Weges standen Ordner, die die Führer der herankommenden Einzelzüge dirigierten: ‚Zweiter? – Rechts ab! Sechster? – Geradezu!' Es ging wie am Schnürchen, bis die Rednertribünen schwarz umlagert waren. ‚Bitte nicht auf den Rasen treten!' hieß es sogar einmal, als ein junger Mann sich den Weg abkürzen wollte, und er parierte im Augenblick."*[111]

Eigentlich gehörten List und Fantasie, gar spielerisches Risiko nicht zu den Stärken der Sozialdemokratie in Deutschland. Daher erlebte man Anfang März 1910 eine Überraschung, historisch: ein ungewöhnliches Momentum in der Geschichte dieser Partei. Denn die Sozialdemokraten narrten vor der Hauptstadtöffentlichkeit demonstrativ die Polizei, sodass ihnen schmunzelnde Sympathien selbst im anderen politischen Lager zufielen, während die staatlichen Ordnungskräfte in den folgenden Tagen der Häme und dem Spott ausgesetzt waren.[112] Da den Sozialdemokraten eine Wahlrechtskundgebung unter freiem Himmel untersagt blieb, rief die Berliner Parteiführung zu einem „Wahlrechtsspaziergang" im Treptower Park auf. Der Berliner Polizeipräsident gab sogleich bekannt, dass seine Polizei auch das in keinem Fall zulassen werde. Am Morgen des Spaziergangsonntags sperrte die berittene Berliner Polizei den Park ab. Doch am gleichen Morgen hatte die sozialdemokratische Parteispitze um Eugen

---

111 Zit. in: o.V, Organisation und Disziplin, in: Vorwärts, 13.04.1910.
112 Vgl. auch o.V., Wahlrechts-Spaziergang, in: Vorwärts, 07.03.1910.

Ernst, Parteivorsitzender von Berlin und der preußischen Landesorganisation, den Ort des Spaziergangs verlegt, in das Stadtinnere hinein, in den Tiergarten, wo sonst die königliche Familie ihren Ausritt zu unternehmen pflegte. Sozialdemokratische Emissäre vom Arbeiter-Radfahrer-Bund fuhren eiligst zu den Demonstranten, die auf dem Weg nach Treptow unterwegs waren, und informierten sie über die neue Route. Mittags hatten sich dann etwa 200.000 sozialdemokratische Demonstranten zwischen Siegesallee und Brandenburger Tor eingefunden, während die Berliner Polizei in akkurater Pedanterie den weit entfernten Treptower Park abriegelte, wo sich indes kaum ein „Roter" sehen ließ. Zwei Stunden benötigten die polizeilichen Reitstaffeln, um in den Tiergarten zu galoppieren, schweißtriefend – und von blinder Wut gepackt. Sie schlugen wild auf die „Spaziergänger" ein und entsetzten dadurch auch die Korrespondenten der sogenannten bürgerlichen Presse, die tags darauf entsprechend kommentierten.

Jedenfalls: Gewaltlosigkeit war über viele Jahrzehnte im 19. und 20. Jahrhundert gewiss keine Tugend der Konservativen oder der bürgerlichen Milieus und Herrschaftskreise in Deutschland. Zumal der radikale Nationalismus der politischen Rechten, der die europäischen Gesellschaften in den ersten drei Jahrzehnten des 20. Jahrhunderts überflutete, weit weniger Skrupel als die „demokratische Linke" hatte, die Energien der Massen freizulegen und zu lenken. Die Sozialdemokratie hatte mehrheitlich stets die Entgrenzung von Massenaktionen gefürchtet, die Brutalisierung der Methoden, die Radikalisierung der Ziele, die permanente Steigerung der Erregung als

Möglichkeit vor Augen. Der radikale Nationalismus fürchtete sich nicht davor. Seine Führer wussten, dass ihr Charisma nur so lange trug, wie die Massenemotionen immer neu und spektakulärer gefüttert wurden, bis hin zur umfassenden Destruktion und Selbstdestruktion.

Aber in der Historie gibt es dennoch auch nicht so richtig die durchweg Guten und Edlen. Auch in der Geschichte der Sozialdemokratie findet man höchst problematische Auswüchse an Gewalt, wenn auch ganz anderen Charakters als das, was das ängstliche Bürgertum aus Sorge um Eigentum und Statussicherheiten fürchtete. Bleiben wir – um nicht wie sonst in diesen Fällen den allseits bekannten und berüchtigten Gustav Noske abermals zu bemühen – bei unserem Beispiel, bleiben wir in Berlin und beim Organisator der dortigen sozialdemokratischen Wahlrechtsdemonstrationen, Eugen Ernst.

Denn aus diesem Oppositionspolitiker und Kontrahenten des kaiserlichen Polizeipräsidenten Traugott von Jagow war eine Dekade später dessen Nachfolger geworden. Ernst also stand 1919/1920 an der Spitze des Polizeipräsidiums in Berlin.[113] Er gehörte zudem als sozialdemokratischer Parlamentarier der Nationalversammlung an, war, wie der gerne etwas überästhetisierend urteilende Harry Graf Kessler in sein Tagebuch schrieb, „ein vierschrötiger, zäher Kleinbürger ohne beunruhigende Phantasie, satt und solide, den Charakter des jetzigen Regimes gut verkörpernd."[114] Auch in dieser Zeit hielt er

---

113 Vgl. Sprungala, Martin, Ernst Eugen, online einsehbar unter: http://kulturportal-west-ost.eu/biographien/ernst-eugen [zuletzt abgerufen am 15.06.2018].

114 Vgl. Kessler, Harry Graf, Tagebücher 1918 bis 1937, Frankfurt

ganz auf Ordnung, trug einen Großteil der Verantwortung für den wohl blutigsten und opferreichsten Ausgang einer politischen Demonstration in der deutschen Gesellschaftsgeschichte.[115] Diesmal aber fungierte Ernst nicht als Organisator von Arbeiterprotesten, sondern eben als sozialdemokratischer Polizeichef, der am 13. Januar 1920 seine ihm unterstellten Sicherheitspolizisten auf Demonstranten aus den Reihen von USPD und KPD, die vor dem Reichstag in durchaus martialischer Pose ihre Ablehnung des Reichsrätegesetzes der Weimarer Regierungskoalition bekundeten, „ohne jede Warnung"[116] schießen ließ. 42 Menschen starben, über hundert wurden verletzt. Kaum zehn Jahre waren vergangen, dass die Sozialdemokraten in Preußen erstmals legal zu Straßendemonstrationen aufmarschieren durften. Nun stand einer der Organisatoren von damals auf der anderen Seite. In den letzten Jahren seines Lebens gehörte er, in Werdau an der Havel ansässig, der SED an; er – über viele Jahre ein nicht unprominenter Mann der „demokratischen Linken" – blieb ein Mann der straffen, hernach durchaus zweifelhaften Ordnung.

Zurück zur gelungenen Wahlrechtsdemonstration vom März 1910. Damals zollten sogar konservative Zeitungen wie der *Reichsbote* den erfolgreichen sozial-

---

am Main/Leipzig 1996, S. 141.

115 Vgl. Weipert, Axel, Vor den Toren der Macht. Die Demonstration am 13. Januar 1920 vor dem Reichstag, in: Jahrbuch für Forschungen zur Geschichte der Arbeiterbewegung 11 (2012), S. 16–32, hier: S. 21.

116 Winkler, Heinrich August, Von der Revolution zur Stabilisierung, Berlin/Bonn 1984, S. 289.

demokratischen Demonstrationsorganisatoren widerwillig Respekt:

„Die tiefernste Seite dieser Vorgänge ist der Einblick in die straffe Organisation der Sozialdemokratie, die in einem Netz geheimer Fäden hängt, sodass über Nacht eine vertrauliche Parole geräuschlos durch die Millionenstadt fliegen und hunderttausend Menschen lautlos nach einem bestimmten Punkte und nach einem feste Plane dirigieren kann".[117]

Von solchen Fähigkeiten und Prägungen, auch vom Willen zur öffentlichen und konfliktorientierten Demonstration, sind die gegenwärtigen Sozialdemokraten mittlerweile ziemlich weit entfernt. Die Straßen und Plätze überließen sie im Laufe der Zeit anderen. Das ist wohl so, wenn man Regierungspartei wird und dann vernünftigerweise nicht als oppositionelle Bewegung gegen das eigene exekutive Tun massenmobilisierend anrennen kann. Aber irgendwie möchten die Sozialdemokraten doch wenigstens ein bisschen anders sein, so wie früher, frei und links, im aufrechten Kampf für die andere Gesellschaft. Es ist die chronische Ambivalenz, in der sie spätestens seit 1918 stecken: Sie würden so gerne, wie in der unbefleckten Frühlingszeit ihrer Konstituierung als Partei, zu den Kämpfern der Entrechteten und Unterdrückten zählen. Doch sie sind mittlerweile sozial arrivierte Repräsentanten der Ordnung, mit der sie sich in ihrem chronischen Zwiespalt nie ganz in Übereinstimmung sehen, aber erst recht nicht kontrovers zu dieser handeln. So schwanken die Sozialdemokraten

---

117 Zit. nach Warneken, Bernd/Albrecht, Joachim, Als die Deutschen demonstrieren lernten, Tübingen 1986, S. 44.

zwischen denen, die „Gewalt ist nicht links" skandieren und solchen, die in ihrer Verlegenheit „Rock gegen links" als denkbares Kundgebungsmotto zumindest nicht zurückweisen.

Protest und Militanz

Worum geht es aber bei der zeitgenössischen „Militanz der Straße"? Das ist nicht immer leicht zu sagen. Über Sprache und schriftliche Manifeste Resonanz zu erzeugen, ist vielen „militans" nicht sonderlich wichtig. Nicht die argumentative Rede ist ihr bevorzugtes Instrument, sondern die unmittelbare körperliche Handlung, welche durch den Bruch der Gesetze Aufmerksamkeit erzielt: eben geplünderte Läden, brennende Autos, verletzte Polizisten. Es herrscht der Kult des Augenblicks, die Befriedigung der Unmittelbarkeit, der Endorphinausstoß der Tat.[118] In den militanten Aktionen spürt auch ein sonst Ohnmächtiger einen kurzen, aber berauschenden Moment der Macht. So wird der Straßenkampf zum Fest, das Steingeschoss zur Projektion von Omnipotenz. Natürlich rekurriert man gerne auf das uralte Symbol des Feuers, das Licht in die Dunkelheit einer verabscheuten Gegenwart bringen soll, jegliche Privilegien in Asche verwandeln soll. Für einen Moment kann man sich dadurch aus dem Immergleichen des Alltags erheben, ist Held der Straße, Star von Straßenschlachten. Eine programmatische Begründung für den Aufstand liefern die Handelnden kaum. Auf mögliche Bündnispartner wird

---

118 Vgl. auch Dubet, François, Die Logik der Jugendgewalt, in: von Trotha, Trutz (Hrsg.), Soziologie der Gewalt, Sonderheft 37 der Kölner Zeitschrift für Soziologie und Sozialpsychologie (1997), S. 220–234.

nicht geachtet oder gar Rücksicht genommen. Sprecher mit Autorität nach außen fehlen offenkundig ebenso. So flackert der Aufruhr jäh auf, erreicht einen kurzen martialischen Höhepunkt – und fällt in sich zusammen. Ernsthaft bedroht sind die verhassten Herrschaftsverhältnisse dadurch nicht. Und auch das gilt: Proteste dieser Art waren und sind keineswegs „aufklärungsfreundlich, modern, zukunftsoffen, verbal-deliberativ, demokratisch oder primär an zivilgesellschaftlichen Normen ausgerichtet. Oft verkörperten sie in Mentalität und Praxis eher Gegenteiliges"; gewissermaßen „the ugly side of collective action".[119]

Doch sind die meisten Proteste in den (europäischen) Metropolen nicht gewalttätig, nicht "ugly". Die Kontexte und Voraussetzungen solcher Manifestationen haben sich zuletzt verändert. Denn die große und glückliche Phase des berechenbaren, pazifizierten Konflikts zwischen hochformalisierten Großvereinigungen im industriellen Kapitalismus geht allmählich vorbei. Die verknüpfenden und abfedernden Puffer sind rarer geworden.[120] Der unregulierte Konflikt aber lädt Streit schnell essentialistisch auf.[121] Auch das mag die Schwelle sinken lassen, könnte Frustrationen in

---

119 Vgl. Gailus, Manfred, Was macht eigentlich die historische Protestforschung?, in: Mitteilungsblatt für soziale Bewegungen, 34 (2005), S. 124–154, hier: S. 139, S. 152.

120 Zu deren Bedeutung siehe Zimmermann, Ekkart, Rechtsextremismus und Fremdenfeindlichkeit in Deutschland: Entwicklungen und theoretische Erklärungsdefizite, in: Deutschland-Archiv, Jg. 35 (2002), Heft 3, S. 385–400, hier: S. 397.

121 Vgl. Eckert, Roland, Deprivation, Kultur oder Konflikt, in: Leviathan, Jg. 22 (2005), Heft 1, S. 124–133.

Enthemmungen und Militanz entladen. Die Barrikaden und Feuertänze in den europäischen (Vor-)Städten der letzten Jahre geben einen Vorgeschmack darauf, dass in der Strukturlosigkeit der organisationsfreien Lebensräume – dann als „sinnlos" gewertete – Gewalt eruptiv ausbrechen kann, besonders in solchen Gesellschaften, in denen die jungen Erwachsenenkohorten dominieren und Aufwärtsmobilitäten durch massenhafte innergenerationelle Konkurrenz in fiskalisch schwierigen Zeiten fraglich sind. Das ist dann keine Sache mehr allein des gering gebildeten, schlecht qualifizierten, gleichsam von Geburt an bereits unterschichtigen Vorstadtproletariats, das breitet sich in die gesellschaftlichen Zentren hinein aus, wie es sich bereits in den letzten Jahren bei den Kundgebungen in Athen, Rom, Madrid, auch in der Opposition in den arabischen Autokratien, in Ansätzen ebenfalls in der Türkei und in Brasilien, Anfang 2017 in Bukarest beobachten ließ. Die Teilnehmer dort zählten nicht zur Gruppe der Abgehängten, zur Klasse der Bildungsarmen. Im Gegenteil: In den neuen Protestbewegungen dominieren junge Leute mit Abitur und Hochschulausbildung, für die allerdings der Einstieg in eine sichere, materiell attraktive Berufslaufbahn versperrt ist[122] – was nicht unbedingt die gesellschaftlichen Verhältnisse in Deutschland beschreibt.

Schauen wir daher nach Frankreich. Dort konstatierte die Jugendpsychologin Cécile Van de Velde in einer Studie, dass der jugendliche Blick auf die Zukunft des

---

122 Vgl. Kraushaar, Wolfgang, Der Aufstand der Ausgebildeten. Vom arabischen Frühling zur Occupy-Bewegung, Hamburg 2012.

eigenen Alterssegments äußerst pessimistisch ausfalle. Diese Kohorte definierte sich selbst als Generation „sacrifiée" bzw. „perdue", mithin als geopfert/aufgegeben bzw. verloren. Allerdings identifizierte die Jugendpsychologin ein enormes Potenzial für eine künftige Revolte: „Die jungen Leute sind nicht resigniert. Es existiert eine latente Energie, so wie 1968." Ja, so ihre Prognose: „Es reicht ein Funken aus ..." Doch zugleich goss sie einen ordentlichen Schuss Wasser in den Wein jugendbewegter Hoffnungen auf ein neues 1968. Die Rebellion könnte ebenso gut von einer ganz anderen Seite kommen, von den eigentlichen Hauptverlierern der Globalisierung, jenen „unsichtbaren jungen Leuten, deren Leben sich in einer Sackgasse befindet", die keineswegs linkslibertäre Ziele verfolgen, sondern sich im Gegenteil von autoritären Einstellungen leiten lassen – „eine echte Zeitbombe", wie die Autorin es ebenso besorgt wie drastisch formuliert.[123]

Gleichviel aber, wie unterschiedlich die Motive im Jugendprotest auch sein mögen, zusammen führen der antiparlamentarische und antiinstitutionelle Unmut zu Synergien, welche die Stimmung von grundlegender

---

[123] Vgl. Krémer, Pascale, Frustrée, la jeunesse française rêve d'en découdre, in: Le Monde, 25.02.2014 (hier auch die Zitate von Cécile Van de Velde und Camille Peugny); online einsehbar unter: https://www.lemonde.fr/emploi/article/2014/02/25/frustree-la-jeunesse-francaise-reve-d-en-decoudre_4372879_1698637.html [zuletzt abgerufen am 15.06.2018]. Dies., Les coulisses du succès de l'opération ‚Génération quoi?', in: Le Monde, 25.02.2014, online einsehbar unter: https://www.lemonde.fr/emploi/article/2014/02/25/les-coulisses-du-succes-de-l-operation-generation-quoi_4372885_1698637.html [zuletzt abgerufen am 15.06.2018].

Ablehnung des Systems verstärken, gewissermaßen eine generelle Reserve und Radikalität erzeugen.[124]

Im März 2016 gingen in Frankreich insbesondere Schüler und Studenten gegen die Reform des Arbeitsrechts, durch welche unter anderem Entlassungen leichter möglich sein sollten und die daher von den jugendlichen Gegnern als „loi précarité"[125] gebrandmarkt wurde, auf die Straße. In Paris arteten die Proteste zu regelrechten Straßenschlachten der Demonstranten gegen Polizeikräfte aus. Ein Hauch von 1968 lag über der französischen Kapitale, aber auch über anderen Städten des Landes. Die Fenster von Bankfilialen wurden zerstört, Polizeifahrzeuge umgeworfen, Barrikaden vor Oberschulen errichtet, um den Unterricht lahmzulegen.[126] Folgt man der Soziologieprofessorin Dominique Méda, dann entzündete sich die Revolte weniger an den Einzelheiten des „loi travail", sondern sie entsprang vielmehr der generellen „Enttäuschung angesichts der nicht gehaltenen Verspre-

---

124 Vgl. Muxel, Anne, Une protestation antisystème, in: Le Monde, 27.11.2014, online einsehbar unter: https://www.lemonde.fr/idees/article/2014/11/27/une-protestation-antisysteme_4530018_3232.html, [zuletzt abgerufen am 15.06.2018].

125 Zit. nach de Tricornot, Adrien, Cours alternatifs et débats à Paris-VIII, in: Le Monde, 05.04.2016.

126 Siehe hierzu ausführlich Battaglia, Mattea/Floc'h, Benoît, Etudiants et lycéens se mobilisent contre le projet de loi travail, in: Le Monde, 02.03.2016, online einsehbar unter: https://www.lemonde.fr/societe/article/2016/03/02/la-jeunesse-organise-la-riposte-contre-le-projet-de-reforme-du-droit-du-travail_4874754_3224.html [zuletzt abgerufen am 15.06.2018]; de Tricornot, Adrien, „Loi travail": les étudiants font mon-ter la pression, in: Le Monde, 12./13.03.2016, online einsehbar unter: https://www.lemonde.fr/societe/article/2016/03/12/loi-travail-les-etudiants-font-monter-la-pression_4881685_3224.html [zuletzt abgerufen am 15.06.2018].

chen von François Hollande.[127] Aus den Demonstrationen entwickelte sich am 31. März 2016 die sogenannte „Nuit Debout"-Bewegung.[128] Einige hundert junge Franzosen trafen sich als „Nachtschwärmer" am Platz der Republik, um dort auch längerfristig ausharren zu wollen. Danach erstreckte sich die Idee für einige Wochen ebenfalls auf andere Städte; in den Banlieus allerdings blieb sie ohne Resonanz.[129] Teresa Nentwig führt das relativ schnelle Ende von Nuit debout unter anderem darauf zurück, „dass es der Bewegung nicht gelungen ist, sich vom Stadtzentrum auf die Problemvororte von Paris – und dort insbesondere auf die jungen Leute – auszudehnen. Zwar gab es unterschiedliche Versuche, die dortigen Bewohnerinnen und Bewohner anzusprechen, aber Nuit debout stieß vor allem auf die seit dreißig Jahren bestehende Schwierigkeit, eine Bewegung der Banlieues zu organisieren, und adäquat auf die sozialen, moralischen und politischen Sorgen der dort lebenden Menschen zu antworten. Gerade weil Nuit debout keine Forderungen formulierte, fühlten sich die *banlieusards* nicht angesprochen. Letztlich blieben die

---

127 Vgl. Méda, Dominique, L'absence d'espoir déchaîne la colère sociale en France, in: Le Monde, 29./39.05.2016, online einsehbar: unter https://www.lemonde.fr/idees/article/2016/05/25/face-au-desespoir-et-la-contestation-la-gauche-doit-se-ressaisir-et-developper-une-alternative-credible_4926216_3232.html [zuletzt abgerufen am 15.06.2018].

128 Vgl. Besse Desmoulières, Raphaëlle, Nuit debout, histoire d'un ovni politique, in: Le Monde, 07.04.2016, online einsehbar unter: https://www.lemonde.fr/politique/article/2016/04/06/nuit-debout-histoire-d-un-ovni-politique_4896808_823448.html, [zuletzt abgerufen am 15.06.2018].

129 Vgl. Camus, Elvire/Zappi, Sylvia, Les Nuits debout restent balbutiantes en banlieues, in: Le Monde, 15.04.2016.

besorgten oder deklassierten Mittelschichtsangehörigen sowohl in Paris als auch in den anderen Städten, auf die sich Nuit debout ausweitete, unter sich. Und nicht zuletzt hatte auch das regnerische und kalte Wetter seinen Anteil daran, dass immer weniger Menschen auf den Platz der Republik kamen."[130]

Vieles erinnerte an die Occupy-Bewegung[131] bzw. die spanischen Indignados. Konsense im freien, offenen Diskurs, nicht präzise programmatische Ziele und Forderungen waren wichtig. Führungsfiguren und öffentlich herausgestellte Sprecher wurden abgelehnt. Alle Teilnehmer einte ein tiefes Misstrauen gegen die „politische Kaste" insgesamt, gegen das etablierte System im Land. Vor weiteren Strukturen oder gar Institutionalisierungen innerhalb der Bewegung schreckte man zurück, da man Demokratie ganz anders leben wollte als die bisher bekannten politischen oder gewerkschaftlichen Formationen. Nach einiger Zeit indes versiegten die Energien dafür und das mediale Interesse daran. „Es ist nicht viel geblieben von der Bewegung, die am 31. März auf dem Platz der Republik in Paris entstanden ist", so *Le Monde* am 9. Juli 2016. Die Vollversammlungen fanden nicht mehr statt, auch die Neugierigen, die einfach mal vorbeischauen wollten, tauchten nicht mehr auf, so die Beobachtung der beiden Journalistinnen. Nuit debout hatte sich zwar in einige Städte außerhalb von Paris ausgebreitet, aber es war der

---

130 Vgl. Nentwig, Teresa, Vom Hype in die Bedeutungslosigkeit, in: Indes. Zeitschrift für Politik und Gesellschaft 4 (2017), S. 92–99, hier: S. 98.

131 Zu Occupy vgl. Geiges, Lars, Occupy in Deutschland. Die Protestbewegung und ihre Akteure, Bielefeld 2014.

Bewegung nicht gelungen, in die Vororte zu dringen und das „Unter-sich" zu verlassen.[132]

Dennoch mag die Politologin Catherine Vincent von der Universität Rennes nicht pauschal von einem Scheitern sprechen: Es gebe „weder einen Misserfolg noch ein Verschwinden der Bewegung, sondern eine Umwandlung des Sinnes, den diese Bürger ihrem Handeln geben wollten". Den Protestierenden sei es gelungen, „eine kollaborative Mobilisierungsplattform" zu begründen [...]. Sie sind die Katalysatoren eines sozialen Handelns geworden, das in der Lage ist, in jedem Moment einsatzbereit zu sein." Dieser Effekt wird in *Le Monde* als „Rhizom-Engagement" bezeichnet: Nach Art dieses unter der Erde oder dicht über dem Boden wachsenden Sprosses sei die Bewegung wohl nicht durchweg sichtbar, tauche aber punktuell, je nach politischer Gelegenheit wieder auf. „Man bekommt zu hören, dass Nuit debout ein Misserfolg ist, weil es keine dauerhafte Organisation hervorgebracht hat. Aber diese Argumentation, die in der Politikwissenschaft sehr verbreitet ist, stützt sich auf einen binären Modus [...]. Sie gründet auf der Idee, dass man entweder institutionelle Politik macht (als Mitglied oder als Berufspolitiker) oder, protestierend, am Rande des politischen Spiels bleibt, und dann ist man dazu bestimmt, parzelliert, fragmentarisch zu bleiben." Doch bei Nuit debout sei wie auch bei anderen Engagementsformen, „das Erscheinen eines schlecht identifizierbaren politischen

---

132 Vgl. Desmoulières, Raphaëlle Besse/Morin, Violaine, Trêve générale à Nuit debout, in: Le Monde, 08.07.2016, online einsehbar unter: https://www.lemonde.fr/politique/article/2016/07/08/treve-generale-a-nuit-debout_4965985_823448.html [zuletzt abgerufen am 15.06.2018].

Objekts [erkennbar], dessen Natur es eben gerade ist, fragmentarisch" aufzutreten.[133]

Aber reicht das wirklich? Eine zielstrebig handelnde Assoziation für sich, die über gemeinsame Erfahrungen, übergreifende Interessen und Identitäten verfügt, steht offensichtlich nicht bereit. Der Vorrat an „Post"-Konzepten für die gewünschte Zeit nach dem Kapitalismus war und ist im linken Lager nicht gerade üppig gefüllt. Denn was dann? Gegenbewegungen sind auf Konferenzen, Kundgebungen, in Zeltdörfern präsent. Doch dort simuliert man mehr eine Gegen-Wirklichkeit. Um es zweifellos sehr pessimistisch zu formulieren: Intellektuell, organisatorisch, personell sind all diese Bewegungen auf den Ausgangspunkt dezidiert antikapitalistischer Strömungen irgendwo und irgendwann in den 1840er Jahren zurückgeworfen.

---

[133] Vincent, Catherine, Un an après, nuit (toujours) debout? in: Idées. Le Monde, 30.03.2017, online einsehbar unter: https://www.lemonde.fr/idees/article/2017/03/30/toujours-debout_5103350_3232.html [zuletzt abgerufen am 15.06.2018].

5.
Ende der politischen Erzählungen?

Harte Realpolitiker pflegen genervt die Augen zu verdrehen, wenn in einer innerparteilichen Debatte das Postulat ertönt, man brauche nun doch wieder eine „neue politische Erzählung". „Große Erzählungen" – das klingt nach dem fatalen ideologischen Zeitalter der 1870er bis 1940er Jahre, nach Holismus und utopischer Pläneschmiederei. In der Hyperkomplexität des 21. Jahrhunderts aber wird man, so der professionelle Einwand, schwerlich das Alltagsmanagement der Politik an prätentiösen Langzeitvisionen ausrichten können.

Daher ist die Formel von der „großen Erzählung" nicht mehr ganz so flott im Umlauf wie noch vor einigen Jahren. Allerdings bleibt die Frage, ob „große Erzählungen" einzig als kühne Zukunftsversprechen für kollektive Bewegungen oder Formationen zu begreifen sind. Erinnern wir uns kurz an die Überlegungen der Sprachwissenschaftler George Lakoff und Elisabeth Wehling, die vor einigen Jahren die Politstrategen hierzulande mit folgender Überlegung geradezu elektrisiert hatten: Im Lernprozess der Menschen bildeten sich neuronale Verschaltungen, in denen sich Erfahrungen unterschiedlicher Art verästelten und so etwas wie einen Deutungsfilter konstituierten, von dem aus wiederum alle weiteren Eindrücke geordnet und bewertet werden würden.[134] Deutungsrahmen verfestigten sich auf diese Weise. Die Menschen verfügten so über Narrative und Überzeugungen, die Bildern, Metaphern, Effekten innerhalb von Sekundenbruchteile und durchaus unterbewusst Bedeutungen verschafften.

Um noch eine ganz andere Perspektive zu bemühen: Menschen neigen dazu, die eigene (oder auch fremde) Lebensgeschichte in ein kohärentes Narrativ zu kleiden, ihr so einen Sinn, einen inneren Zusammenhang, einen roten Faden zu geben. Das Leben als Entwicklungsroman. Entstehung, Werden, Kampf, schließlich Erfüllung als innere Einheit eines fortschreitenden Ganges durch die autobiographische Zeit. Auch die großen politischen Bewegungen kreierten sich durchweg solche Narrative. Das Vorbild waren die Geschichten der Missions- und Erlösungsreligionen, auch die Tradition des dramatischen Theaters. Aufgrund der Sündhaftigkeit einiger aus dem Paradies vertrieben, sammelten sich die Berufenen, aber zugleich Geächteten, zogen unter Entbehrungen durch das dürre Land der Verfemung, kämpften sich, da ihnen Sterne und Offenbarungsbotschaft die Richtung wiesen, zum gelobten Land durch.

Die katholische Zentrumspartei hatte im späten 19. und frühen 20. Jahrhundert eine solche Erzählung. Sozialdemokraten verfügten etliche Jahrzehnte lang über ein derartiges Narrativ. Aber sie schrieben das Epos nicht fort, gerieten als rein säkulare Agenturen

---

134 Vgl. Lakoff, George/Wehling, Elisabeth, Auf leisen Sohlen ins Gehirn. Politische Sprache und ihre heimliche Macht, Heidelberg 2008.

purer Gegenwärtigkeiten in Begründungs- und Sinnkrisen. Anders lange bei den Grünen. Ob bewusst oder nicht, jedenfalls: Sie boten Anhängern und Wählern gut drei Jahrzehnte lang eine Geschichte ihrer selbst, die gleichsam nach den biblischen Motiven verlief und mehr und mehr als Geschichte auch der gesamten Republik erzählt wurde. Der Sündenfall: die Atomenergie. Die Propheten, die zur Umkehr aufriefen: Petra Kelly und andere. Die vielen Apostel: Bürgerinitiativen und Bunte Listen. Das Volk, das die Reise durch die Wüste der naturzerstörenden Profitwirtschaft antrat: Die Grünen. Das Kanaan: die Energiewende in einer Gesellschaft des „New Green Deal".

Da man diese Geschichte dreißig Jahre in einer modernen Sprache vortrug, wirkte sie zeitgemäß und stieß auf Resonanz, zumal das Narrativ sich im Laufe der Jahre für zunächst abseitsstehende Gruppen öffnete. Die große Erzählung der Grünen weitete den Resonanzraum in dem Maße, wie ihre Autoren sie zum Roman der Republik schlechthin fortschrieben, was ihnen bis 2013, als sie der pädophile Sündenfall einholte, gelang. Mit den Grünen, mit der Generation der Alternativen und Postmaterialisten änderte sich, so der Tenor, die deutsche Republik, wurde zu dem, was mit der Zeit die meisten Bürger als beglückend empfinden: Ihre Mitte war modern statt spießig; der Adenauer- und Kohl-Mief schien auf immer vertrieben zu sein; individuelle Entfaltung stand höher im Kurs als subalterne Disziplin; kurz: mit den Grünen wurde die deutsche Gesellschaft diskursiver, offener, toleranter, mit einem großen Herz für Minderheiten, mit frischer Neugierde auf fremde Kulturen, mit unverkrampfter Großzügigkeit gegenüber Lebensformen verschiedenster Art. Am Ende hatte man gar die anfänglichen, erbitterten Gegner zumindest halbwegs auf den Pfad der Bekehrung geführt, da auch die Christdemokraten ihr Frauen- und Familienbild neu modellierten, Ganztagsschulen nicht mehr obstruierten, Krippen akzeptierten und – nicht zuletzt – eine geschiedene Frau an der Spitze ihrer Partei und Zentralregierung ertrugen.

Das Narrativ war eingängig, es verknüpfte die Passagen und Stationen, selbst die Umwege des (politischen) Lebens zu einem stimmigen Plan organischer Weiter- und Höherentwicklung. Und es beanspruchte Allgemeingültigkeit. Gegen dieses Narrativ jedenfalls wirkte das über vier Jahrzehnte so zugkräftige Epos der CDU, Partei des christlichen Glaubens, des mittelständischen Fleißes, der Treue zur Heimat und Nation, der lebenslangen Ehe und redlichen Sparsamkeit zu sein, unterdessen wie eine Verfallsbotschaft einer rapide schwindenden Sozialkultur, und stand noch dazu mehr und mehr in Widerspruch zur tatsächlichen Politik der Partei, die das Alte, ohne daran noch zu glauben, von Fall zu Fall weiter propagierte, da sie auf neue Begründungen ihres Tuns nicht zurückzugreifen vermochte. Denn da bestand nur noch ein Vakuum. Und auch die Sozialdemokraten, die gute Teile des Narratives der Grünen fraglos sich selbst hätten gutschreiben und nutzen können, hatten ihre Erzählung irgendwann in den 1970er Jahren ausklingen lassen. Im Banne ihrer alten Legende, Partei der Entrechteten, zumindest der „kleinen Leute" zu sein, gefiel es ihnen nicht, die Resultate und Erfolge ihres Reformismus, den sozialen Aufstieg etwa, als Ergebnis ihrer Emanzipationsanstrengungen zum Thema eines sozialdemokratischen Fortsetzungsromans zu machen. Daher hatte das, was nach der Ära Brandt von ihr politisch getan wurde, immer etwas Verdrucktes, auch etwas Richtungsloses, blieb eine Sache, welche die eigenen Leute nie zufrieden stellte, eher Selbstbezichtigungen, gar ein schlechtes Gewissen vor der ungleich stärker funkelnden Folie der Uraltgeschichten erzeugte.

In den Führungsgarnituren von CDU/CSU und SPD hat sich seit Jahren die Überzeugung festgesetzt, dass die Zeit für große Erzählungen einfach vorbei sei, dass nüchterner Pragmatismus mehr zähle als wolkige Politpoesie. Und gerade die Merkel-CDU hat ihre Nicht-Weltanschaulichkeit explizit herausgekehrt, hat deutlich machen wollen, dass sie den Konservatismus früherer Kerngruppen für überkommenen, weltfremden Ballast hält, den man nur aus taktischen Gründen – noch sind einige davon eben nicht unwichtige Wähler – für einige Jahre „mitnimmt", um dann das Problem final zu „entsorgen".

Die Aporie grüner Erzählungen

Die Gelegenheit, welche die CDU ausließ, hatten also zunächst die Grünen ergriffen. Sie eigneten sich das Narrativ des Fortschritts in der Traditionalität an, präsentierten sich als reflexiv konservative Wahrer von Natur und Gattung. Sie bekannten sich zu einem „klugen Konservatismus, der eben kein naiver Fortschrittsglaube" sei, sondern „wertgebundenes Gestalten" bedeute. Es komme darauf an, so noch jüngst ihr Ministerpräsident in Baden-Württemberg, Winfried Kretschmann, „das an Grundsätzen und Haltungen zu bewahren, was die zivilisierte Menschheit schon immer für richtig gehalten hat."[135] Und so sammelten sie besonders erfolgreich zu Beginn der 2010er Jahre Menschen aus der überlieferten Bürgerlichkeit, gliederten sie in ihre Selbstbeschreibung ein. Hierin zeigt sich die Kraft politisch-historischer Erzählungen. Allerdings bergen all diese Erzählungen für im Wesentlichen auf Machterwerb und Wählerzuwachs ausgerichtete Parteien eine Achillesferse. Erzählungen solcher Art, die das Publikum beeindrucken und fesseln sollen, brauchen das leuchtende unbefleckte Gute, benötigen den reinen Mythos und verlangen nach Orten, die gleichsam heiliger Boden, das Feld erfolgreicher Schlachten, erbitterten Ringens gegen das Böse waren und fortlaufend so erinnert werden. Auch die grünen Erzählungen funktionierten so. Die tapferen Bürger von Wyhl, die mutigen Bauern im Wendland, schließlich die empörten Winzer an der Mosel, die sich zäh gegen eine umstrittene Hochbrücke wehrten. Ist aber erst einmal ein solcher Mythos beschädigt, dann ist er kaum mehr zu reparieren, nicht mehr als Element einer Heldengeschichte weiter zu vermitteln. Und wenn die Autoren des Mythos sich selbst an ihm durch Verrat vergreifen, dann kann die Liebe der Anhänger und Adressaten gar in Hass umschlagen. Dergleichen konnte man an der Mosel gut beobachten. Auch im Wendland

---

135 Vgl. Kretschmann, Winfried, Pfüat di Gott, Auerhahn? Für eine Politik des Bewahrens und Gestaltens, in: Frankfurter Allgemeine Zeitung, 27.03.2018, online einsehbar unter: https://www.baden-wuerttemberg.de/de/service/alle-meldungen/meldung/pid/pfueat-di-gott-auerhahn-fuer-eine-politik-des-bewahrens-und-gestaltens/ [zuletzt abgerufen am 15.06.2018].

fiel die Enttäuschung über die Parlamentarier der grünen Partei groß aus, als diese den schwarz-gelben Ausstiegsterminen zustimmten. Schließlich schmollten die guten Krieger des Mythos, die Aktivisten von „Robin Wood", „BUND", „Greenpeace" immer mal wieder. Und die eher laxen Anhänger können der alten Geschichten, wenn sie das Flair verlieren, überdrüssig werden. Die gewaltige grüne Hausse im Frühjahr 2011 etwa hatte, wie sich rasch herausstellte, keine festen Fundamente. Was die Öko-Formation damals demoskopisch nach oben getragen hatte, waren die politisch dezidiert volatilen Teile der Bevölkerung. Im Oktober 2010 hatten die Grünen in den Umfragen der demoskopischen Institute bei 25 Prozent gelegen, Mitte März 2011 war dieser Anteil auf 15 Prozent zusammengeschmolzen, Anfang April dann auf 28 Prozent wieder hochgeschnellt. Einige Monate später pendelten sich die Werte dann bei rund 13 Prozent ein. Auf eine vergleichbar hohe Volatilitätsrate kamen währenddessen nicht einmal die für solcherlei Schwankungen chronisch anfälligen, rasant aufsteigenden und ebenso schnell abstürzenden Freien Demokraten.

Und ganz schwierig wird es, wenn plötzlich Lasten und Schatten der eigenen Historie sichtbar werden. Dann stellen neue Generationen Fragen zu den dunklen Seiten der Geschichte, die dann nach Jahren des kollektiven Beschweigens von denen, die ursprünglich Zeitzeugen waren, kaum noch beantwortet werden können. Die Erinnerungen sind weg oder verdrängt, wie man im Bundestagswahljahr 2013 bei den Grünen trefflich beobachten konnte.[136]

---

136 Vgl. hierzu Walter, Franz/Klecha, Stephan/Hensel, Alexander,

Sie hatten sich stets allein mit den angenehmen Fortschrittlichkeiten der bundesdeutschen Republik nach 1968 identifiziert, mit dem Wandel der Werte, mit dem Abschied von konfessionellen und konservativen Normen, mit den individuellen Emanzipationsschüben. Mehr noch: Die Grünen schrieben sich selbst die Rolle des Motors der gesellschaftlichen Enttraditionalisierungen und kulturellen Reformen zu. Doch auch diese Deregulierung zeigte ihre Ambivalenzen. Die lustvollen Tabubrüche von 1968, die Fortschrittsfixierung der Rebellen, die libertären Plakatslogans von der grenzenlosen Freiheit des aller Bindungen entledigtem Individuums – das alles ließ sich bestens auf den Märkten nutzen und verwerten. Der kulturell auf diese Weise vitalisierte, mit libertärer Entschiedenheit deregulierte Kapitalismus florierte besser, da nun farbiger und insofern attraktiver als je zuvor. Die Märkte absorbieren und kommerzialisieren, was sich in Protestszenen in Kleidung, Musik und sonstigen Accessoires neu manifestierte.

Die Grünen sammelten dann in den frühen 1980er Jahren ein, was zuvor heterogen entstanden war; die Partei kam erst am *Ende* des Prozesses; gesellschaftlich fing – anders als im politischen System – mit ihr nichts Neues an. Was immer im libertären Teil einer neuen Generation im bundesdeutschen Bildungsbürgertum seit Mitte der 1960er Jahre an Experimenten, Mentalitäten und Moden herumvagabundiert war – jetzt bündelte es sich in der Partei der Grünen, ob nun überspannte und fixe Ideen oder originelle und ernsthafte Zusammenschlüsse. Sie ließen zunächst

---

Die Grünen und die Pädosexualität. Eine bundesdeutsche Geschichte, Göttingen 2014.

vieles nebeneinander laufen, was zur programmatischen Klarheit währenddessen natürlich nicht beitrug. Die Grünen ließen in ihrer Aufbauphase all den autonomen Initiativen ihre je besondere programmatische Position und gaben ihnen ein gemeinsames Dach. Nur so konnten sie in ihrer Entstehungszeit bei Wahlen die Fünf-Prozent-Hürde erfolgreich meistern. Doch gewährten sie Minderheiten nicht allein aus taktischen Gründen ihren Sonderstatus, sondern sie sahen in einem solch eigenen Raum den neuen Ort repressionsfreier Basisbeteiligung. Eben das bot Minoritäten in der Gründerzeit der grünen Partei die Chance, sich auf Veranstaltungen der Partei unangemessen viel Geltung zu verschaffen. Das wurde zum zwischenzeitlichen Resonanzboden der pädophilen Konventikel innerhalb der grünen Partei. Und bleibt eine Verantwortung dafür, dass die Grünen als Bundestagspartei der Pädophilie zwischenzeitlich überhaupt Gelegenheit zur Artikulation und Organisation ihres Tuns eingeräumt und dadurch Gewicht, ja Legitimation verliehen haben. Die Ideologen der Pädophilie hatten bei den Grünen in der ersten Hälfte der 1980er Jahre frei verfügbare Nischen gefunden und als Ausgangsort für ihre innerparteilichen Interventionen nutzen und somit programmatische Teilerfolge erzielen können. Bedrückend schließlich war, dass die Grünen 2013 zu dieser Historie ihre Stimme verloren. Die sonst als Dauerredner, Kommunikatoren, Diskursprediger bekannten Propagandisten einer anderen, glaubwürdigeren politischen Kultur verstummten, da sie erklären sollten, überzeugen mussten. Sie schwiegen, als man – nicht zuletzt die Jüngeren im eigenen Lager – Begründungen für das Vergangene hören wollte. Bei den

Bundestagswahlen im Herbst 2013 ging es dann zurück, auf 8,4 Prozent, weit von den 25 Prozent aus den Erhebungen drei Jahre zuvor entfernt.

Kurzum: Erzählungen strukturieren, sie stiften Sinn, verleihen Zuversicht und Selbstbewusstsein, haben das Zeug zur langen Tradierung und Verstetigung von sozialen Bewegungen und politischen Organisationen. Aber wirkt das Narrativ nicht mehr, kompromittiert es sich gar, dann kann sich die Enttäuschung mit Vehemenz gegen seine ursprünglichen Autoren richten.

Utopie der Leistungsgerechtigkeit

Überhaupt: Utopien sind out, so heißt es weithin. Doch *eine* Utopie hält sich seit Jahren: Die Leitvorstellung von der Leistungsgerechtigkeit. Das war gewiss auch in der klassischen Arbeiterbewegung ein wichtiges Alltagsmotiv derjenigen, die in der abhängigen Erwerbsarbeit einer verkrusteten Klassengesellschaft standen, aber nach anderen Verhältnissen strebten, in der nicht mehr die Geburtsprivilegien von Adel oder Besitz- und Bildungsbürgertum den Ausschlag für gesellschaftliche Positionen geben würden. Die Leistungsgerechtigkeit tauchte allerdings nicht in den programmatischen Dokumenten des traditionellen Sozialismus auf, da es seinerzeit doch bei den einen um die ‚Diktatur des Proletariats', bei den anderen um die politische Herrschaft, später um den demokratisch anzustrebenden dominanten Einfluss der Arbeiterklasse oder des Volkes im republikanisch-parlamentarischen Staat ging. Im sozialreformistischen Teil der europäischen Linken geriet das Postulat von der Leistungs- und

Chancengesellschaft nach 1945 indes mehr und mehr ins Zentrum des Paradigmas der „sozialen Gerechtigkeit".

In einer solchen sozial gerechten Gesellschaft soll allein die Leistung zählen, die der Einzelne nachweislich erbringt, nicht Nobilitierungen der Vorfahren, nicht materielle Fülle der Herkunft, auch kein göttlicher Plan. In der gerechten Chancen- und Leistungs-Gesellschaft, so das Credo, beziehen diejenigen ein hohes Einkommen, die es durch ungewöhnlichen Fleiß und überdurchschnittliche Kompetenz auch verdient haben. Hier verfügen lediglich solche Staatsbürger über herausragenden Rang, die durch vorzügliche Leistungen sich herauszuheben imstande waren. Aber auch wer es zunächst nicht ganz nach oben schaffen kann, soll in diesem System dennoch prinzipiell über die Möglichkeit verfügen, seine Situation zu verbessern, voranzukommen – wenn er sich mehr anstrengt als andere in seiner Lage. Das Individuum, das sich nicht mit seinem bescheidenen Los begnügt, sondern durch die Ambition auf Aufstieg ein ordentliches Stück mehr als der Rest lernt, arbeitet, sich weiterbildet, die Freizeit für Sprach- und Digitalkurse nutzt, statt träge in der Sonne zu liegen, dieses Individuum aus Strebsamkeit und Disziplin ist die Sozial- und Leitfigur der sozial gerechten Chancen- und Leistungsgesellschaft schlechthin.[137]

„Bildung entscheidet", lautet daher das Motto. „Bildungsgerechtigkeit", heißt es auch im aktuellen Wahlprogramm

---

137 Vgl. Hartfiel, Günter, Einleitung von ders., Das Leistungsprinzip, Merkmale-Bedingungen-Probleme, Opladen 1977, S. 7–48, hier: S. 30 ff.

der LINKEN, müsse „für alle Kinder und Jugendlichen" hergestellt werden. Das geltende Grundsatzprogramm der SPD, beschlossen auf dem Hamburger Bundesparteitag 2007, ist ebenfalls in diesem Geist formuliert. Bildung, heißt es dort, eröffne „soziale Aufstiegsperspektiven. Sie ist eine wirtschaftliche Produktivkraft von schnell wachsender Bedeutung.[138]" Was über Bildung dann vom einzelnen als Leistung realisiert werde, „muss anerkannt und respektiert werden. Gerecht ist eine der Leistung angemessene Verteilung von Einkommen und Vermögen.[139]"

Niemand hat sich mit diesem Grundkonzept der Sozialdemokratie früher und schärfer auseinandergesetzt als der britische Soziologe Michael Young, 1945 ein programmatischer Kopf der englischen Labour Party. Er tat dies in einem lakonisch-ironisch verfassten Utopia-Buch mit dem Titel „Rise of the Meritocracy".[140] Das Buch erschien im Jahr 1958 – und es wurde hierzulande eher ignoriert, ist heute vergessen. Aber es bleibt ebenso lehrreich wie in seiner Warnung vor fatalen Ambivalenzen des Projekts aktuell.

---

138 Vgl. Hamburger Programm, das Grundsatzprogramm der SPD, 2007, online einsehbar unter: https://archive.org/stream/DasHamburgerProgramm/Hamburger_Programm_final_djvu.txt [zuletzt abgerufen am 19.06.2018].

139 Vgl. Grundwertekommission, Grundwerte, online einsehbar unter: https://grundwertekommission.spd.de/grundwerte/ [zuletzt abgerufen am 19.06.2018].

140 Vgl. Young, Michael, The rise of the Meritocracy, London 1958. Die folgenden Zitate sind der deutschsprachigen Fassung entnommen: ders., Es lebe die Ungleichheit. Auf dem Wege zur Meritokratie, Düsseldorf 1961.

Utopie der Leistungsgerechtigkeit

Young beschreibt die Entwicklung zur kompletten Chancengesellschaft vom fiktiven Endpunkt des Jahres 2034 her. Sein Ausgangsort ist die alte Gesellschaft ungleicher sozialer und kultureller Chancen, in der Rang und Macht durch Herkommen, statt durch Intelligenz und Leistung bestimmt sind. Das wird von Politikern der sozialdemokratischen Partei nicht nur als ungerecht gegeißelt, sondern auch als Vergeudung von Bildungsressourcen, als Nachteil in der wirtschaftlichen Konkurrenzsituation mit anderen Nationen kritisiert.

Die Begabten der Arbeiterklasse eignen sich das Begehren der Sozialisten zum großen Aufstiegsprojekt an, bedienen sich dabei auch der Empörungsenergien ihrer weit weniger bildungsbefähigten Klassengenossen aus der unteren Schicht. Der Kampf hat Erfolg – und die aufgestiegenen Tüchtigen der Underclass werden zu entschiedenen Verteidigern der etablierten Ordnung, die nun durch objektive Leistungsparameter charakterisiert ist.

„Damit hörte der Sozialismus auf, Schrittmacher zu sein und wurde zum Bremsklotz. Seine Mission hatte er erfüllt, als zunächst das Bildungs- und Erziehungswesen und dann die Industrie derart reorganisiert waren, dass fast alle tüchtigen Köpfe der Nation in den Oberklassen konzentriert waren. Die Labour-Partei konnte nicht länger die Kraft bleiben, die sie bisher gewesen war, sobald die einst unter ihrem Banner marschierenden Klassen die Intelligenz in ihren Reihen eingebüßt hatten. Das Ansehen der Partei im Lande musste zwangsläufig hierunter leiden."[141]

---

141 Vgl. Young, Michael, Es lebe die Ungleichheit. Auf dem Wege zur Meritokratie, Düsseldorf 1961, S. 108.

Intelligenz und Anstrengung werden regelmäßig öffentlich überprüft und in einer „nationalen Intelligenzkarte" festgehalten. Familiäre Prägungen werden – da ungerecht – konsequent zurückgedrängt. Es gilt allein das Leistungsgebot.

Die zurückgelassenen Unterschichten stehen fortan allein, ohne ihre frühere Führungsintelligenz. Sie sind in der neu begründeten Formation gleichsam die Trottel der Leistungsgesellschaft.

„Zum ersten Mal in der menschlichen Geschichte hatte das unterwertige Individuum keine Möglichkeit, für seine Verhältnisse jemand anders verantwortlich zu machen."[142]

Da die neue Gesellschaft aber von ihrer ganzen Logik her Nutzlosigkeit nicht dulden darf, haben sich die niederen Schichten in privatfamiliäre Dienstleistungscorps einzugliedern, um durch Serviceleistungen den erfolgreichen, rund um die Uhr produktiven Chancennutzern zu Diensten zu sein – ja: sein zu müssen.

„Nach langem Kampf hat die Gesellschaft endlich die Konsequenz gezogen: Die geistig Hervorragenden sind zur Spitze aufgestiegen, die geistig Unterdurchschnittlichen bilden nun den Bodensatz. Beide tragen Kleider, die zu ihnen passen."[143]

Auch den Älteren wird nicht mehr, wie zuvor, der vorzeitige Ruhestand gegönnt. Trotz verminderter Leistungsfähigkeit haben sie fortgesetzt zu arbeiten, wenngleich

---

142 Vgl. ebd., S. 146.
143 Vgl. ebd., S. 158.

lediglich in anspruchslosen, routinierten Jobs. Leistung und Anpassung wird zum Maßstab schlechthin in der streng oligarchisierten Ordnung der chancengleichen Leistungsgesellschaft. Die Kluft zwischen den Klassen wächst; das Prinzip der Gleichheit beschränkt sich allein auf den gleichförmigen Status gleich intelligenter Menschen, weshalb Demokratie keinen Sinn mehr macht und folgerichtig abgeschafft wird. Und zu schlechter Letzt streben auch die Aufsteiger der neuen sozialen Elite danach, die Erblichkeit ihres hart erkämpften Vorrangs wiedereinzuführen, um die eigenen Kinder vor dem vehementen Konkurrenzdruck zu schützen.

„Die Kinder von leitenden Gewerkschaftern, Labour Ministern und anderen hervorragenden Männern des Arbeiterstandes wurden selbst nicht mehr Handarbeiter. Sie besuchten das Gymnasium und die Universität und bereiteten sich auf Stellungen im Handel und den freien Berufen vor. Eine ganze Anzahl von ihnen besuchte sogar eine Publik School. Die Kinder der Labour Führer waren geradezu die Vorboten der kommenden Entwicklung."[144]

In der Bundesrepublik und ihrer Sozialdemokratie vollzog sich die erste Phase des Prozesses, von den späten 1960igern bis zum Ausgang der 1970er Jahre ähnlich, wie Young es als Präludium seines Entwicklungsromans vorgezeichnet hatte. Mit der sozialdemokratischen Bildungsreform stiegen die Kinder der ehrgeizigen Facharbeiterfamilien über Bildung auf – und entfernten sich dann peu à peu aus den früheren Lebens- und Solidargemeinschaften. Die traditionelle

---

144 Vgl. ebd., S. 195.

Anhängerschaft des Sozialismus spaltete sich im weiteren Prozess, auf der einen Seite in die Zurückgebliebenen der manuellen Berufe und auf der anderen Seite in die Nutznießer des chancengesellschaftlichen Angebots, die über Abitur und Hochschulabschluss die Aufstiegsgelegenheiten insbesondere im öffentlichen Dienst zielstrebig ergriffen. Die Aufsteiger aus den linken Industriemilieus wurden bald zu arrivierten „Insidern" der bundesdeutschen Gesellschaft, welche diejenigen, denen es nicht gegeben war, die Gelegenheit der Bildungsreformen beim Schopf zu packen, in den alten, ziemlich hoffnungslosen Strukturen der Fabrikgesellschaft als „Outsider" zurückließen. Die nach oben gekletterten „Insider" – einst die Organisatoren der linken Quartiere – lebten dann nicht mehr in den Arbeitervierteln, sorgten sich nicht mehr um Vereine, Geselligkeiten, Kulturangebote, Wohlfahrtseinrichtungen, deuteten den Anwohnern nicht mehr politisch die gesellschaftlichen Entwicklungen, stifteten in den verbliebenen Lebenswelten der Arbeiterschaft keinen Sinn und keinen Halt mehr. Die Gewinner des ersten chancengesellschaftlichen Schubs durch Bildung waren einfach nicht mehr anwesend.

Bis in die 1970er Jahre hatte die Schicht begabter sozialistischer Funktionäre noch dafür gesorgt, dass sich Arbeiter nicht als Teil einer abgehängten Unterschicht betrachteten, sondern als „Klasse für sich", gar als Avantgarde mit geschichtlicher Mission. Sie hatte Sorge dafür getragen, dass dem Individuum im Kollektiv Aufgaben und Funktionen zukamen, durch die jeder Einzelne Gewicht und Bedeutung für den

Gesamtzusammenhang erlangte. Und sie hatten einen Interpretationshorizont und kulturellen Rahmen gespannt, der auch den gering Qualifizierten in der Arbeiterschaft die Möglichkeit vermittelte, sich zurechtzufinden, sich spirituell geborgen zu fühlen. Jetzt aber, nach der Kettenabwanderung aus den Arbeiterquartieren, verwaisten diese Viertel politisch und kulturell. Die Zurückgebliebenen waren organisatorisch fortan normativ und weltanschaulich heimatlos. Das Restproletariat verlor in der Folge die Erfahrung der Kollektivität. Es individualisierte sich, allerdings negativ, verfiel zunehmend in Resignation und Apathie oder suchte Zuflucht bei den neuen Beheimatungsofferten des rechten Populismus.

Aber natürlich: Man konnte und kann die Gewinner der chancengesellschaftlichen Bildungsexpansion nicht zurück in die sozialen Existenzen und Milieus ihrer Großeltern schicken. Schließlich ist auch die chronisch projektierte „Chancengesellschaft" keineswegs ohne Sinn und Substanz. Mehr noch: Es spricht in der Tat einiges dafür, dass das 21. Jahrhundert von vielen Bürgern als ein Jahrhundert ganz ungewöhnlicher Chancen, Perspektiven, Optionen wahrgenommen und genussvoll ausgelebt wird. Das gilt es fraglos zu verteidigen, auszubauen – und zu verallgemeinern. Denn in den letzten Jahren, seit der Hausse der „New Economy" und des entgrenzten Finanzkapitalismus ist erkennbar, dass gerade die kapitalistischen Leitfiguren vom Leistungsprinzip, das zuvor noch von ihnen gerne rhetorisch hochgehalten wurde, abrücken. Was jetzt dort noch zählt ist allein der Geldbetrag, ganz gleich, ob als Resultat von integrem Fleiß oder als Folge hasardeurhafter Spekulationen. Darauf hat insbesondere der Soziologe Sighard Neckel hingewiesen:

> *„Aller anderslautenden Rhetorik zum Trotz, ist das Leistungsprinzip bei den Führungskräften der Wirtschaft in Wirklichkeit nicht mehr gut gelitten. Wer sich bisweilen auf Seminaren und Tagungen wirtschaftsnaher Verbände aufhält, kann dort erleben, dass Begriffe wie „Leistungsgerechtigkeit" ausdrücklich abgelehnt werden. Wer „Leistung" sagt, so heißt es, wolle nur Forderungen stellen."*[145]

Doch selbst Michael Young hatte 1958 seine Leser nicht ohne jeden Trost aus der Lektüre seiner Negativutopie entlassen. Die Chancengesellschaft bedeutet ihm noch nicht das Ende der Geschichte. Er sah eine Allianz von jungen Frauen mit exzellenter Bildung und älteren Männern des klassischen Sozialismus entstehen, für die nicht allein Aufstieg und Berufserfolg zählte, sondern die universelle Möglichkeit, Interessen und Talente gleich welcher Facon und welcher Intelligenz zu realisieren. Ihr Anliegen war durchaus radikal und soziokulturell weit gespannt. Es ging ihnen um eine grundlegende Transformation des leistungs- und bildungsfixierten Wertesystems. Körperliche Arbeit sollte ebenso wertgeschätzt werden wie die des Hirns. Ein Zimmermann sei nicht weniger wichtig als ein Mineraloge, argumentierten sie, die ihr Anliegen in ein Manifest bündelten:

---

145 Vgl. Neckel, Sighard, Refeudalisierung der Ökonomie. Zum Strukturwandel kapitalistischer Wirtschaft, in: MPIfG Working Paper 10/6, 2010, S.7, online einsehbar unter: http://www.mpifg.de/pu/workpap/wp10-6.pdf [zuletzt abgerufen am 19.06.2018].

Utopie der Leistungsgerechtigkeit

„Die klassenlose Gesellschaft würde sich dadurch charakterisieren, dass sie eine Vielfalt von Werten besäße und auch dementsprechend handelte. Wenn wir die Menschen nicht nur nach ihrer Intelligenz und ihrer Erziehung, ihrer Beschäftigung und ihrem Einfluss einschätzten, sondern auch nach ihrer Freundlichkeit und ihrem Mut, ihrer Fantasie und ihrer Empfindsamkeit, ihrer Sympathie und ihrer Großzügigkeit, dann könnte es keine Klassen geben."[146]

---

146 Vgl. Young, Michael, Es lebe die Ungleichheit. Auf dem Wege zur Meritokratie, Düsseldorf 1961, S. 230 f.

6.
Wissenschaft und Wahrheiten

„Fakt ist…" So begann der frühere Erste Sekretär der Sozialistischen Einheitspartei Deutschland, Erich Honecker, gern und häufig seine Reden. Auf das, was dann kam, brauchte man nicht viel zu geben, musste es vor allem nicht für bare Münzen nehmen. Da auch andere Politiker der ostdeutschen Staatspartei gern „Fakt ist" agitatorisch hinaustrompeteten, mied man in halbwegs sprachsensiblen Kreisen während der 1960/70/80er Jahre den Rückgriff auf den Terminus „Fakt". Der SED-Jargon hatte diesen Begriff gewissermaßen kompromittiert.

Doch ist die DDR seit 28 Jahren Geschichte. Auch Erstsemester im Studium der Politikwissenschaften wissen vielfach nicht mehr, wer denn dieser Honecker überhaupt war. Insofern ist ebenfalls die Erinnerung an den eigenwilligen Gebrauch der Zuschreibung „Fakt" durch die Redenableser aus der Sozialistischen Einheitspartei weithin verblasst. Und infolgedessen ist mittlerweile selbst in bundesdeutschen Wissenschaftskreisen wieder die ganz vorbehaltlose Dignität des „Fakts" zurückgekehrt. Fakten sind objektiv, Ergebnis empirischer Forschungen; sie bedeuten verbindliche Erkenntnis. So klang es weithin ebenfalls auf dem „intellektuell selbstgenügsamen" *March of Science* im

Frühjahr 2017?, auf dem das „simple Credo, dass Fakten für sich sprechen", dominierte, wie es auf der regelmäßig erstaunlich kritischen Seite „Forschung und Lehre" in der *FAZ* hieß.

Daher blieb Unbehagen. Schließlich erinnerte das donnernde Dogma eherner Fakten ein wenig an den ehrerbietigen wie apodiktischen Gebrauch der Vokabel „Wirklichkeit" vor etwa 10 bis 15 Jahren, mit dem damals durchaus einseitig, keineswegs objektiv oder für das allgemeine Wohl gleichermaßen gültige politisch-soziale Fakten hergestellt wurden. „Wirklichkeit" war in den Jahren der geistigen Hegemonie neuliberalen Denkens und Redens eine favorisierte Kampfvokabel, die aber als ganz unschuldig drapierte Beschreibung lediglich dessen herkam, was als real erschien oder in dieser Sicht für jeden vernünftigen Mensch zu sein hatte. Wann immer Ökonomieliberale dieser Fasson den Sozialstaat attackierten, dann operierten sie seinerzeit mit diesem Begriff der „Wirklichkeit". Der Sozialstaat wäre, hieß es, eine entschieden zu teuer gewordene Chimäre bequemer, verwöhnter, risikoängstlicher Menschen. Als nüchterne Realität dagegen reklamierte man die eisige Konkurrenz des Wettbewerbs, die erbarmungslose Herausforderung des globalen Arbeitsmarktes. Nur wenn die Bürger in den modernen kapitalistischen Gesellschaften sich dieser Realität stellten, also länger arbeiteten, weniger verdienten, für Medikamente selber aufkämen und ihre Altersvorsorge durch private Anbieter organisieren ließen, wenn sie ihre Ansprüche gegenüber dem Staat aufzugeben, sich von überlieferten Besitzständen zu lösen bereit wären, dann – und einzig dann – hätte das Land noch eine Chance, in der harten Wirklichkeit der hochmobilen Wissensgesellschaften zu überleben. So lautete das Mantra von unzähligen Forschern – den Hütern des Faktischen – der ökonomischen Wissenschaften.

Insofern war und ist die „Wirklichkeit" ein außerordentlich legitimitätsheischender Begriff für straffe Marktreformer. Denn wer sich auf die „Wirklichkeit" beruft, reklamiert für sich die unleugbaren Fakten, die unstrittige Empirie, ja: Wahrheit. Selber ist man nüchterner Realist, der andere aber – der die „Wirklichkeit" partout nicht sehen will – lebt demgegenüber in einer Welt von Illusionen. Die „Wirklichkeit" und das „Faktische" haben etwas Gebieterisches; sie verlangen folgsame Anerkennung, eröffnen keinen Bedarf für Erörterung. Fakten muss man sich fügen. Sie setzen Gegebenheiten, sie sind alternativlos und dadurch vernünftig, ja: zwingend.

Doch ist „die Wirklichkeit" natürlich eine höchst ambivalente Sache. Die Realität der einen entspricht keineswegs der Realität der anderen. Natürlich leben wir nicht in *einer* sozial und normativ unstrittigen „Realität". Unterschiedliche Menschen mit unterschiedlichen Erfahrungen und unterschiedlichen Lebensgeschichten nehmen Wirklichkeit anders wahr.[147] Wirklichkeit und Fakten werden durch Kommunikation und Normen konstruiert, dann subjektiv interpretiert und durch die Filter handfester Interessen zu einem Machtfaktor gerade in

---

147 Vgl. Strauch, Hans-Joachim, Wie wirklich sehen wir die Wirklichkeit?, Juristenzeitung, 21 (2000), S. 1020 ff.

demokratischen Gesellschaften. Wer die Hegemonie über die Interpretation von „Wirklichkeit" und der „Faktenlage" innehat, besitzt einen Vorsprung in der geistig-politischen Auseinandersetzung.[148] Die Deregulierung von Märkten, die Entstrukturierung von Institutionen, der Verzicht auf Zugriffe des Staates – all das war nie ungebrochen Folge von ökonomischen Handlungszwängen.[149] All dies war Konsequenz von politischer bzw. wirtschaftswissenschaftlicher Deutungsmacht, von Einflüssen und Einflüsterungen gut organisierter und vernetzter Think Tanks.

Am Ende produzierte das (mindestens) zwei Wirklichkeiten in den vermarkteten Gesellschaften. Und natürlich hatte die erste, die neuliberale „Wirklichkeit", die zweite, eine sozial beschädigte „Wirklichkeit", mit geformt. Die Antisozialstaatlichkeit der marktzentrierten Wirklichkeitsinterpreten hat nach zwei Jahrzehnten der Deutungshoheit nicht nur zu einer wünschenswerten Verflüssigung von verknöcherten Strukturen und zu einem löblichen Anstieg selbstverantwortlicher Individualität geführt, sondern in vielen Ländern auch zu einer Durchlöcherung sozialstaatlicher Normen – wie Fairness, Ausgleich, Integration, Verknüpfung, Zusammenhalt, Solidarität – und zu einer Destruktion sozialstaatlicher, klassenintegrierender Institutionen.

---

148 Vgl. Bleses, Peter/Seeleib-Kaiser, Martin, The Dual Transformation of the German Welfare State, Basingstoke 2004.

149 Vgl. Mayntz, Renate/ Scharpf, Fritz W.: Politische Steuerung – Heute?, in: Zeitschrift für Soziologie 3 (2005), S. 236–243, hier: S. 236 ff.

Die neue „Wirklichkeit" ist somit im Ergebnis tribalistischer als die alte wohlfahrtsstaatliche Vergangenheit. Die Entwicklung verläuft dabei keineswegs zu flacheren Hierarchien, sondern zu einer massiven Zentralisation von Entscheidungen und Macht. In Zeiten der dynamischen Beschleunigung von Informationsvermittlung, Datenübertragung, Finanztransfers etc. besteht, so wird bedeutet, die Zeit für ausführliche Diskussionen, für pluralismusorientierte Abwägungen nicht mehr. Eben das macht die nun dominante Interpretationsvariante von „Fakten" so bekömmlich für die Handlungslegitimation der Globalisierungsregisseure. Denn in ihrer „Wirklichkeit" ist nicht nur keine Zeit für das demokratische „Palaver" vor den Entscheidungen, sondern es gibt aus dieser Perspektive auch keinen Bedarf danach, da es sich lediglich um den Vollzug von ökonomischen Sachzwängen, unabweislichen Notwendigkeiten, unzweifelhaften Alternativlosigkeiten handelt.

Natürlich kann es dann auch keine „Gegenwirklichkeiten" geben. Dabei war die Vorstellung von einer anderen, möglichen Wirklichkeit historisch stets Motor für oppositionelle Kräfte gegen blockierte, uniformierte, sozial verworfene Gesellschaften. Aber im Zuge der Verabsolutierung von Gegebenheiten, die als einzig wirklich und alternativlos jeder streitbaren Debatte und allen Gegenentwürfen entzogen werden sollten, kam auch „Opposition" in Verruf, besonders stark ebenfalls vor 15 bis 20 Jahren. Opposition galt kaum mehr als grundlegendes Korrektiv, nicht als freiheitswahrende Kontrolle, nicht als Ort nützlicher eigensinniger Entwürfe, sondern als öde Abseitslage der Ineffizienz, leeren Betriebsamkeit, folgenlosen Antragsproduktion.

In dieser schleichend gewandelten politischen Kultur hatten es Parteien, welche die genuine Funktion der Opposition auszufüllen versuchten, plötzlich schwer. Es dauerte nicht lange, dann hing ihnen das Stigma der Regierungsunfähigkeit an. Das ließ etwa die Grünen sich eilfertig zu der Partei wandeln, die sie inzwischen geworden ist. Aber so fehlten dann politische Repräsentanzen für eine sich aus der Gesellschaft nicht verflüchtigten Erwartung, dass die Verhältnisse auch anders sein könnten bzw. sollten, dass Alternativen möglich und legitim sind, kurz: dass eine andere Wirklichkeit zu denken und anzustreben nicht verrückt oder unzulässig ist. In diese Erwartungs- und Repräsentanzvakua haben sich dadurch neue Formationen eingenistet, traurigerweise auch rigide Nationalegozentriker weit rechts der republikanischen Mitte. Aber ein solches Übel bekämpft man nicht mit dem Mittel – die Dogmatik der unveränderlichen „Wirklichkeiten" –, das die Maläse zumindest mit verursacht hat.

Wissenschaft und Fakten: Ein wenig Demut kann nicht schaden

Gleichwohl, das aufgeklärte Deutschland – dem „die deutliche Unterscheidung von gesichertem Wissen und persönlicher Meinung nicht gleichgültig ist" – machte mobil für das Primat von Fakten und marschierte im April 2017 gegen „alternative Fakten", durch die, wie es im Aufruf hieß, „wissenschaftlich fundierte Tatsachen geleugnet, relativiert" würden.[150] Der Antrieb für dieses Engagement war aufgrund der antiliberalen Konterreformen auch in gewichtigen Teilen der demokratisch-parlamentarischen Welt und durch die neue Geringschätzung für freie Forschungen unzweifelhaft richtig und fraglos löblich. Und doch konsternierte der bei einigen Protagonisten mitschwingende nahezu sakrale Glaube an den uneingeschränkt zu akzeptierenden Anspruch auf Objektivität im professionellen Wissenschaftsbetrieb. Gerade in Deutschland hat man erleben können, welche zivilisationszerstörerischen Versuche in wissenschaftlichen Experimenten (nicht zuletzt der Medizin[151]) unternommen wurden und sich dann als Leitwissenschaften (etwa die nicht erst 1933 etablieren Lehrstühle zur Rassenhygiene, deren Inhaber nach 1945 höchst reputierlich als ordentliche Professoren für Humangenetik ihre Arbeit auch deutsch und forschungsgemeinschaftlich fortsetzten) gesellschaftlich und politisch barbarisch auswirkten. Hier hätte ein wenig Distanz und couragierte, humanitätsbasierte „persönliche Meinung" außerordentlich gutgetan. Zumindest wäre vor und bei künftigen Märschen auch darüber zu reden. Die Überzeugungskraft der Aktionen würde sich mehren.

Im Institut für Demokratieforschung, dem der Verfasser bis zum Herbst 2017 angehörte, hat man die Problematik der höheren Weihen des „Stands der Wissenschaft" und

---

150 Vgl. o.A., Science March Germany, 2018, online einsehbar unter: http://marchforscience.de/ [zuletzt abgerufen am 15.06.2018].

151 Vgl. dazu zum Beispiel Trittel, Katharina, Hermann Rein und die Flugmedizin. Erkenntnisstreben und Entgrenzung, Paderborn 2018.

Wissenschaft und Wahrheiten

seine gesellschaftlichen Folgen in mehreren Studien auf bedrückende Weise erfahren. Daher soll ein Beispiel hier noch einmal geschildert werden. Es ging um die Pädophiliedebatte, die im Jahr 2013 so viel Wirbel im Umfeld der Partei der Grünen ausgelöst hatte.[152] Die Apologie der Pädophilie in der Frühzeit dieser Partei konnte sich eben auf den „Stand der Forschung" berufen, der in den 1960er und 1970er Jahren gleich in vielen Bereichen des wissenschaftlichen Spektrums anzusiedeln ist. Geradezu das Kristallisationsereignis war eine Anhörung des Deutschen Bundestages vom 23.-25. November 1970 zum Entwurf für ein Viertes Strafrecht-Änderungsgesetz, in dem es auch und wesentlich über sexuellen Verkehr von Erwachsenen mit Kindern ging. Gut 30 Experten vorwiegend aus Universitäten waren geladen und nach Bonn gekommen. Die Veranstaltung spiegelte den Geist jener außerordentlich wissenschaftsfreundlichen Jahre trefflich wider. Die exekutive Politik drängte geradezu nach wissenschaftlicher Beratung, nach der Expertise von Hochschulprofessoren. Auch Vertretern solcher Wissenschaften, die bis dahin den klassischen Honoratiorenpolitikern eher als suspekt galten, wurde nun interessiert zugehört: Soziologen, Kriminologen, Psychoanalytiker, Jugendpsychologen, natürlich auch Juristen ebenso wie Theologen, aber ebenfalls Sexualwissenschaftler.[153]

---

[152] Vgl. hierzu Walter, Franz /Klecha, Stephan /Hensel, Alexander, Die Grünen und die Pädosexualität, Göttingen 2014.

[153] Siehe hierzu und im Folgenden: Der Deutsche Bundestag. 6. Wahlperiode, Stenographischer Dienst: 28., 29. und 30. Sitzung des Sonderausschusses für Strafrechtsreform, Bonn 23., 24. und 25. November 1970.

Zumindest im Blick zurück mutet der Verlauf des Expertentreffens allerdings bizarr an. An allen drei Tagen wurde fortwährend das hohe Lied der Wissenschaft gesungen. Dass die Ergebnisse sorgfältiger empirischer Forschungen die Basis auch der Juristerei bilden müssten, forderten die Soziologen, postulierten die Psychologen, verlangten die Pädagogen, reklamierten die Mediziner. Man war an diesen Novembertagen auch erkennbar in eigener Sache unterwegs, wenn mehr staatliche Unterstützung für Resozialisierung, Sexualaufklärung und -unterricht, weitere Studien in der universitären Forschung angemahnt wurden. So war es früher, so ist es heute. Die Politiker erwiesen den Professoren und Doktoren im Ausschuss denkbar freundlichste Referenz. Merkwürdig allerdings war, dass auf jeden selbstbewussten Anspruch der Wissenschaftler sogleich deren kleinmütiges Eingeständnis folgte, auf all die Fragen der Parlamentarier mangels hinreichender Studien doch keine finalen oder auch nur halbwegs befriedigenden Antworten geben zu können. Der Ausruf „Ich weiß es nicht, ich weiß es wirklich nicht" von der Soziologin Helge Pross stand gewissermaßen stellvertretend für die riesigen Erkenntnislücken der anwesenden Sachverständigen, die gleichwohl ihrer Expertise den höchsten Rang für die Gesetzgebungsprozesse zugewiesen gesehen bekommen wollten.

Selbstbewusster und forscher als jede andere Gruppe traten die Sexualwissenschaftler auf. Sie sahen keinen Anlass für die Bekundung, irgendetwas nicht zu wissen. Ihr Fach hatte in den letzten Jahren durch die sexuelle Liberalisierungswelle einen für sie höchst erfreulichen

Aufwind erhalten. Sie konnten mit frischen, noch nicht veröffentlichten Befragungen zum Sexualverhalten aufwarten. Der junge, gerade dreißig Jahre alte Volkmar Sigusch, bald Leiter eines neu gegründeten Instituts an der Frankfurter Universität, ein auch in den folgenden Jahrzehnten unzweifelhaft produktiver Mann, genoss es sichtlich, vor den Vertretern des Ausschusses über die sexuelle Permissivität, die unter den Jugendlichen um sich gegriffen habe, zu dozieren. „Ich darf jetzt hier", so Sigusch, „einmal narzisstisch sagen: Wir waren die ersten, die derartige Untersuchungen gemacht haben." Erst im Zuge der weiteren Befragung sah auch Sigusch sich zögerlich und missmutig genötigt, zuzugeben, dass die Erhebung Repräsentativität nicht beanspruchen konnte, dass es an Langzeituntersuchungen nach wie vor mangelte. Sigusch machte auch in seiner weiteren Karriere ehrlicherweise keinen Hehl daraus, dass er vermeintliche Objektivität nicht anstrebte: „Das Fach", teilte er einer Journalistin in einem Gespräch zu seinem 70. Geburtstag mit, „ist durch und durch subjektiv, man muss den eigenen Standort eingestehen".[154]

Als Antipode zu Sigusch trat gewissermaßen der Stuttgarter Theologe und Psychoanalytiker Rudolf Affemann auf. Er, ein entschieden konservativer Mann, war die umstrittenste Figur, ein rotes Tuch auch für die sozialliberalen Abgeordneten. Länger als er wurde niemand sonst dort ins Kreuzverhör genommen, seine Wissenschaftlichkeit, gar seine Übereinstimmung mit dem

---

154 Vgl. Baureithel, Ulrike, Der Anti-Psychiater, in: Der Tagesspiegel, 09.6.2010, online einsehbar unter: https://www.tagesspiegel.de/wissen/der-anti-psychiater/1854776.html [zuletzt abgerufen am 15.06.2018].

Grundgesetz und der Demokratie der Bundesrepublik in Zweifel gestellt. Affemann hatte dem Gros seiner Mitreferenten, vor allem jenen aus den Sexualwissenschaften, vorgeworfen, mit verfehlten Methoden zu operieren, auf diese Weise auch zu Ergebnissen zu kommen, die ohne allen Erklärungswert wären. Im expliziten Anschluss an Sigmund Freud verortete Affemann sechs Siebtel des menschlichen Seins unter der Oberfläche, also im Unbewussten der einzelnen Subjekte. Befragungen – wie sie bis dahin von der Wissenschaft durchgeführt wurden – aber zielten auf das Bewusstsein, das in die Tiefenschichten vor allem des sexuellen Begehrens gar nicht durchdringe. „Damit werden die ganzen Ergebnisse der Sexualpsychologie und Sexualsoziologie, die sich auf Befragungen des Menschen gründen, fragwürdig bis hinfällig." Überdies müsse man besonders im Bereich des Sexuellen in den Dimensionen der langen Dauer denken und forschen. Merkwürdigerweise war Affemann 1970 der einzige Experte, der diesen Aspekt mit Nachdruck hervorhob und Schlussfolgerungen daraus zog, die gänzlich quer zur Mehrheitsmeinung des Hearings lagen: „Sexuelle Verbildungen, die z. B. im zweiten Lebensjahr erfolgten, konnten unter Umständen über Jahrzehnte hinweg nicht nur unbewusst gehalten, sondern gerade, in den Dienst gesellschaftlicher Anpassung gestellt, zu einer scheinbar erhöhten Normalität führen. Erst in einer Belastungssituation – beispielsweise nach dreißig Jahren – schlägt jene Verbildung einen anderen Weg ein und verursacht etwa statt Ehrgeiz Krankheitssymptome der Hemmung." Aus diesem Grunde war Affemann zurückhaltend, was die Verflüssigung der Schutzrechte

Wissenschaft und Wahrheiten

für Kinder und Jugendliche anging. Niemand kenne die Langzeitfolgen.

Die anderen Wissenschaftler gaben sich ihrer Position sicherer. Dabei gestand nahezu jeder Einzelne zumindest in Nebensätzen ein, dass es für eine solche Selbstgewissheit im Auftritt wenig Grund gab. „Sichere Erkenntnisse über Ursachen der Sexualkriminalität liegen bis heute nicht vor", begann etwa der Kinder- und Jugendpsychiater Reinhart Lempp, ab 1971 Ordinarius in Tübingen, sein Referat. Der Frankfurter Psychoanalytiker Alexander Mitscherlich sprach von „Wissensrückständen" in der Bundesrepublik. Und die Hamburger Professorin für Jugendpsychiatrie, Thea Schönfelder, gab unumwunden zu: „Was ich sage, sind schlichte Vermutungen, um es mal krass zu formulieren." Dennoch wagte sie gegenüber dem Ausschuss die Annahme, dass Sexualität mit Kindern in einem ansonsten unauffälligen Milieu – ohne Gewaltanwendung – keine nachhaltigen Störungen der Persönlichkeitsentwicklung nach sich ziehen dürfte. Reinhart Lempp brachte es fertig, in einem Satz ein komplettes empirisches Defizit zu konstatieren, um gleichwohl im unmittelbar folgenden Satz einen gutachterlichen Befund über die Wirkung von „gewaltfreien" sexuellen Handlungen von Erwachsenen an oder gegenüber Kindern darzulegen: „Objektive Untersuchungen an größeren Zahlen liegen nicht vor. Insgesamt muss die Wahrscheinlichkeit eines bleibenden psychischen Schadens als niedrig angesehen werden." Auf Nachfrage eines Abgeordneten bekräftigte Lempp, dass er die Strafwürdigkeit nicht-gewaltsamer Sexualhandlungen „zu verneinen" neige. Dem schloss sich auch Alexander Mitscherlich an, der den Begriff „Sexualkriminalität" auf Tatbestände, in denen Gewalt eine Rolle spiele, beschränkt sehen wollte.

Und es ging so weiter auf dieser seinerzeit viel beachteten wissenschaftlichen Expertenveranstaltung. So etwa beim Kieler Rechtsmediziner Wilhelm Hallermann, der noch ein Stückchen mehr als das Gros seiner Mitreferenten über alle Zweifel erhaben war, da er die Anwesenden belehrte, dass sexuelle Handlungen eines Erwachsenen an einem Kind keine nennenswerten Schäden hervorrufen würden. Selbst bei Sexualdelikten mit Gewaltanwendung bräuchten „bei einem gesunden Kind" keine Schäden aufzutreten. Die Verarbeitungskapazität eines „gesunden Kindes" veranschlagte der Gutachter Eberhard Schorsch, der zwei Monate vor dem Hearing, nach dem Tod von Hans Giese, zum Kommissarischen Leiter des Instituts für Sexualforschung an der Universität Hamburg ernannt worden war, gleichfalls als ziemlich hoch. Zwar gestand auch Schorsch, der bis zu seinem Tod 1991 einer der großen sexualforensischen Forscher und Gutachter der Republik war, ein, dass es „nur wenige methodisch stichhaltige Untersuchungen" zu den Folgen kindlicher sexueller Erlebnisse gäbe. Doch äußerte er gleichwohl, sich gewiss zu sein, „dass Dauerschäden nicht zu beobachten" wären, dass die Unschädlichkeit sexueller Attacken nicht-gewaltsamer Art auf Pubertierende als „wissenschaftlich bewiesen" gelten müsste. Daraus zog er den Befund, der fortan von Ideologen der Pädophilie wieder und wieder triumphierend repetiert wurde: „Ein gesundes Kind in einer intakten Umgebung verarbeitet nicht-gewalttätige sexuelle Erlebnisse mit Erwachsenen ohne negative Dauerfolgen."

Mit einem Paukenschlag begann der letzte Tag der Anhörung. Denn nun betrat Helmut Kentler[155], Abteilungsleiter im Pädagogischen Zentrum Berlin, später dann Professor in Hannover, die Expertenbühne. Natürlich hielt auch Kentler nicht viel von der Besorgnis, dass Sex zwischen Erwachsenen und Kindern für Letztere seelische Lasten bewirken könnte. Auf die vom Ausschuss vorgegebene Frage, in welchem Umfang es notwendig sei, die sexuelle Ausnutzung von Jugendlichen in einem Erziehungs- und Betreuungsverhältnis strafrechtlich zu unterbinden, hatte Kentler eine unmissverständliche Antwort. Für ihn existierte eine solche Notwendigkeit überhaupt nicht. Denn ihm dünkte es „absolut unmöglich", dass in Krankenhäusern, Gefängnissen, Heimen sexuelle Delikte passieren könnten, ohne publik zu werden. Mehr noch: Was sei überhaupt gegen sexuelle Beziehungen zwischen Betreuern und Betreuten zu sagen? Denn schließlich: „Erotische Elemente in Erziehungsprozessen sind sicher höchst wertvoll." Insgesamt vermutete er, „daß sexuelle Beziehungen im Berufsbereich oder in Bereichen der Erziehung heute weniger durch Ausnutzung von Abhän-

---

155 Vgl. zu Helmut Kentler auch den Projektbericht des Institutes für Demokratieforschung, Die Unterstützung pädosexueller bzw. päderastischer Interessen durch die Berliner Senatsverwaltung. Am Beispiel eines „Experiments" von Helmut Kentler und der „Adressenliste zur schwulen, lesbischen & pädophilen Emanzipation", Göttingen 2016, online einsehbar unter: http://www.demokratie-goettingen.de/content/uploads/2016/12/Projektbericht_Kentler_Adressenliste_Online_G%C3%B6ttinger-Demokratieforschung2016-11.pdf [zuletzt abgerufen am 15.06.2018].

gigkeitsverhältnissen als durch freiwilligen Entschluß der Jugendlichen zustande kommen." Überdies diene es der Ich-Stärkung, wenn man Kinder und Jugendliche „der Erfahrung recht gefährlicher Momente" aussetze, statt sie mit Schonräumen zu entmündigen. Dem Gesetzgeber könne er nur empfehlen, die Finger aus all diesen sexuellen Beziehungen und Vorgängen herauszuhalten. Er plädierte für „völlige Straffreiheit".

Im Grunde hätte kein Wissenschaftler eine generalisierbare Aussage machen dürfen. Aber sie taten es dennoch fortwährend. Sie waren einfach überzeugt, dass die Zeit der überkommenen sexuellen Tabuisierung abgelaufen war, dass man mit den moralisierenden Verboten in den vergangenen Jahrzehnten Glück zerstört, persönliche Freiheiten erstickt hatte. Doch durften sie gerade als Wissenschaftler so eilfertig die weitreichende Schlussfolgerung daraus ziehen, dass von anhaltenden negativen Wirkungen des sexuellen Verkehrs zwischen Erwachsenen und Kindern nicht auszugehen sei? Niemand verfügte über Langzeituntersuchungen (und besonders viele gibt es in den Sozialwissenschaften auch sonst in anderen Bereichen bis heute noch nicht); was also machte sie in ihrem Urteil so sicher? Konnte man 1970 wirklich nicht wissen, dass Sex etwa zwischen Volljährigen und vorpubertären Kindern auf denkbar disparaten Voraussetzungen und Willensentscheidungen fußte? Schließlich: Warum mieden die meisten in einer Zeit, da man – auch auf den drei Tagen der Anhörung – Sigmund Freud gerne im Mund führte, die Erörterung darüber, ob sexuelle Vorfälle dieser Art über lange Jahre im Verarbeitungsprozess des Unbewusstseins schwelten, was sich in schwer zu deutende Verhaltensweisen oder Deformationen transferieren konnte, bis das Leid in voller Wucht ausbrechen mochte?

1989, zwei Jahre vor seinem Tod, hatte Eberhard Schorsch in der *Monatsschrift für Kriminologie und Strafrechtsreform* einen Aufsatz veröffentlicht, in dem er sich – wohl als Einziger der damaligen Sachverständigen – selbstkritisch mit seiner Stellungnahme vor dem Sonderausschuss des Deutschen Bundestages im November 1970 auseinandersetzte.[156] Vor allem ging es ihm um seinen damals vorgetragenen Satz: „Ein gesundes Kind in einer intakten Umgebung verarbeitet nicht-gewalttätige sexuelle Erlebnisse mit Erwachsenen ohne negative Dauerfolgen." In den Jahren darauf hatte er irritiert feststellen müssen, dass die Ideologen der Pädophilie, die sich als Anwälte der Kinder und als Progressive gerierten, diesen Satz ständig in apologetischer Absicht benutzten. „Ich habe dies", so Schorsch nun, „als Hinweis genommen, dass irgendetwas nicht stimmen kann." Nun, im Jahr 1989, war er überzeugt, dass sein Satz von 1970 „wenig Sinn" ergab. Denn was bedeutete präzise ein gesundes Kind, eine intakte Umgebung, eine gewaltfreie Handlung? Schorsch gab zu erkennen, dass ihn gerade die Literatur und Selbstdarstellungen von Frauen, die Opfer sexueller Übergriffe in der Kindheit waren, beeindruckt und verändert hatten. „Dieses zu thematisieren und sexuelle Übergriffe von Männern auf Kinder innerhalb und außerhalb der Familie als

---

156 Schorsch, Eberhard, Kinderliebe. Veränderungen der gesellschaftlichen Bewertung pädosexueller Kontakte, in: Monatsschrift für Kriminologie und Strafrechtsreform 72 (1989), Heft 2, S. 141–146.

massenhaftes, quasi alltägliches Phänomen zu deklarieren, war und ist ohne Zweifel ein Tabubruch, der dazu verholfen hat, sprachlosem Elend zur Sprache zu verhelfen. Die Empörung und die Wut in solchen Selbstzeugnissen zielt auch darauf, dass solche Vorkommnisse teils totgeschwiegen, teils verharmlost worden sind – und zwar nicht nur innerfamiliär; auch die Strafrechtspflege, die therapeutischen Institutionen haben die Opfer mehr oder minder übersehen und haben sich, wenn überhaupt, um die Täter gekümmert." Überdies: Was hieß schon „gewaltfrei"? „Gewalt ist Machtgefälle. Selbst der überaus liebevoll, jegliche Aggression verleugnende Pädophile wird in den Augen des Kindes allein durch sein Alter, sein größeres Wissen, seine überlegene Beurteilungsfähigkeit, ja schon durch die Ungleichheit der Körpergröße und -kraft als stark, imponierend und gewaltig wahrgenommen, was seine, des Starken Werbung um das kleine Kind nur noch verführerischer machen kann. All dies ist gar nicht hinwegzuargumentieren."

Mitunter ist es mit „objektiven Forschungen" vielleicht doch ein weniger schwieriger und ambivalenter, als derzeit auch im universitären Raum wieder angenommen wird. Im hier referierten Fall wäre (und war!) es wohl besser gewesen, nicht sehr viel auf den „Stand der Wissenschaft" zu geben. Über Beispiele und Aporien dieser Art offen zu reden, könnte vielleicht die ein oder andere Verschwörungstheorie, die andernfalls genährt wird, vereiteln. Probleme und Grenzen der Wissenschaftlichkeit stattdessen auszublenden, wird hingegen dem grassierenden Misstrauen auch in Demokratien nicht entgegenwirken, eher im Gegenteil. Und autoritäre

Regime wird man mit der gebieterischen Attitüde verbindlicher Forschungserkenntnisse nicht beunruhigen oder destabilisieren. Denn nicht ohne Grund neigen gerade solche Systeme dazu, ihre Ideologien als pure Wissenschaft ausgeben, um für sich absolute Wahrheit zu beanspruchen. Denn Wissenschaft, so sagen ja alle, gehe es um Wahrheit. Wer sich dann der Ideologie widersetzt, stellt sich gegen die Wissenschaft, verleugnet, was wahr ist – und entpuppt sich so in dieser Logik als „Schädling", den es zu bekämpfen und „auszumerzen" gilt. Solche Argumentationsstränge muss man nicht stärken. Etwas Demut, Bescheidenheit, Skrupel im wissenschaftlichen Anspruch könnten auch deshalb nicht schaden.

7.
Empirische Studien

Die Pegida-Demonstrationen mochten eine unerfreuliche Protestszenerie darstellen. Aber für universitäre Sozialforscher schien es doch ein höchst interessantes Terrain der sozialwissenschaftlichen Erkundung gewesen zu sein. Anfang 2015 präsentierten Wissenschaftler von der Technischen Universität Dresden ein Ergebnis über den „typischen" Pegida-Demonstranten in Dresden. Dann folgte u.a. das Göttinger Institut für Demokratieforschung, das seit längerer Zeit Erfahrungen mit der Erforschung von Protesten verschiedenster Art gesammelt hatte.[157] An seiner Online-Umfrage, die zur Pegida-Kundgebung in Dresden am 12. Januar 2015 initiiert wurde, beteiligten sich rund 500 Teilnehmer der Demonstration. Die Wissenschaftler ignorierten nicht, dass sie keine repräsentativen Ergebnisse erzielt haben. Sie reflektierten mit, dass dezidiert rechtsextreme

---

[157] Speziell zu Pegida legte das Institut seither folgende Studien vor: Geiges, Lars/Marg, Stine/Walter, Franz, Pegida. Die schmutzige Seite der Zivilgesellschaft, Bielefeld 2015; Marg, Stine/Trittel, Katharina/Schmitz, Christopher/Kopp, Julia/Walter, Franz, NoPegida, Die helle Seite der Zivilgesellschaft?, Bielefeld 2016; Institut für Demokratieforschung, „Die Büchse der Pandora? PEGIDA im Jahr 2016 und die Profanisierung rechtspopulistischer Positionen", Göttingen 2016, online einsehbar unter: http://www.demokratie-goettingen.de/content/uploads/2016/10/Pegida2016_G%C3%B6ttinger_Demokratieforschung.pdf [zuletzt abgerufen am 15.06.2018]; Schenke, Julian/Schmitz, Christopher/Marg, Stine/Trittel, Katharina, Pegida-Effekte? Jugend zwischen Polarisierung und politischer Unberührtheit, Bielefeld 2018 (im Erscheinen).

Aktivisten, notorisch Misstrauische sowie im Umgang mit elektronischer Kommunikation fremdelnde Zeitgenossen nicht in ihrem Sample aufgetaucht sein dürften. Insofern sagen die Resultate der Erhebung nur etwas über eben diese 500 Teilnehmer einer Pegida-Demonstration aus. Aber diese bildeten unzweifelhaft eine Gruppe, die sich von den Slogans angezogen und aktiviert fühlte. Sie mochten nicht den ideologischen Kern ausgemacht haben, aber sie gehörten zu denen, die sich für die Demonstrationsziele rekrutieren und mobilisieren ließen. Eine unwichtige Gruppe war das also nicht. Sie war Ausdruck eines politischen Gärungsprozesses, der Teile der deutschen Gesellschaft rechts der Mitte erfasst hat.

An der Befragung nahmen 81,5 Prozent Männer und 18,5 Prozent Frauen teil. Am stärksten vertreten waren die 46- bis 55-Jährigen, mit 31,8 Prozent, gefolgt von den 36- bis 45-Jährigen mit 22,8 Prozent. Damit unterschied sich die Altersstruktur von den politisch-kulturell ganz anders gearteten Protestierenden etwa gegen Stuttgart 21 vor einigen Jahren. Hier hatte eine Online-Umfrage des Göttinger Institutes einen deutlichen Überhang der über 55-Jährigen identifiziert, davon eine große Mehrheit mit akademischen Titeln oder Zertifikaten.

Die Quote der formal Hochgebildeten war bei Pegida demgegenüber erheblich geringer. Aber – hier stimmten Göttinger und Dresdner Wissenschaftler überein – ein proletarisches Antlitz trugen die neuen Demonstranten von rechts nicht. Das musste, wie man aus der Entstehungszeit und Verlaufsgeschichte anderer rechtspopulistischer Bewegungen in Europa wusste, in Zukunft nicht so bleiben. Fast immer stand am Anfang die verunsicherte soziale Mitte; die von Sozialisten und Sozialdemokraten enttäuschten Arbeiter und Arbeitslosen schlossen sich als Wähler erst eine Runde später dem Populismus von rechts an, dann aber in rasch wachsender Zahl.

35 Prozent der befragten Pegida-Demonstranten verfügten über einen Universitäts- und Fachhochschulabschluss; als Absolventen von Haupt- oder Volksschulen gaben sich unter den Teilnehmern der Umfrage lediglich 0,6 Prozent aus. Auch der Arbeiteranteil lag nur bei 7,1 Prozent, gegenüber Angestellten mit 37,3 Prozent und Freiberuflichen/Selbstständigen mit 16,2 Prozent. 77 Prozent waren voll erwerbstätig; 9,2 Prozent bezogen Rente. Einem sozial ausgegrenztes „Prekariat" gehörten die 500 Pegidisten, die den Sozialforschern aus Niedersachsen Auskunft gaben, also nicht an. Bezeichnend war sicher, dass nur 8 Prozent von ihnen die Lage in der Bundesrepublik als sehr gut bezeichneten, zugleich aber 41 Prozent die eigene Lage mit diesem Prädikat versahen. Die meisten wohnten in Dresden und Umgebung; gut zehn Prozent lebten jenseits der sächsischen Landesgrenze, vor allem in Brandenburg und Nordrhein-Westfalen. Der überwiegende Teil der Befragten (95 Prozent) gab an, an diesem 12. Januar zum ersten Mal an einer Pegida-Demonstration teilgenommen zu haben.

Von denen, die bei der letzten Bundestagswahl eine Partei gewählt hatten, gaben 44,8 Prozent an, für die AfD, 28,5 Prozent für die CDU/CSU und immerhin 6,8

Prozent für die Linke, 6,0 Prozent für die SPD votiert zu haben. Die übrigen Parteien erhielten jeweils weniger als fünf Prozent. Bei den vorangegangenen Landtagswahlen war die AfD in diesem Kreis gar auf 51,1 Prozent gekommen. Wäre im Januar 2015 gewählt worden, so hätte sich die AfD hier, nach den Angaben der Demonstranten, über 88,2 Prozent Zustimmung freuen können; die Union stürzte in dieser Sonntagsfrage auf 2,7 Prozent ab. Kein Zweifel: Die Pegida-Aktivisten strebten zu einer neuen politischen Repräsentanz – und das war die AFD. 11,5 % der untersuchten Gruppe gehörten ihr bereits auch als Parteimitglied an.

Welchen Einrichtungen und Personen der Republik vertrauten die mitteilungsbereiten Dresdner Pegida-Protestanten? Am meisten der Polizei, gefolgt vom Bundesverfassungsgericht und den Unternehmern. Am wenigsten Vertrauen genoss der Bundespräsident, gefolgt von der Bundeskanzlerin, dann die EU und die öffentlich-rechtlichen Medien. Interessant: Die Parteien zogen demgegenüber keineswegs ein ähnlich starkes Misstrauen auf sich. 40 Prozent waren mit der Idee der Demokratie sehr zufrieden, aber nicht mit deren Realität in der bundesdeutschen Republik, die nur von 0,9 Prozent gleichermaßen geschätzt wurde. Auf die Frage, was im System der Republik eine größere Bedeutung gewinnen sollte, stand an erster Stelle Recht und Ordnung. Als wesentlich wurden auch nationale Interessen und der Meinungspluralismus genannt. Gänzlich unwichtig erschienen ihnen Minderheitsschutz und Gleichstellung. Als ein zentrales Anliegen wiesen sie direktdemokratische Partizipationsmöglichkeiten und die Gewaltfreiheit von Protestaktionen aus. Nicht viel hielten sie von der These, dass die Menschen in alternden Gesellschaften länger arbeiten sollten. Auch die Rückkehr der D-Mark anstelle des Euros war nur knapp einem Viertel eine Herzensangelegenheit. Die Aussage, dass Kinder „Mütter und Väter brauchen", fand hingegen allergrößte Zustimmung. Ambivalent fielen die Auskünfte zum Staat versus Selbstverantwortung aus: 62 Prozent unterstützten die Forderung, dass der Staat mehr Verantwortung für die Gewährleistung des Bürgerwohls zu übernehmen habe. 63 Prozent hielten es allerdings ebenfalls für wichtig, dass die Menschen in Zukunft mehr Eigenverantwortung übernehmen sollten. Schließlich und sicher nicht überraschend: Auf den deutlichsten Widerspruch stieß bei ihnen der Satz: „Auch der Islam gehört zu Deutschland."

Nach der ersten Umfragewelle schien die akademische Energie vorerst erschöpft. Auch galt es nunmehr als nicht ungefährlich, bei den zunehmend aggressiver gestimmten Pegidisten Erhebungsbögen zu verteilen oder gar Forschungsinterviews anzustellen. Denn auszuschließen war nicht, dass die Magister aus Soziologie und Politologie von den misstrauischen und in Teilen durchaus auf Krawall gebürsteten Demonstranten für verderbliche Repräsentanten der Pinocchio- oder Lügenpresse gehalten würden und dies in der Folge handfest zu spüren bekommen hätten.

Ende 2015 trauten sich die jungen Göttinger dann doch wieder in der sächsischen Metropole aufzutauchen, um abermals eine Querschnittsstudie unter den jetzt 3.500 bis 5.000 Demonstranten von Pegida durchzuführen.[158] Allerdings hatte man die Methode diesmal gewechselt. Im Januar 2015 hatten die Göttinger noch Anatomie, Einstellung und Ziele der Protestler von rechts über eine Online-Befragung zu erkunden versucht. Nun teilten sie Print-Fragebögen mit frankierten Rückumschlägen aus. Der Rücklauf war bemerkenswert, verblüffend auch für die Forscher selbst. Die Quote war im Vergleich zur Aktion ein Jahr zuvor um das Dreifache gestiegen; von 1.800 verteilten Bögen landeten 610 bis Ende Dezember ausgefüllt an der Göttinger Universität. Um auf die an dieser Stelle nahezu pawlowhaft ins Feld geführte Frage gleich einzugehen: Die Umfrage sagt etwas aus über die 610 Personen, die an der Demonstration teilgenommen und sich und ihre Motive offenkundig mitteilen wollten. Alles andere zu behaupten, ist durch Expertisen dieser Fasson nicht möglich, schon gar nicht die trompetenhaft postulierte, von Wissenschaftlern dabei höchst skeptisch beurteilte flächendeckende Repräsentativität.

Es mag auch mit dem anders gearteten Erhebungszugriff zu tun haben – klassisch postalisch statt moderne Online-Kommunikation –, dass die Struktur der Pegida-Aktivisten sich diesmal von den früheren Daten etwas unterschied. Pegida wirkte weit älter als ein Jahr zuvor. Knapp 50 Prozent sind 56 Jahre und älter, wodurch sie demografisch erkennbar in die Nähe der

---

[158] Vgl. hierzu auch Bleckmann, Julia/Kallinich, Daniela/Lorenz, Robert/Müller-Stahl, Robert/Rahlf, Katharina, Die neue Unordnung, Stuttgart 2017, S. 101-121 und Institut für Demokratieforschung, „Die Büchse der Pandora"? PEGIDA im Jahr 2016 und die Profanisierung rechtspopulistischer Positionen, Göttingen 2016.

sogenannten „Wutbürger" zu Beginn dieses Jahrzehnts rücken. Mit ca. 25 Prozent machten mittlerweile etwas mehr Frauen mit, wenngleich Pegida ein ganz unzweifelhaft männlich dominiertes Phänomen blieb. Fast zwei Drittel waren verheiratet; die Konfessionslosen überwogen deutlich. Interessant war, dass die Ergebnisse der neuen Untersuchung bei den Aspekten Bildung und Erwerb doch signifikant von den älteren Expertisen differierten. Nahm man die aktuellen Resultate, dann blieb weiterhin richtig, dass nicht Prekarisierte, Exkludierte, Abgehängte bei der Protestattacke rechts der Mitte mitgewirkt hatten. Aber der Anteil derjenigen mit Hochschulabschlüssen lag diesmal sehr viel niedriger (23,8 Prozent statt vorher 36,0 Prozent). Den Berufsschulabschluss als höchsten erreichten Bildungsabschluss gaben 32,3 Prozent (statt 20,8 Prozent vor einem Jahr) an. Und immerhin 26,7 Prozent teilten mit, dass sie als Arbeiter im Erwerbsleben ständen. Im letzten Jahr war für diese Gruppe lediglich eine Quote von 7,1 Prozent ausgewiesen. Es kann gut möglich, dass sich in den letzten Monaten die gut bekannte Dynamik sozialstruktureller Erweiterung im (europäischen) Rechtspopulismus auch in Deutschland vollzogen hat. Die populistische Rechte nährte sich in ihrer Anfangszeit stets aus dem Fleisch des bürgerlichen Lagers und der soziologischen Mitte, wuchs dann aber über die seit Jahren mit den sozialdemokratischen Parteien beziehungsweise mit der politischen Linken chronisch unzufriedenen Arbeiterschaft massenhaft an.

Zumindest hatten die Demonstrationen von Pegida in den letzten Monaten neue Teilnehmergruppen rekrutiert. Fast 40 Prozent der Dresdner Demonstranten vom 30. November 2015 erklärten, dass sie bis Mai/Juni 2015 noch nicht an Pegida-Manifestationen mitgewirkt hatten. Überhaupt war auffällig – und eine zentrale Differenz zu den Demonstranten etwa gegen Stuttgart 21 und die Startbahnerweiterung in München etc. –, dass der durchschnittliche Pegida-Anhänger bis dato in der eigenen Biographie einen Bogen um Demonstrationen, Unterschriftenaktionen oder ähnliches geschlagen hatte. Wir haben es hier also mit einer neu politisierten Gruppe und Lebenswelt zu tun. Die Zivilgesellschaft hat Zuwachs im Engagementbereich erhalten – aber anders als die Theoretiker und Festredner der Bürgergesellschaft und der Selbstinitiative sich das stets gewünscht und naiverweise erhofft hatten.

Nicht untypisch für Protestgruppen in der Bundesrepublik der jüngsten Zeit ist, dass die Einzelnen dort ihre eigene soziale und wirtschaftliche Lage gar nicht so schlecht einschätzen, demgegenüber die Situation des Landes und der Republik insgesamt aber in düstersten Farben malen. Das galt auch diesmal für die Pegidisten. Fast die Hälfte von ihnen bezeichnete die „eigene heutige Lage" als gut und besser; nur 1,6 Prozent empfinden das individuelle Dasein als „sehr schlecht". Ganz anders fiel die Wahrnehmung der Zustände in der Bundesrepublik aus. Nicht einmal sieben Prozent der Pegida-Unterstützer beurteilen die Verhältnisse im Land als gut und besser, zwei Drittel sahen sie als schlecht beziehungsweise sehr schlecht an. Angesichts dieser sinistren Zukunftsbeschreibung überraschte kaum, dass man dem Staat nicht viel Vertrauen entgegenbrachte. Gut

60 Prozent der Teilnehmer der Befragung im November Ende 2015 – also vor den aufwühlenden Ereignissen in der Kölner Silvesternacht – sprachen sich für den Imperativ zur Selbstermächtigung aus: „Wenn der Staat uns im Stich lässt, sollten wir die Dinge selbst in die Hand nehmen". Bald 45 Prozent äußerten Verständnis dafür, falls in derartigen Momenten einige Bürger „die Beherrschung verlieren" würden. Ein gutes Stück Radikalisierung jenseits der Rechtsstaatlichkeit war unverkennbar.

Markant verändert hatte sich auch die Demokratiezufriedenheit der Pegida-Leute generell. Gleichviel, ob man nach der Demokratie „als Idee im Allgemeinen", „wie sie in der Verfassung festgelegt ist" oder „wie sie in der Bundesrepublik funktioniert" fragte – auf allen drei Ebenen hatten sich die Zustimmungswerte von Pegida-Aktivisten im Lauf der letzten 12 Monate erheblich nach unten bewegt. Das im Grundgesetz fixierte Demokratieverständnis fand bei einem Drittel der Pegidisten „Zufriedenheit"; vor einem Jahr hatte sich in diesem Sinn noch mehr als die Hälfte geäußert. Die Quote der Unzufriedenen über die real etablierte Demokratie der Zeit war um zehn weitere Prozentpunkte gestiegen und umfasste nun nahezu 90 Prozent der Teilnehmer an Pegida-Kundgebungen.

Im Jahr 2013 hatten noch 26,7 Prozent der Demonstranten vom 30. November 2015 in Dresden die CDU/CSU bei den Bundestagswahlen gewählt. Zum Zeitpunkt der Befragung indes strebte der Anteil von Wählern der Union bei ihnen gegen null. Pegida-Leute waren und sind die allergrößten Fans plebiszitärer Willensbildung, als Voraussetzung durchaus des von ihnen zugleich heiß ersehnten starken Staates. Die klassisch bonapartistische Versuchung war größer geworden. Über vier Fünftel der Pegida-Aktivisten traute auch der NATO mittlerweile nicht recht über den Weg. Noch stärker fiel die Distanz zur Europäischen Union aus. Im Gegenzug plädierten 90 Prozent dafür, dass „die deutschen Grenzen befestigt und verteidigt (werden)" sollten.

Die politisch unterschätzte Weihnachtspause

Reden wir nun zum Schluss doch lieber über Weihnachten. Rücken die Festtage näher, dann atmen auch die Parteiaktivisten erleichtert auf. Oft hatten sie harte Monate hinter sich, mit anstrengenden Wahlkämpfen über Wochen und Monate auf Marktplätzen und vor Einkaufszentren, bei Kaffee und Kuchen in Seniorenheimen und auf Podien in irgendwelchen zugigen oder stickigen Sälen. Häufig ziehen sich dann die anschließenden Koalitionsbildungsprozesse noch quälend lang hin. Nicht mal Neuwahlen in den nächsten Monaten sind gänzlich auszuschließen. Kurzum: Man mag es den Politik-Kampagneros schon ein bisschen gönnen, zwischen Weihnachten und Neujahr abzuschalten, mal nichts vom ganzen politischen Zirkus hören zu wollen, erst recht nicht darüber reden zu müssen.

Doch ratsam wäre ein solches Verhalten nicht. Zumindest hatte die mittlerweile in ihrer Zunft ebenso legendäre wie höchst umstrittene Dame der Meinungs- und Einstellungsforschung, Elisabeth Noelle-Neumann, zum Ende ihres Lebens auf die enorme Bedeutung der Weihnachtspause für das Meinungsklima in der Republik hingewiesen. In der zweiten Hälfte der 1990er Jahre war das von Noelle-Neumann geleitete Allensbacher Institut für Demoskopie darauf gestoßen, das sich zwischen den Festtagen 1995/96, 1996/97 und schließlich 1997/98 entscheidende Schübe für eine neue sozialdemokratische Mehrheit vollzogen. Jeweils um drei bis fünf Prozentpunkte nahmen in diesen knappen Zeiträumen die Sympathiewerte für die SPD damals des Oskar Lafontaines zu, die dann im September 1998 stärkste Partei im Bundestag wurde und den Kanzler stellte.

Einen solch formativen Charakter konnten die eigentlich wenigen Tage zwischen Weihnachten und Neujahr einnehmen, weil in dieser Woche das Volk zur Ruhe kam und innerfamiliär dicht beieinander hockte, über ungewöhnlich viel Zeit und Raum für ausgiebige Gespräche im Kreis der Lieben und Verwandten verfügte. Hier baute sich, so die Interpretation der Allensbach-Chefin, in den bundesdeutschen Wohnzimmern an und zwischen den Festtagen eine Mehrheit für die Lafontainsche Sozialkritik an der christdemokratisch-liberalen Bundesregierung im Spätherbst der Kohl-Ära auf. Die Deutschen saßen zusammen und bestätigten sich gegenseitig ihr Unbehagen an der Renten- und Gesundheitspolitik des Bundeskabinetts, wetterten über die soziale Kälte und zunehmende Ungerechtigkeit im Land und fanden überhaupt, dass längst üppigere Gehalts- und Lohnzuwächse dem Gabentisch unterm Weihnachtsbau nicht schlecht getan hätten. Elisabeth Noelle-Neumann, gute

Freundin, Beraterin und Bewunderin von Helmut Kohl, konkludierte daher eher mürrisch als begeistert: „Die Bundestagswahl 1998 ist tatsächlich in drei Jahren, drei Schritten, in den Wochen zwischen Anfang Dezember und Mitte Januar [für die Sozialdemokraten, d.V.] gewonnen worden."[159] Und sie traute Herrn Lafontaine zu, dies alles kühl geplant und Zug um Zug so umgesetzt zu haben.

Für die Weihnachtspause 2001/2002 registrierten die Allensbacher erneut einen weitgehenden Einstellungswechsel bei den Deutschen. Diesmal vollzog er sich in der Haltung zum Euro. Ende 2001, unmittelbar vor dem Weihnachtsfest und der Einführung des die Deutsche Mark substituierenden Bargeldes, begrüßten nur 31 Prozent der Bürger die neue europäische Währung; 42 Prozent sprachen sich gegen das künftige Zahlungsmittel aus. In den Weihnachtstagen beherrschte der Euro dann „wie kein anderes Thema"[160] die Gespräche in der Familie und bei Verwandtenbesuchen. Nach Weihnachten, im Januar 2002, war der Anteil der Euro-Gegner auf 19 Prozent geschrumpft, die Quote der Befürworter auf 61 Prozent hochgeschnellt, was – so darf man wohl hinzufügen – auch mit ersten Gewöhnungseffekten zu erklären gewesen sein mochte.

Mit besonderen Einflüssen der Medien, für die gerade dieser Zeitraum bekanntlich eine Sauregurkenzeit darstellt, hatten solche Neuorientierungen zumindest

---

[159] Vgl. Noelle-Neumann, Elisabeth, Die Weihnachtspause, in: FAZ, 24.01.2001.

[160] Vgl. Dies., Nach der Einführung des Euro wechselt das Meinungsklima, in: FAZ, 30.01.2002.

Die politisch unterschätzte Weihnachtspause

nichts zu tun. Den angeblich überragenden Einfluss von medialem Agenda-Setting hielten die Allensbacher sowieso für überschätzt. Besonders Noelle-Neumann hob demgegenüber die ausschlaggebende Rolle von „Meinungsführern" hervor, die in allen Milieus – also keineswegs ausschließlich bei den sozialen und kommentierenden Eliten – existieren, sich mittels Artikulationsfreude wie überdurchschnittlicher Informiertheit exponieren und als Multiplikatoren in ihren Lebenswelten prägend etwa auf Wahlentscheidungen Einfluss zu nehmen vermögen. Denn nichts ist wirksamer als der persönliche Gesprächskontakt. Daher sei es besonders vielversprechend für Politiker, „die Meinungsführer persönlich, ohne den Umweg über die Massenmedien, anzusprechen. Jeder überzeugte Meinungsführer reißt drei, vier weitere Personen in seiner Umgebung mit. Hinzu kommt, dass die Meinungsführer auch untereinander Kontakte pflegen. Auf diese Weise zieht jeder persönliche Kontakt zu einem Meinungsführer weite Kreise."[161]

Also sollten die Meinungsführer aus den Lebenswelten mit starken Affinitäten zu einer politischen Richtung vielleicht besser nicht in gut einer Woche, zwischen dem 24. Dezember und dem 1. Januar, völlig abschalten und politische Absenz zeigen. Gerade in der verworrenen, politisch blockierten Situation zum Ende des Jahres 2017, da die Würfel der Macht noch nicht gefallen sind, käme es etwa bei den Christ- und Sozialdemokraten auf überzeugte, zielklare Kommunikatoren und Multiplikatoren an, die ein wenig Bewegung in

---

161 Vgl. Noelle-Neumann, Elisabeth, Wahlkampf der Meinungsführer, in: FAZ, 14.08.2002.

die verfestigte, zugleich aber ziellose Orientierungslage der deutschen Gesellschaft bringen könnten.

Nur: Gibt es diesen Typus insbesondere im Umfeld der früheren Volksparteien noch hinreichend, den sprachfähigen Aktivisten oder die Aktivistin, der/die im Kern von der Überlegenheit der Programmatik seiner Formation überzeugt ist, der/die mit leidenschaftlicher Energie für deutlich beschriebene Ziele eintreten kann, jederzeit ein einleuchtendes Zukunftsprojekt vor Augen? Denn wie soll er/sie das noch können, wo doch solche Projekte und Vorgaben in den parteipolitischen Arena nach der langen Ära eines begründungs- und bilderlosen Pragmatismus gar nicht mehr existieren? Und solange das so bleibt, können sich die politischen Deutungen und Präferenzen im Sockelbereich der Lebenswelten auch in der Weihnachtszeit nicht konstruktiv verändern. Zu neuen Meinungsführern avancieren in diesem geistigen Vakuum seit einiger Zeit stattdessen diejenigen, die pure Verachtung und aggressive Distanz gegenüber dem etabliert Politischen, dessen Repräsentanten nicht einmal eine handlungsfähige Regierung zustande bringen, vervielfältigend äußern – und dies gewiss auch an den besinnlichen Tagen bei Gänsebraten und Weihnachtsplätzchen nicht unterlassen werden.

8.
Politische Bücher

Wer kennt schon, wer liest schon noch Bücher von Politologen aus als exzellent etikettierten Clusterprojekten? Etwas besser stehen unzweifelhaft die Historiker da. Hier hat sich der Anspruch der Geschichtswissenschaft des 19. Jahrhunderts, verbindliche Deutungen der Vergangenheit zumindest für die bürgerlichen Schichten zu verfassen und sich von der „Pflicht zur politischen Pädagogik" (Theodor Mommsen) leiten zu lassen, gehalten, auch wenn die sozialgeschichtlich-theoretische Ära der 1960er bis 1980er Jahre die Leseneigung eines keineswegs kleinen Publikums zwischenzeitlich arg strapaziert und irritiert hatte.

Aber selbst der Doyen der bundesdeutschen Sozialgeschichte, Hans-Ulrich Wehler, war – wenn er wollte und er wollte dies keineswegs selten – ein begnadeter polemischer Essayist. Und der historische Großinterpret des „Weges nach Westen", Heinrich August Winkler, hat in einem Interview über seine geschichtsdidaktischen Anstrengungen als Lehrender an der Universität erklärt:

„Ich versuche in meinen Lehrveranstaltungen den Studierenden klarzumachen, dass sie stets so formulieren sollten, dass sie auch von Laien verstanden werden, und dass sie eines scheuen müssen wie der Teufel das Weihwasser, und das ist der Fachjargon (...). Im Übrigen beweisen uns angelsächsische, französische und italienische Historiker

durch ihre Veröffentlichungen, dass Lesbarkeit in keiner Weise den Tiefgang einer Darstellung gefährden muss. Im Gegenteil, ich glaube, dass die Verständlichkeit der Darstellung eher dafür spricht, dass ein Autor versucht hat, ein Problem zu Ende zu denken."[162]

Die Politikwissenschaften hingegen sind überwiegend nicht so. Hier herrscht eine fast sektenhafte Pflege und Dogmatisierung des eigenen Jargons. Das Gros der Sozialwissenschaften unterwirft sich seltsam devot, wie ein „Knecht der Mechanismen" (Helmuth Plessner), den Imperativen der Methodik und theoretischer Ansätze. Politikwissenschaftler insbesondere interessieren sich nicht für die möglichen Adressaten ihrer Untersuchungsresultate. Denn man will um nichts auf der Welt in der Zunft als *Feuilletonpolitologe* gelten. „Feuilleton" – das bedeutet in der Sozialwissenschaft hierzulande das schlimmste Verdikt; das verheißt Nachwuchswissenschaftlern die berufliche Guillotine. Wer als Feuilletonist gilt, überlebt in der Universität nicht lange.

In Frankreich dagegen war jemand wie Raymond Aron immer auch Zeitungskolumnist, ebenso wie in Italien der Turiner Universitätsphilosoph Norberto Bobbio. Die britischen Historiker Timothy Garton Ash und Tony Judt sind bzw. waren ganz selbstverständlich gefragte Kommentatoren in der öffentlichen Auseinandersetzung. Und der große englische Historiker Eric Hobsbawm hat

---

162 Vgl. Winkler, Heinrich-August, „Wir sind rückwärtsgewandte Propheten", in: Spiegel Online, 23.3.2011, online einsehbar unter: http://www.spiegel.de/lebenundlernen/uni/heinrich-winkler-ueber-historiker-wir-sind-rueckwaerts-gekehrte-propheten-a-751563.html [zuletzt abgerufen am 15.06.2018].

stets darauf gepocht, dass man als Sozialwissenschaftler und Historiker nicht nur für seinesgleichen schreiben dürfe. Auch Max Weber hatte sich als engagierter öffentlicher Intellektueller verstanden, der die *Frankfurter Zeitung* als Podium für seine politischen Interventionen nutzte. Vergleichbares konnte man Jahrzehnte später von Ralf Dahrendorf und Kurt Sontheimer sagen. Aber hatte man sie im Zentrum ihrer Zunft jemals anerkennend akzeptiert? Hierzulande dominiert stattdessen weiterhin die Unterwürfigkeit gegenüber Systemkategorien und Retortengeschwurbel wie „Konfigurationen", „Implementierung", „Determiniertheit", „Mehrebenensystem" – Retortengeschwurbel, flankiert durch Hochstapeleien derer, die verzückt „clustern", „Leuchttürme" errichten oder „Synergieeffekte" stiften, um „Kreativitäten" zu „fokussieren".

Doch das Schlimme ist: Wer mit solchen semantischen Barbareien schwungvoll zu jonglieren vermag, kann immer noch in der sozialwissenschaftlichen Zuwendungslandschaft in kürzester Zeit und höchst erfolgreich alle möglichen, als höchste Wissenschaft drapierte Projekte durchsetzen. Die meisten Forschungsanträge und erst recht all die traurig öden Forschungsberichte sind in einem formelhaften, nuancenarmen, erfahrungsleeren Deutsch verfasst. Der Spiegelstrich ist das bevorzugte Ausdrucksvehikel. In den Beiträgen für nachgerade geheimbündlerisch exklusiv referierte Zeitschriften „generiert" man, was die PC-Bausteine mit schnellem Zugriff zu bieten haben.

Die Politikwissenschaft in Deutschland hat sich durch ihr verengtes Vokabular, durch ihre Devotion gegenüber wissenschaftlichen Standards, durch ihren

Dogmatismus des verbindlichen „Forschungsstands" derart hermetisch verpuppt, dass sie überwiegend im öffentlich intellektuellen Raum keine Rolle mehr spielt. Einige wenige nur hatten die Misere in den letzten Jahrzehnten beklagt, besonders bitter Wilhelm Hennis, der fast verzweifelt die Frage aufwarf, warum wissenschaftliche Sprache „aseptisch gegenüber Leid, Schmerz wie Glück und Hochgefühl"[163] sei. Eine Antwort erhielt er von den übrigen Wortführern seines Fachs nicht. Währenddessen leugneten die Historiker gar nicht mehr, dass Geschichte nur anschaulich erzählen, begreifen *und* erklären kann, wer über Gespür und sprachliche Ausdruckskraft für Leid und Glück verfüge. Aber auch dort ist auffällig, dass es über rund zwei Jahrzehnte vorwiegend die Außenseiter ohne universitären Lehrstuhl waren, die das nötige Assoziationsvermögen besaßen, welche die Kunst der Literatur nicht aus der wissenschaftlichen Darstellung bannten, für die der Klang und die Melodie eines Satzes nicht peripher war, für die sich im Stil auch die Substanz des Inhalts ausdrücken muss. Die Fachwissenschaft hielt solchen Autoren gegenüber zu Lebzeiten erkennbar Abstand. Aber im kleinen Kreis, wenn man gleichsam „entre nous" sprach, war Respekt und Anerkennung wohl zu vernehmen. Und man schaute sich einiges von der Art ab, wie die Feuilleton-Historiker Strukturen der Geschichte auch über Schicksale, Ereignisse, Dramen sowohl ausleuchteten wie lebendig erzählten. Die Politikwissenschaft und (weniger) die Soziologie blieben weiterhin bei ihrem Kult des Szientismus, fanden mehr und mehr Gefallen an der quantifizierenden

---

163 Vgl. Hennis, Wilhelm, Regieren im modernen Staat, Tübingen 2000, S. 277.

Handwerkelei, schlimmer noch: an den mathematischen Modellen, die zeitgleich auch die Volkswirtschaftler zunächst faszinierten und schließlich blamierten. Ernsthafte Forscher zählten in aufwändigen, üppig ausgestatteten Verfahren, unter welchen Bedingungen nach Wahlen sich Koalitionen bilden würden. Nach Jahren intensiver serieller Datenerhebung konnte man stolz vermelden, dass Parteien sich dann zu Regierungsallianzen zusammenschließen, wenn sonst keine von ihnen am Wahlsonntag eine absolute Mehrheit erzielt. Und weiter: Größen des Fachs hatten mit streng empirischer Sorgfalt die Programme der Parteien durchforstet, um am Ende einer methodisch höchst elaborierten Studie als Befund zu verkünden, dass – etwa – die Grünen auffällig stark die Umweltpolitik betonen, die PDS – welche seinerzeit noch existierte – die Interessen der Bürger der neuen Bundesländer signifikant ins programmatische Visier genommen hatte. Die vordersten Plätze auf den Rankinglisten vermeintlicher Exzellenz sind einem mit dergleichen Trivialitäten gewiss.

Es ist gewiss recht fade, im 50. Jubiläumsjahr abermals eine Philippika gegen die 68er zu verfassen. Doch gerade sie, die sich doch als sehr links verstanden, haben den überlieferten Bildungsdünkel und das Distinktionsgebaren gegenüber den „unteren Schichten" noch verstärkt. Darin waren sie ihren Vätern, mit denen sie Ende der 1960er Jahre im offenen Clinch lagen, keineswegs unähnlich. Die 68er liebten die Schriften von Adorno bis Marcuse, ebenso wie ihre Väter dem eigenbrötlerischen Philosophen der „Holzwege", Martin

Heidegger, den Altar bereiteten. Die raunende, esoterische, labyrinthische Sprache der „Frankfurter" und „Freiburger" gab ihnen, jung oder alt, das erhabene Gefühl apostolischer Eingeweitheit. Der Dutschke-Generation bot die Beherrschung des Vokabulars der „Kritischen Theorie" die Legitimation für den Avantgardeanspruch gegenüber dem profanen Rest „eindimensionaler" Menschen. Mit dergleichen „pseudomagischen Schlüsselwörtern"[164], lautete bereits vor Jahrzehnten die Kritik von Jean Améry, versah man sich selbst mit der Allüre vermeintlicher Tiefsinnigkeit.

Demgegenüber wird man an den französischen Philosophen und Nobelpreisträger Henri-Louis Bergson erinnern dürfen, der sehr eindringlich darauf bestanden hat, dass es keine noch so subtile philosophische Idee gebe, „die man nicht in einer jedermann verständlichen Sprache ausdrücken" könne – und müsse. Doch hierzulande machen sich nur wenige Gedanken darüber, wie man die Ergebnisse sozialwissenschaftlicher Projekte in zumindest gebildete Alltagskommunikation übersetzen kann. Didaktik hat an deutschen Universitäten keinen hohen Stellenwert. Nur wenige halten es für nötig und zweckmäßig, sich in die Lage, Mentalitäten, Erwartungen von möglichen Adressaten jenseits des Fachs hinein zu fühlen, um so die eigenen Überlegungen zu verbreiten, früher hätte man gesagt: zu demokratisieren. Dergleichen gilt nachgerade als wissenschaftlich unwürdig. Gestaltung, Ästhetik, Anschaulichkeit – nichts davon interessiert.

---

164 Zum Jargon der Dialektik vgl. Améry, Jean, Werke: Band 6, Stuttgart 2004, S. 265–298.

Wir alle wissen, wie außerordentlich diffizil es ist, wissenschaftliche Komplexität didaktisch wirksam, zielgruppengerecht, dabei nicht zu Lasten der fraglos unverzichtbaren Differenzierung zu vermitteln. Diese – im Übrigen auch intellektuelle – Fertigkeit sollte mithin schon in der Wissenschaftsausbildung der Universitäten bewusst gepflegt werden, was allerdings partout nicht geschieht. Dabei müsste man mindestens darüber nachdenken, ob beispielsweise Promovierende nicht als Teil ihres Ausbildungsgangs bei Buchverlagen, Wissenschafts- oder Feuilletonressorts, auch Online-Redaktionen im medialen Bereich hospitieren sollten. Das würde jungen Wissenschaftlern übrigens auch die extreme Einseitigkeit ihrer Qualifikation nehmen, würde vielleicht den Horror mildern, der fast jeden Nachwuchswissenschaftler im Laufe der quälend einsamen Schreibtischjahre ereilt, irgendwann als schon mittelalter Mensch die ersehnte Professur nicht zu bekommen, im Grunde aber dann für alle anderen diesseits der Universität ganz und gar nicht zu taugen.

Zusammen: Es ist nicht gleichgültig, *wie* man als Forscher des Politischen schreibt. Es mindert nicht die Wissenschaftlichkeit, wenn die Zahl der Leser sich vermehrt. Es verringert nicht den Erkenntnisraum, wenn man neugierig schauend ins gesellschaftliche Feld geht, ohne stets ein bereits festes Analyseraster im Gepäck mitzuführen. Es kann frei machen, wenn man sich um „Anschlussfähigkeiten" an „herrschende Lehren" nicht schert. Und: Erkenntnisgewinn lässt sich nicht allein aus der Empirie seriell gewonnener Zahlenreihen ziehen. Man sollte auch neugierig schweifend assoziieren, sollte sich ruhig trauen, selbst nach Mentalitätsströmen in den Untergründen des gesellschaftlichen Fortgangs zu suchen, die man zunächst oft nur ahnen, ungefähr beschreiben, plausibel vermuten, nicht jedoch bereits final beweisen kann.

Memoiren eines Standfesten (2006)

Rezension von: Gerhard Schröder, Entscheidungen: Mein Leben in der Politik, Hamburg 2006.

„Als Kunstwerk oder Genussmittel stehen diese ‚Erinnerungen' nicht zur Diskussion." Das schrieb vor ziemlich exakt 41 Jahren Golo Mann in der *Zeit,* als er das Memoirenwerk eines früheren Kanzlers, Konrad Adenauer, besprach. Und so hat man es natürlich auch mit dem Rückblick von Gerhard Schröder zu halten. Ein guter Kanzler muss über den wachen Instinkt für politische Gefahren und gesellschaftliche Möglichkeiten verfügen. Er sollte in Krisensituationen gute Nerven besitzen. Und dergleichen mehr. Ein glänzender Essayist und sprachsensibler Literat braucht er hingegen – natürlich – nicht zu sein.

Die meisten Kanzler im modernen Deutschland – Bismarck bildete eine Ausnahme, ein wenig ebenfalls Willy Brandt – schufen mit ihren Erinnerungen in der Tat auch keine große Literatur. Im Gegenteil, in aller Regel sind die Memoiren prominenter Politiker langweilig, hölzern geschrieben, oft pedantisch und dies vor allem: unerträglich rechthaberisch. Gleichwohl pflegen Kanzlermemoiren in aller Regel Bestseller zu werden. Auch das fing mit Bismarck und seinen „Gedanken und Erinnerungen" an. Das galt aber ebenfalls für Adenauer, für Brandt, Schmidt und Kohl, wobei zumindest die Bücher der CDU-Regierungschefs ziemlich unlesbar sind und daher auch in den Bibliotheken des deutschen Bürgertums überwiegend ungelesen und zugestaubt im Regal stehen.

Vermutlich dürfte das trotz des strategisch entfachten Medienfiebers auch für den Band des Kanzlers der rot-grünen Koalition zutreffen. Erbauungslektüre für die Mußestunden beim abendlichen Bordeaux zur klassischen Musik bekommen wir jedenfalls nicht geboten. Dafür sind die Ausführungen einfach zu schlicht. Man spürt in einigen Kapiteln Satz für Satz, dass da jemand mündlich berichtet hat, was hernach mühselig in halbwegs lesbare Schriftform transferiert werden musste. Das meiste ist alles andere als neu oder gar aufregend, erst recht nicht enthüllend. Die Porträts sind überwiegend farblos. Man stolpert nicht selten über im Grunde ganz unschröderianische Allgemeinplätze der Sorte: „Eine humane und demokratische und damit globalistische Gesellschaft braucht Menschen, die sich engagieren." Zugegeben: Im Talk nach dem ‚Tatort' würde die Hälfte des Publikums ergriffen applaudieren. Und so hat man sich als Politiker an den schnellen Beifall für solche probaten Bürgergesellschaftlichkeiten wohl gewöhnt. Ein wenig überrascht war man indes über die Passagen zum alten Freund und Gegner Lafontaine, der oft ganz wie in den guten alten Zeiten, als noch „kein Stück Papier" zwischen die beiden Kraftnaturen der SPD passte, kurz und genossenschaftlich als „Oskar" firmiert. Hier sind dem früheren Kanzler einige bemerkenswert anerkennende – „nie wieder einen so begabten politischen Menschen kennengelernt" –, auch sensible Deutungen – „wie viel Überwindung ist vonnöten, sich (nach dem Attentat) erneut in größere Menschenmengen zu begeben?" – gelungen.

Natürlich, das Grundübel aller Politikererinnerungen rührt aus dem inneren Rechtfertigungszwang ihrer Verfasser. Fast alles war richtig, was sie getan oder gelassen haben. Alle Handlungen bekommen Sinn, Ziel, Zweck und Stringenz. Wer immer andere Auffassungen vertrat, war entweder ein hinterhältiger Bösewicht oder ein ahnungsloser Dummkopf. Selbst die größten Kanzler gebrauchten memorierend dieses einfache Schema. Und Schröder verwendet es – ohne maßlos zu werden – ebenfalls.

Insofern liefert dieses Genre in aller Regel keinen allzu großen Erkenntnisgewinn. Politiker dieser Fasson, die sich über Jahre täglich heftigen medialen Angriffen ausgesetzt sahen, sich von Intriganten und politischen Nebenbuhlern chronisch umstellt und daher bedroht fühlten, zuweilen blutige Dinge exekutieren mussten, neigen nach Ablauf dieser bitterharten, einsamen Jahre nicht zu ausgewogenen und grüblerischen Reflexionen des eigenen Tuns. Sie sind – zugegebenermaßen: nicht unverständlich – allein apodiktische Apologeten ihrer selbst, präziser: der politischen Taten oder eben auch „Entscheidungen" während der Zeit ihrer Kanzlerschaft.

Ein bisschen schade ist das schon. Denn gerade große Politiker zeichnen sich nicht nur durch den einen, alles verbindenden roten biographischen Faden aus, ihr Lebensweg war meist keineswegs geradlinig und konzise; große Politiker haben gewissermaßen mehrere politische Leben gelebt, haben oft Positionen jäh gewechselt, schauen infolgedessen später auf lebensgeschichtliche Brüche und überraschende Zäsuren zurück. Aber im Herbst ihres Lebens fehlt ihnen offenkundig die psychische Kraft darüber zu reflektieren. So ist das auch bei Schröder. Der normative Fluchtpunkt, den er in seinen „Entscheidungen" wieder und wieder im wilhelminischen Duktus setzt, heißt: „Standfestigkeit". Nun mag man so etwas wie Standfestigkeit beim Politiker Schröder vielleicht seit 2003 erkennen, da er den Kurs der Agenda-Politik nicht mehr verließ. Aber im politischen Leben zuvor ging es denkbar munter und bunt zu. Standfest war es nicht. Im Gegenteil, Schröder kam nach oben, weil er frech rochierte, nonchalant die Seiten wechselte, sich über ordnungspolitische Verlässlichkeiten gleichgültig hinwegsetzte. Schröder machte 20 Jahre lang das, was er in seinen Erinnerungen den Gegnern aus der eigenen Partei nun ein wenig philiströs vorwirft: Er verschaffte sich die mediale Aufmerksamkeit, indem er sich über seinen jeweiligen Parteivorsitzenden mokierte, Beschlüsse ignorierte, der eigenen Partei in schöner Regelmäßigkeit – um im derben Jargon des Ex-Kanzlers zu bleiben – „ins Kreuz trat".

Schröder – und er mehr als jeder andere – verzehrte in den Jahren seines Aufstiegs die innersozialdemokratische Loyalität, die er als Basta-Kanzler uneingeschränkt für sich beanspruchte. Doch darf man dem Lamento Schröders auch nicht zu sehr auf den

Leim gehen. In der Geschichte sozialdemokratischer Kanzlerschaften hatte zuvor kein Regierungschef aus den Reihen der SPD derart wenig innerparteiliche Opposition auszuhalten wie Schröder. Philipp Scheidemann, Gustav Bauer, Hermann Müller, Willy Brandt und Helmut Schmidt hatten es da weitaus schwerer, sich gegen mächtige, selbstbewusste, lange auch durchaus kreative regierungsfeindliche Linksoppositionen im eigenen Lager durchzusetzen. Schröder klagt zwar gern im verblüffend altkonservativen Stil des verbitterten Patriarchen über die Machenschaften „lautstarker" und „relevanter Teile der SPD-Linken", die angeblich den „offenen Aufstand gegen den Parteivorsitzenden" planten und so dazu beitrugen, „dass eine neue Linkspartei entstehen konnte." Nur: Wo, um Bebels Willen, gibt es denn noch eine „relevante", gar lebendige, konzeptionell kraftvolle SPD-Linke? Hatte Schröder wirklich Furcht vor dem bekannten jungen Himmelstürmer Ottmar Schreiner, dem populären charismatischen Tribun Florian Pronold, dem brillanten Theoretiker Detlev von Larcher? Nochmals: Da waren die Mühen des Herrmann Müller mit Paul Levi, von Willy Brandt mit Jochen Steffen und Helmut Schmidt mit, ja, Gerhard Schröder und Oskar Lafontaine doch ein wenig gravierender. Wenn Schröder tatsächlich aus Bangigkeit vor dem harmlos-kümmerlichen Linksflügelchen der SPD des Jahres 2005 die Kanzlerschaft hingeworfen hat, dann sollte er es künftig füglich unterlassen, seiner Nachfolgerin im Amt einen Mangel an Führungskraft vorzuwerfen. Mit ihren Brüchen tun sich die „Standfesten" der Agenda 2010-Politik erkennbar schwer. Sie haben diese Brüche nie erklärt und scheinen auch keineswegs willens zu sein, dies jemals nachzuholen. Dabei würde man von den Schröders, Münteferings, auch Wieczorek-Zeuls, und wie sie alle heißen, schon einmal gerne erläutert bekommen, warum sie bis 1997/98 – also ein beachtliches politisches Leben lang – für das Gegenteil von dem gekämpft haben, was sie dann seit 2002/03 unter dem Imperativ der Alternativlosigkeit der Republik herrisch verordneten. Was bedeuten die politischen Maximen zuvor: War das nur Geplänkel, Spielerei, Nonsens, alberne Provokation? Denn das, was seit 2003 von den „Standfesten" als unabwendbarer Druck der Realität erklärt wurde – Alterung der Gesellschaft, Globalisierung, Verschuldung des Staates, Finanzprobleme in den Sozialsystemen, Wachstumsbarrieren durch Bürokratien, Unterforderung der „Unterschichten", Verkrustung des Arbeitsmarktes – dürfte doch die Wirklichkeit auch schon 1997 oder 1991, selbst 1981, gewesen sein. Aber warum sahen die standfesten Realisten Schröder und Müntefering die „Wirklichkeit" damals noch nicht? Sie waren schließlich erfahrene Politiker, über etliche Jahre in der Bundestagsfraktion der eine, als Chef einer Landesregierung der andere. Und doch zogen sie in zahlreiche Wahlkämpfe gegen die „soziale Kahlschlagspolitik" des Norbert Blüm, dessen sozialkatholisches Gewissen sich der späteren Agenda-Technokratie nie gebeugt hätte.

Dieser Bruch mag erklärbar sein. Aber erklärt haben ihn die „Standfesten" dennoch nicht. Denn gute Interpreten waren sie nie. Man findet in diesem Kreis auch keine einzige originäre Idee; die „Standfesten" der Ära Schröder waren immer nur Schwämme für dominant zirkulierende Erklärungsmuster. Und so trugen sie durch ihre – selbst Unternehmer verblüffende – Steuerverschenkungspolitik zur Verwahrlosung der öffentlichen Güter und zur Handlungslähmung des Staates gerade in Wachstumsbereichen bei. Eben das hat einige hunderttausend Mitglieder und etliche Millionen Wähler der SPD verwirrt, deprimiert, abgestoßen, in Teilen schließlich der Linkspartei zugetrieben. Schröder möchte die Verantwortung dafür gerne den Herren Bsirske und Peters, den Mephistogestalten – die „systematisch auf meinen Sturz hinarbeiteten" – zuschieben. Doch es war die eigene Erklärungslosigkeit, die zum Verschleiß der Sozialdemokratie führte und die ihn ein Jahr vor dem Ende der letzten Legislaturperiode schließlich aus dem Amt katapultierte.

Schon 1892 klagte der Geheimrat Lothar Bucher, der Bismarck bei der Niederschrift seiner Erinnerungen assistierte, über den zunehmend rechthaberischen „Alten vom Sachsenwald": „Bei nichts, was misslungen ist, will er beteiligt gewesen sein und niemand lässt er neben sich gelten als etwa den alten Kaiser." So schlimm ist es bei Gerhard Schröder sicher längst nicht. Aber ein bisschen bismarckianisch geht es bei ihm schon auch zu. Doch wird das Schröder gewiss nicht als Vorwurf empfinden.

Kalt und streberhaft: Die neue SPD und der „Vorsorgende Sozialstaat" (2007)

Rezension von: Matthias Platzeck, Frank-Walter Steinmeier, Peer Steinbrück (Herausgeber), „Auf der Höhe der Zeit. Soziale Demokratie und Fortschritt im 21. Jahrhundert". Vorwärts Buch Verlag, Berlin 2007.

Die neue Sozialdemokratie nach Schröder und Müntefering formiert sich. Heute wird in Berlin, im Willy-Brandt-Haus, ein Buch von Matthias Platzeck, Peer Steinbrück und Frank-Walter Steinmeier mit dem Titel „Auf der Höhe der Zeit. Soziale Demokratie und Fortschritt im 21. Jahrhundert" vorgestellt. Mit diesem Buch wird der „überkommene Sozialstaat" explizit zu Grabe getragen. Die neue Losung, die künftig parteiweit und programmatisch verbindlich gilt, lautet nun: „Vorsorgender Sozialstaat".

Mit diesem Konzept gehen Platzeck und seine Netzwerker-Truppe aus jungen, wenngleich politisch chronisch farblosen Bundestagsabgeordneten nun bereits seit zwei Jahren hausieren. Insofern kennt man die elementare Botschaft: Der vorsorgende Sozialstaat will nicht die Defekte reparieren, sondern frühzeitig die Zukunftsprobleme der Gesellschaft identifizieren und ihnen systematisch entgegensteuern. Die universelle Problemlösungsformel für das 21. Jahrhundert heißt „Bildung", noch genauer: fortwährende Gewährung von Bildungschancen.

Die „neue Sozialdemokratie" will sich dabei nicht mehr mit der Sentimentalität der früheren Solidarsprache beschweren, sie hält auch nichts mehr von dem Empathiebegehren der Willy-Brandt-SPD. Die gewandelte

SPD argumentiert weit zackiger und verlangender, ihre Postulate klingen kühl, hart und technologisch. Der „vorsorgende Sozialstaat", heißt es in oft merkwürdig bellenden Imperativsätzen, wird „präventiv" in „die Menschen investieren". Die derart mit ausreichendem „Bildungskapital" ausgestatteten „Humanfaktoren" haben sodann die Aufgabe, durch lebenslange Leistungen die ihnen vorsorgend erteilten Chancen zu nutzen. Schaffen sie das nicht, dann sind die negativen Folgen, die sie auf dem Arbeitsmarkt und in der gesellschaftlichen Hierarchie erwarten, durchaus gerecht, denn sie hatten schließlich jede Möglichkeit, „durch Leistung" den „individuellen Aufstieg" zu realisieren – was im Buch von Platzeck und Co. tatsächlich als „ursozialdemokratisches Versprechen" charakterisiert wird.

Die Sozialdemokraten der neuen Generation wollen keineswegs mehr „Schutzmacht der kleinen Leute" sein, sie möchten vielmehr stets als Klassenprimus durch das Ziel gehen. Sozialdemokraten, heißt es daher im neuen Buch, „sollten überall die Ersten sein" und Deutschland einen „technologischen Vorsprung" vor dem Rest der Welt verschaffen. Man mag es wenden, wie man will, doch kommt der „vorsorgende Sozialstaat" neusozialdemokratischer Machart mit einer verblüffend hybriden, großmäuligen Pose daher, die – gerade auch in ihrem Technologieenthusiasmus – mehr an Wilhelm II. als an August Bebel oder gar Willy Brandt erinnert.

Nun spricht natürlich nichts gegen die Philosophie der „Vorsorge". Vorsorge für etwas zu treffen – Menschen pflegen seit ewigen Zeiten auf diese Weise zu handeln. Und auch der Sozialstaat des 19./20. Jahrhunderts hat keineswegs nur nachgesorgt, wenngleich die Menschen vom Staat durchaus als allererstes Schutz und Sicherheit in Zeiten der Not und Bedrängnis erwarten. Aber der Sozialstaat war von Beginn an eben auch eine Einrichtung mit exklusivem Gestaltungsehrgeiz. Geradezu als Musterbeispiel für Vorsorgewohlfahrtsstaatlichkeit kann die große Rentenreform von 1957 gelten, mit der in der Tat ein uraltes Problem der Menschen – die chronische Unsicherheit und Armut im Alter – gelöst wurde. Kaum eine Reform des modernen Sozialstaats dürfte jemals populärer gewesen sein als die Garantie auf einen materiell gesicherten Ruhestand. Auch aus der Perspektive der Chancenrhetorik war im Grunde all das, was heute als Zukunftsmodell verkauft wird, in diesem Symbolprojekt des CDU-Staates der 1950er Jahre bereits angelegt. Die Dynamisierung der Rentenleistungen durch die Kopplung der Ruhestandsbezüge an die Lohnentwicklung eröffnete älteren Menschen bisher ungekannte Optionen – nicht zuletzt die Chance, noch einmal im Leben etwas zu beginnen, was zuvor wegen allerlei familiärer und beruflicher Pflichten nicht recht zu machen war.

Doch gerade diese Vorsorgereform der Alterssicherung durch das Solidarprinzip ist den modernen Sozialdemokraten eher zuwider, weshalb sie diese auch schon seit Jahren systematisch aushöhlen. In ihrer kalten Technokratensprache wird das gerne damit begründet, dass man eben mit Aussicht auf Ertrag in die Zukunft nicht sinnlos in die Vergangenheit investieren wolle.

Einfacher ausgedrückt: Die unproduktiven Rentner kosten zu viel. Komplexer formuliert: Die negative Dialektik des Vorsorgeprinzips führt oft genug dazu, dass in Problemlösungen etliche unbeabsichtigte Folgeprobleme lauern. Die große Rentenvorsorge von 1957 ging im Laufe der Zeit, so erzählen es jedenfalls gegenwärtig die modernen Sozialdemokraten, zu Lasten der Jüngeren. Daher wird die Vorsorgereform der Adenauer-Jahre 50 Jahre später ihrerseits vorsorgend reformiert. Und man kann sich bereits jetzt sicher sein, dass diese gegenwärtige Reform der früheren Reform in spätestens zwanzig bis dreißig Jahren zum gigantischen Problem von Altersarmut zumindest im unteren Drittel der Bevölkerung führen wird. Und die Modernisierer des Jahres 2030 werden infolgedessen viel damit zu tun haben, all die schlimmen Folgen der Reform der Reformen aus der Ära Schröder-Merkel zu bewältigen.

Dies ist das im Grunde ja sattsam bekannte Paradoxon der Moderne: Ihr Rationalisierungs- und Optimierungsanspruch gebärt immer wieder Ungeheuer und Deformierungen. Die Idee, dass der Staat die Probleme rechtzeitig aufspürt und Zukunft gezielt, systematisch, planvoll gestaltet, ist schließlich alles andere als neu – und ein wenig sollte man die mittlerweile gut bekannten Tücken vorsorgender Planung in komplexen Systemen wenigstens reflektieren, wenn man sich programmatisch abermals auf diesen Weg begibt.

Zuletzt sah man die deutsche Gesellschaft– und die deutsche Sozialdemokratie dabei strikt vorneweg – in den 1960er Jahren auf dieser Route. Nach zwei Jahrzehnten neuliberaler Erhard-Politik brach die große Zeit der Planer, Gestalter und Gesellschaftsarchitekten an. Schon damals war es das Ziel, die traditionelle Sozialpolitik für die Bedürftigen in eine moderne Gesellschaftspolitik der sozialen Demokratie zu transformieren. Natürlich galt auch seinerzeit Bildung als Schlüssel für die Gesellschaftsreform. Doch das entscheidende Passepartout für den technischen, wirtschaftlichen und dadurch bedingt auch sozialen Fortschritt war in den frühen 1960er Jahren die Atomenergie. Jeder, der progressiv, vor allem vorsorgend, dachte, setzte auf diese Energiequelle. Und keine Partei begeisterte sich stärker für den Bau von Atomkraftwerken als die Sozialdemokraten, die sich davon fortwährendes wirtschaftliches Wachstum und infolgedessen unversiegbar sprudelnde materielle Quellen für Wohlstand und sozialen Ausgleich in einer Gesellschaft der sozialen Demokratie versprachen. Auch Erhard Eppler, später bedeutender Wachstumskritiker in der SPD, dachte in den 1960er Jahren so. „Mit leisem Grausen", so schreibt er in seiner Autobiographie, erinnere er sich, wie er in diesem „Jahrzehnt des technokratischen Größenwahns" für Roboter und schnelle Brüter schwärmte. Wie Eppler hatte auch sonst kaum jemand im Jahr 1965 daran gezweifelt, dass die Atomenergie das probate Mittel schlechthin für eine weitsichtige technologische Vorsorgepolitik sein würde. Und da die Philosophie der systematischen Vorsorge den Zweifel und die Ambivalenz gern ausblendet, kamen Alternativen gar nicht erst zum Zug. Im Rausch bombastisch subventionierter Atomvorsorge wurde beispielsweise die staatliche Förderung der Mikroelektronik nur stiefmütterlich betrieben, so dass

Deutschland – gerade wegen seiner Vorsorgepolitik – auf diesem Gebiet drastisch zurückfiel.

Denn die säkulare Heilsutopie des systematisch-effizienten Vorsorgens birgt keine große Lernelastizität. Im Vorsorgepostulat steckt immer der große Plan, in dem – so steht es auch im Buch von Platzeck und Co. – „alle wesentlichen Politikbereiche wie ein Rad ins andere greifen" müssen. Es ist kein Zufall, dass derzeit gerade bei den Profis der Politik Begriffe wie „Baustelle", „positionieren", „aufgestellt sein" wonnevoll kursieren. In diesem Verständnis wird Gesellschaft wieder zur Großbaustelle, auf der jeder an seinem Platz die ihm zugewiesene Funktion exakt auszufüllen hat. Der technokratisch unterfütterte vorsorgende Sozialstaat begreift Menschen als Material, als Produktionsfaktoren, in die man rentabilitätsorientiert investieren muss. Die Chancen, die der vorsorgende Sozialstaat den Menschen anbietet, sind keineswegs ein Angebot, das man ablehnen darf. Es herrscht nachgerade ein Zwang zur lebenslang fleißigen Eigenoptimierung durch die Bildungsinvestitionen des Staates. Kultur, Autonomie, Eigensinn, die Freiheit zum Nein – all dies kommt bei den Ideologen des vorsorgenden Sozialstaats in der Sozialdemokratie auf der „Höhe der Zeit" substanziell nicht mehr vor.

Der geförderte normierte Mensch im „stählernen Gehäuse" des Vorsorgestaats hat die Pflicht zu Chancenerfüllung, Leistung und Erfolg. Insofern könnten sich die Negativerfahrungen aus der ersten Bildungsexpansion in der projektierten zweiten Bildungsreform der Vorsorger ungleich schroffer wiederholen. Die einen werden es schaffen; für die anderen ist ihre Erfolglosigkeit, ihre Unzulänglichkeit deshalb noch schmerzhafter, ihr Scheitern noch bitterer – da mit dem Stigma der „Selbstverschuldung" versehen. Und einen dicht geknüpften Sozialstaat, der sie auffängt, wird es in der Bildungsinvestitionsgesellschaft dann auch nicht mehr geben.

Ein bisschen mulmig kann einem daher schon werden, wenn man die Manifestationen der „neuen Sozialdemokraten" liest. Nicht nur, dass in ihnen Konzeptionen als genuin sozialdemokratische Innovationen präsentiert werden, die – wie der „vorsorgende Sozialstaat" – in Teilen die altbundesrepublikanische Praxis des Vorsorgepaternalismus der Christdemokratie spiegeln und bereits in den späten 1960er Jahren etliche Reden des FDP-Seiteneinsteigers Ralf Dahrendorf schmückten. Die Pamphlete der SPD sind Texte für die Tüchtigen, Leistungsfähigen, Produktiven, Wettbewerbsgeeigneten, Eigenverantwortlichen. Aber gerade in der deutschen Gesellschaft der nächsten vier Jahrzehnte wird es mehr und mehr Menschen geben, die Nachsicht brauchen, Hilfe benötigen, zudem Pflege und Zuwendung – und dies auch alles ertragen dürfen müssen. Ganz und gar sollte man solche Begriffe, die Willy Brandt einst unter der Handlungsmaxime des „Compassion" fasste, nicht aus einem Programm der sozialen Demokratie tilgen.

Troubadour gegen den Neoliberalismus (2007)

Rezension von: Jürgen Rüttgers, Die Marktwirtschaft muss sozial bleiben. Eine Streitschrift. Köln 2007.

Das ist schon ein pikantes Zusammentreffen. Vor einigen Tagen stellten die selbsternannten modernen Sozialdemokraten Matthias Platzeck, Peer Steinbrück und Frank-Walter Steinmeier ihr Buch zum „Vorsorgenden Sozialstaat" vor. Das hat in der ansonsten eher schläfrig gewordenen SPD allerlei Turbulenzen ausgelöst. Nun pariert ein christdemokratischer Ministerpräsident vom Rhein mit einer „Streitschrift", die den „Solidarischen Sozialstaat" auf ihr Panier geschrieben hat. Es handelt sich um Jürgen Rüttgers, der seine Partei schon im November des letzten Jahres zum Konflikt auf offener Bühne nötigte. Das könnte sich nun wiederholen.

Dabei gibt es auf den ersten Blick keinerlei Grund zur großen Kontroverse. Denn in der Tat gleichen sich das Konzept des „Vorsorgenden Sozialstaats" und das Paradigma vom „Solidarischen Sozialstaat" wie ein Ei dem anderen. Bei den Sozialdemokraten hier, bei Rüttgers dort, wird die gleiche Trias – dynamische Wettbewerbsfähigkeit, gesellschaftlicher Zusammenhalt, solidarische Hilfe zur Selbsthilfe des einzelnen Bürgers – beschworen. Diesem geht es wie jenem um einen Weg zwischen Etatismus und Marktdogmatismus. Die beiden früheren großen weltanschaulichen Lager in modernen Demokratien – das christlich-konservative und das sozialistische – standen sich über ein Jahrhundert kontrastscharf, polarisierend, in manchen Jahrzehnten gar tödlich verfeindet gegenüber. Das ist, nimmt man die programmatischen

Grundsätze, die derzeit kursieren, bis auf marginale Differenzen vorbei. Die Große Koalition in Berlin (und in mehreren Bundesländern) ist eben nicht nur ein eher zufälliges Produkt einer misslichen Arithmetik.

Doch ist es auch nicht allein Zufall, dass die Union die Nase gegenwärtig erheblich vorn hat. Denn im Grunde entspricht der sozialethische Begründungsbogen der „neuen Sozialdemokratie" dem alten Konzept der mitteleuropäischen Christdemokraten, mehr noch: Das klassische Subsidiaritätsdenken der katholischen Soziallehre, wie sie von Gustav Grundlach und Oswald von Nell-Breuning für die Sozialenzyklika „Quadragesimo anno" des Papstes Pius XI. im Jahr 1931 ausgearbeitet wurde, hat sich in beiden Volksparteien, nun also auch in der SPD, durchgesetzt. Der berühmte Satz aus dieser Enzyklika, „Wie dasjenige, was der Einzelmensch aus eigener Initiative und mit seinen eigenen Kräften leisten kann, ihm nicht entzogen und der Gesellschaftstätigkeit zugewiesen werden darf", ist inzwischen auch Handlungsimperativ der „neuen SPD". Es ist bezeichnend, dass sich insbesondere Peer Steinbrück auf dieses Prinzip der Subsidiarität immer wieder explizit beruft, während es bei den übrigen Sozialdemokraten dieser Richtung wohl eher unbewusst in die Programmsätze hineingesickert ist.

Insofern ist es bemerkenswert, wie sehr die katholischen Christdemokraten den historischen Wettlauf gewonnen haben. Doch hat die CDU dies mehrheitlich zuletzt weder hinreichend geschätzt noch zielstrebig weiterverfolgt. Nur deshalb konnte im medialen Diskurs die ganz abwegige Deutung aufkommen, die CDU habe sich seit 2005 „sozialdemokratisiert". In Wirklichkeit hatte sich die CDU seit etwa Mitte der 1990er Jahre von ihrem eigenen sozialkatholisch geprägten Sozialmodell gelöst, sich im Zuge ihrer juvenilen Erneuerung stattdessen neuliberale Phrasen angeeignet, plötzlich den Staat und die Wohlfahrtsinstitutionen, die sie selbst wesentlich geschaffen hatte, gebrandmarkt. Das trieb die CDU in bittere Niederlagen auf der Bundesebene, so dass sie sich dann seit Herbst 2005 ernüchtert und gleichsam instinktiv wieder in die alte, ihre historisch genuine Richtung bewegte.

Doch ein ideelles Fundament besitzt zumindest die Merkel-Führung für diese Richtungskorrektur der zum Schluss fast durchweg liberal gewordenen CDU nicht. Sie korrigierte sich, weil es zunächst stabilisierte, dann Zuwachs an Sympathiewerten in der Wählerschaft brachte.

In das geistige Vakuum seiner eigenen Partei dringt nun Jürgen Rüttgers ein. Er schwingt sich gewissermaßen zum Ideologen des alten christdemokratischen Sozial- und Erfolgsmodells auf und schreibt es für die nächsten Jahrzehnte fort. Während etliche Christdemokraten der Generation „Andenpakt" sich in den letzten Jahren von der alten christdemokratischen Konsensgesellschaft distanzierten, bekennt sich Rüttgers selbstbewusst zu den bundesdeutschen Regeln von Mitbestimmung, Korporatismus, Sozialpartnerschaft, hohen Löhnen, sozialer Sicherheit. Das ist für ihn die alte „soziale Marktwirtschaft" und deren Erbe will er wahren und zukunftssicher verwalten, ohne – wie Angela Merkel es gern hätte – das Attribut „neu" oder ähnliches davor zu setzen. Was die Eliten in Wirtschaft, Medien und Parteien sonst überwiegend seit Jahren schon am liebsten entrümpelt hätten, will Rüttgers stolz tradieren und zur Zukunftsperspektive schlechthin deklarieren: den „Rheinischen Kapitalismus" der alten „Sozialen Marktwirtschaft". Das ist in der Tat die alte Christdemokratie von Adenauer bis Kohl: Wandlungen ja, aber die Kirche bleibt im Dorf.

Gerade so hat es die Mehrheit der Wahlbürger stets goutiert. Und jenseits der Eliten wird man die zentrale Botschaft von Rüttgers gerne hören: Deutschland im Jahr 2007 ist kein Sanierungsfall mehr. „Und entscheidend ist", schreibt Rüttgers: „Das alles haben wir geschafft, ohne die soziale Marktwirtschaft grundlegend zu verändern. Wir haben es geschafft, ohne die Mitbestimmung aufzuheben. Wir haben es geschafft, ohne die völlige Flexibilisierung des Kündigungsschutzes. Wir haben es geschafft, ohne dem neoliberalen Wirtschaftsmodell angelsächsischer Prägung zu folgen. Wir haben an unserem Modell der Balance aus sozialer Gerechtigkeit und wirtschaftlicher Vernunft festgehalten, weil dieses Modell die Grundlage des Erfolges ist."

In diesem Punkt eben unterscheidet sich Rüttgers von den Neu-Reformern der Sozialdemokraten. Man konnte das trefflich schon auf dem Sozialkongress des Deutschen Gewerkschaftsbundes Mitte März dieses Jahres in Berlin beobachten. Matthias Platzeck erklärte dort, dass es keine Rückkehr zum „Rheinischen Kapitalismus" geben könne. Rüttgers, der zweite Redner in dieser Debatte, setzte sich davon mokant ab, bezeichnete den „Rheinischen Kapitalismus" nicht nur als „erfolgreiches Gesellschaftsmodell der vorigen Jahrzehnte", sondern auch als „Zukunftsmodell für das 21. Jahrhundert". Platzeck wurde von den Gewerkschaftern ausgezischelt, Rüttgers bejubelt. Auch deshalb mag die „neue SPD" „auf der Höhe der Zeit" heute so schlecht dastehen, während die Restauration der klassischen CDU unverkennbar Zuspruch gefunden hat.

Mit dem Projekt der christdemokratischen Restauration steht man heute links von der SPD. Und in der Tat versorgt Rüttgers seine Leser mit etlichen Attacken auf den entfesselten Kapitalismus, die von Sozialdemokraten heute kaum noch zu vernehmen sind. Immer wieder prangert der CDU-Ministerpräsident die „Spirale der Ungleichheit" an, geißelt die „Milliardengewinne der Konzerne", verwirft die alleinige Orientierung an Marktprinzipien und Kapitalverwertungsmaximen. Hauptfeind Numero Eins ist bei ihm infolgedessen der „Neoliberalismus". Wann immer er auf diesen in seiner Schrift zu sprechen kommt – und das geschieht in hurtiger Regelmäßigkeit – wirkt es wie verächtlich ausgespien. Bemerkenswert ist, dass Rüttgers in diesem Zusammenhang an seiner Charakterisierung von der „Lebenslüge" festhält, wenn er den von Neoliberalen unterstellten Konnex zwischen Steuersenkung und Arbeitsplatzmehrung vehement bestreitet. Doch „Lebenslüge" ist kein Begriff, mit dem man in CDU-Kreisen reüssieren könnte. Denn schließlich sprach von „Lebenslügen" in früheren Zeiten die Brandt-Bahr-SPD, als sie die Hoffnungen auf eine deutsche Wiedervereinigung desavouierte. Mit „Lebenslüge" wird im CDU-Milieu sozialdemokratischer Verrat, Kleinmut, Opportunismus, keineswegs aber eigene Irrtümlichkeit assoziiert. Gewinnen kann Rüttgers mit diesem Topos nicht. Geschickter sind da seine vielen Zitate aus dem Repertoire der intellektuellen Väter der frühen „sozialen Marktwirtschaft", die er gegen die heutigen Neoliberalen kräftig in Stellung bringt.

Natürlich fragt man sich bei der Lektüre des Buches nicht ganz selten, was sich im Düsseldorfer Kabinett aus Christdemokraten und Neoliberalen eigentlich abspielen muss. Entweder sind die freidemokratischen Neoliberalen devote Marionetten, mit denen Rüttgers machen kann, was er will. Oder aber der Anti-Neoliberalismus von Rüttgers steht allein auf dem Papier, ist für den realen Regierungsalltag ohne Bedeutung, wie es ja die sozialdemokratische Opposition in Düsseldorf nur zu gern – der Ministerpräsident blinke links, fahre aber stets rechts – behauptet.

In der Tat erinnert man sich daran, dass Jürgen Rüttgers in der Hosianna-Zeit des christdemokratischen Neoliberalismus nicht gerade als Partisan gegen den marktradikalen Zeitgeist aufgefallen ist. Im Jahr 2003, als Angela Merkel ihre Partei zu den Leipziger Beschlüssen trieb, hat auch Rüttgers sich Vokabeln bedient, die er heute als „neoliberal" schmähen würde.

Nun kann es ja gut nachvollziehbare Lernprozesse geben. Joschka Fischer hat es in seiner politischen Biographie nachgerade zu seinem Markenzeichen gemacht, den politischen Ortswechsel als Resultat schweren inneren Ringens auszugeben. Rüttgers hingegen erörtert solche lebensgeschichtlichen Veränderungen nicht, lässt seinen Bruch nach 2003 ohne Begründung.

Auch seine „Streitschrift" ist nicht ohne Brüche, wirkt nicht unbedingt wie aus einem Guss geschrieben. Es gibt besonders zu Beginn schöne, diskursive, reflexive Kapitel; dann aber folgen Abschnitte mit den gängigen Phrasen und Leerformeln, auch mit den herrischen Imperativsätzen, die sonst Modernisierer mit Vorliebe benutzen, um das verängstigte Volk auf Trab zu bringen.

Zuweilen blinzelt – als wolle er es versuchsweise testen – gar ein bisschen Lafontainismus durch, ein wenig Sozialpopulismus gegen die Schickeria vom Gendarmenmarkt, die amerikanische Kultur, den Wildwest-Kapitalismus, die ökonomisch belastende Zuwanderung. Und der typisch christdemokratischen Lebenslüge verfällt auch Rüttgers, wenn er wieder und wieder zwar die Bedeutung von „Werten" beschwört, sich aber kaum fragt, durch welche marktförmigen Prozesse sie unterminiert wurden. Und es gibt auch keine Antworte auf die Generalfrage, wie und warum eine Gesellschaft, in welcher der Wettbewerb mittlerweile die alles beherrschende Regulationsinstanz ist, unkonforme Verhaltensnormen wie Gemeinsinn, Solidarität, Nachsicht, Zuwendung, Verzicht neu produzieren könnte.

Gleichwohl: Rüttgers Streitschrift ist unzweifelhaft bemerkenswert. Die CDU wäre programmatisch weiter, wenn auch andere ihrer Ministerpräsidenten an einer vergleichbaren intellektuellen Begründung ihres Tuns arbeiten würden. Doch Sorgen muss sich gewiss zuallererst die SPD machen. Lafontaine hier, Rüttgers dort – beide halten am im Wahlvolk durchaus geschätzten klassischen Sozialstaatsmodell stärker fest als die Sozialdemokraten der neueren Generation.

Gabriel und der Polarstern (2008)
Rezension von: Sigmar Gabriel, Links neu denken. Politik für die Mehrheit. München 2008.

Ein bisschen verblüfft ist man schon. Bei den Sozialdemokraten ist die publizistische Welle ausgebrochen. Selbst Franz Müntefering – zu dessen Ruhmwerdung allein die Formel „Fraktion gut, Partei auch, Glück auf" reichte –, drängt nun auf den Büchermarkt. Ottmar Schreiner hat Anfang September mit seiner „Gerechtigkeitslücke" vorgelegt. Der geschasste Parteivorsitzende Kurt Beck präsentierte letzte Woche seine Autobiografie. Und natürlich ist auch Erhard Eppler in diesem Herbst mit von der Partie. Doch das überrascht nicht weiter. Denn die Position des Parteiintellektuellen besetzt der schwäbische Alt-Sozialdemokrat bereits seit rund 40 Jahren. Bedeutsam war dabei nur, dass kein neuer Eppler in all der Zeit nachwuchs.

Und es war symptomatisch. Denn für Intellektualität, für Kritik der Gegenwart und ein Design einer anderen Zukunft gab es in der SPD der letzten Jahre keinen Bedarf mehr. Wer Visionen habe, solle gefälligst den Arzt aufsuchen, pflegte der bald 90jährige Ex-Kanzler der SPD, Helmut Schmidt, schnarrend zu raten. Und sein sozialdemokratischer Nach-Nachfolger im Amt, Gerhard Schröder, soll schon in Juso-Zeiten diejenigen, die über Texten brüteten statt an Zäunen zu rütteln, spöttisch gefragt haben: „Was haben Bücher mit der Machtfrage zu tun?" Doch nun drängen auch die harten Realisten der Macht mit Traktaten an die Öffentlichkeit, denn unter den störrischen Wahlbürgern ist zuletzt die Zahl solcher gewachsen, die sich pedantisch danach erkundigen, wozu die Macht denn gebraucht werden soll. Niemand hat das stärker und auch früher gespürt als der Bundesminister für Umwelt, Sigmar Gabriel. Auch er gehört zum Reigen der neuen sozialdemokratischen Bücherschreiber. Am Dienstag wird sein Opus „Links neu denken. Politik für die Mehrheit" um 18:00 Uhr im Willy-Brandt-Haus vorgestellt – von Frank-Walter Steinmeier, dem neuen Kanzlerkandidaten der SPD.

Ein wenig pikant ist das schon. Würde es bei der Präsentation diskursiv zugehen – womit natürlich nicht zu rechnen ist – dann müssten Laudator und Autor im Grunde einige heftige Scharmützel austragen. Denn Gabriel, von dem man klare und schonungslose Analysen durchaus gewohnt ist, geht mit der Politik und Gesellschaft Deutschlands der letzten zehn Jahre hart ins Gericht. Die soziale Polarisierung sei massiv vorangeschritten, die Armut habe sich erheblich ausgeweitet; die Reallöhne im unteren Viertel seien markant zurückgegangen, die Spaltung der Gesellschaft habe nachdrücklich zugenommen. Gabriel nennt für diese Fehlentwicklung immer nur Zeiträume, Jahreszahlen, ordnet sie nicht direkt politisch zu. Aber es ist die Ära sozialdemokratischer Regierungspolitik, in der sich die neuen sozialen Klüfte so drastisch verbreitert haben. Der Leser weiß es. Gabriel weiß es. Steinmeier weiß es, da er dabei maßgeblich mit am Werke war. Aber offen werden sie darüber nicht reden. Denn jetzt ist wahlkampffördernder Optimismus und Stolz auf die eigenen Leistungen angesagt.

Aber Gabriel macht sich keine Illusionen darüber, was schief gelaufen ist. Härter als jeder andere prominente Sozialdemokrat attackiert er das TINA-Prinzip (there is no alternative), jenes, auch bei Franz Müntefering jederzeit dominante Denken, dass Politik letztlich Vollzug vermeintlich unausweichlicher Notwendigkeiten bedeute. Allein mit dieser in der Geschichte der SPD stets wirksamen „Notwendigkeitsphilosophie", mit dem Imperativ der Alternativlosigkeit also, hat die SPD-Führung die eigenen Leute und einen Großteil der deutschen Gesellschaft gefügig für die Agenda 2010-Zugriffe gemacht. Dass in diesem Funktionalismus jede politische Wertedebatte, alle kulturellen Fragen nach dem Wozu und Wohin, überhaupt die genuin politische Offenheit von Zeitsituationen desavouiert wurde, hat Gabriel in aller Deutlichkeit erkannt. Eben deshalb scheint er sein Buch geschrieben zu haben. Denn die Auseinandersetzung mit dem TINA-Fatalismus, der selbstbewusstere Rekurs auf den Vorrang demokratischer – und „linker" – Politik vor privatwirtschaftlichen Primatsansprüchen steht im Zentrum dieser Publikation.

Und Gabriel dürfte seinen langen Essay weitgehend selbst verfasst haben. Das ist bekanntlich bei Politikern eher eine Rarität. In der Regel fragt man reflexhaft, wenn die Kunde von einem Politiker-Buch durchdringt, wer aus der Berliner Journalistenszene sich dafür wohl als Ghostwriter verdingt hat. Doch Gabriel war schon als Ministerpräsident in Niedersachsen bei seinen engsten Mitarbeitern dafür berühmt, indes ebenso berüchtigt, dass es ihn in freien Stunden – als hochgefährlich galt das Wochenende in Goslar, mehr noch gar zwei Urlaubswochen am Stück – an Tastatur und Bildschirm seines PC's trieb, wo er Entwürfe, Ideenskizzen, Zukunftsperspektiven in beträchtlicher Hülle und Fülle produzierte. Immer mit Aplomb, immer originell, immer innovativ, nur oft leider nicht ganz kompatibel mit der bis dahin gültigen Kernaussage der Landespolitik. So eben kannte man Gabriel: umtriebig, auch unruhig, suchend, stets wie auf dem Sprung, nie innehaltend. Er ist ein veritables Kraftpaket, daher sicher einer der zwei oder drei wirklichen politischen Potenzen, die der SPD noch geblieben sind, auch wenn das Misstrauen gegen seine drängende Quirligkeit im Lager der eigenen Genossen mit Händen zu greifen ist.

Doch möchte man ihnen schon raten, das Buch ihres Ministers zu lesen. Gewiss: Es enthält Längen, Redundanzen, auch Stereotypen. Doch ist es weit eigenständiger, zupackender und gedankenreicher verfasst, als man es sonst aus Politikerfedern kennt. Natürlich versucht sich Gabriel in einer neuen Sinngebung des Sozialdemokratischen. Er weiß, dass die Mitglieder seiner Partei in ihrer lähmenden Ratlosigkeit nach einem Deutungsmodell lechzen, das ihnen endlich wieder zu erklären vermag, was denn noch sozialdemokratischer Weg und sozialdemokratisches Ziel im 21. Jahrhundert sein könnten. Die brillante Metapher – den „Polarstern" des Prinzips Links, wie er es zuweilen nennt – findet auch Gabriel (natürlich) nicht, obwohl er unermüdlich Allegorien für die Politik einer neuen „Gestaltungslinken" konstruiert. Die „Gestaltungslinke" wird den „Populisten von links" entgegengesetzt; doch in diesen Passagen, in der Auseinandersetzung mit Lafontaine und Co., bleibt Gabriel bedauerlicherweise schablonenhaft, fast doktrinär.

Meist aber argumentiert er offen und breit. Im Grunde klingt es zwar auf den ersten Blick unspektakulär, was er als eine Politik der Balance – die um die Stärken, aber ebenso um die Schwächen von Staat, Märkten, Zivilgesellschaft weiß – entwirft. Etliches hat man in der Tat vorher bereits gelesen: Das Hohelied auf die skandinavischen Wohlfahrtsstaaten, das Credo von Bildung als der Sozialpolitik des 21. Jahrhunderts, das Lob auf den „vorsorgenden Sozialstaat", die Losung vom „neuen Fortschritt", das Paradigma einer „kreativen Verbundspolitik". Und nicht alles davon muss man einleuchtend finden. Doch der Scharfsinn, der Kenntnisreichtum, die Synthesefähigkeit gerade auch – aber eben nicht nur – in der Umweltpolitik sind schon imponierend. Kurzum: Ein bemerkenswerter Neuanfang für eine SPD nach Schröder, Beck (und wohl ebenfalls nach Müntefering) wäre es schon, wenn die Sozialdemokraten und Gabriel selbst sich nach dem „Polarstern" eines neuen „Prinzips Links" tatsächlich richten sollten.

Prokrustes in Bielefeld (2008)

Rezension von: Hans-Ulrich Wehler: Deutsche Gesellschaftsgeschichte. Bd. 5: Von der Gründung der beiden deutschen Staaten bis zur Vereinigung 1949-1990. München 2008.

„Historische Sozialwissenschaft" – das war vor rund 40 Jahren der Fanfarenstoß einer Gruppe von jüngeren Historikern der Bundesrepublik. Geschichte – so ihr Programm – sollte nicht mehr erzählt werden, hatte sich nicht mehr auf die Staatsaktionen großer Männer zu fixieren, durfte sich nicht in erster Linie auf die Schachzüge von Politikern für auswärtige Angelegenheiten beschränken. Die neue Generation, die sich früh schon um ihren unumstrittenen Anführer in Bielefeld – Hans-Ulrich Wehler – scharte, wollte Geschichte analysieren, Strukturen auffinden, die in der Ökonomie, den Institutionen der Herrschaft und der Sozialisation, schließlich in den Sphären der sozialen Ungleichheit zu suchen waren. Und gedacht war das alles auch, ein bisschen zumindest, als eine Art Wissenschaftsdidaktik zum Zwecke demokratischer Emanzipation, wie man dergleichen seinerzeit gerne etikettierte. In der Tat war die Arbeitsleistung Wehlers, seine Kenntnisse, sein Scharfsinn, seine Schreibleidenschaft immens, seine Gelehrsamkeit, die außergewöhnliche Arbeitsdisziplin, der Reichtum an originären Reflexionen von ungeheurer Opulenz.

Hans-Ulrich Wehler wurde 1996 emeritiert. Und doch arbeitete er auch in den Jahren danach unermüdlich an der historischen Bildung des gebildeten Bürgertums. Das muss man sich als härteste Arbeit vorstellen, nicht nur für den unverdrossen schreibenden Historiker, sondern mindestens ebenso für den gutwilligen Leser. Wehler, im calvinistischen Milieu groß geworden, dachte nicht daran, es seinen Lesern leicht machen zu wollen. Gesellschaftsgeschichte dieser Art bedeutet jederzeit Anstrengung, verlangt geradezu unerbittliche Härte gegen sich selbst. Vergnüglichkeiten, Lust, Spaß an der Lektüre durfte und darf man sich nicht erhoffen, wenn man „den Wehler" aus dem Regal zieht.

5000 Seiten umfasste sein Opus Magnum zur „Deutschen Gesellschaftsgeschichte", Seite für Seite faktengefüllt, zahlenmächtig, mit Theorien durchdrungen. Man mag sich fragen: Wer hat das gelesen, wer soll es je tun? Man kennt aus seinem Bekanntenkreis eine Menge Menschen, die mit großer Spannung und am Stück Sebastian Haffner gelesen haben, linksorientierte Menschen schätzen aufrichtig Eric Hobsbawm. Aber Wehler? Es war schwer vorstellbar, dass sich jemand „den neuen Wehler" als Lektüre mit in den Frankreich-Urlaub nimmt, dass da viele Bürger existieren, die sich auf einen intellektuell anregenden Abend beim Studium seitenlanger Abhandlungen über Produktionsindexe, das Subventionswesen im Agrarsektor oder Diskussionen zum Klassen- und Schichtenbegriff freuen. Natürlich, wer hauptberuflich lehrt, ob an Schulen oder Universitäten, dürfte durchaus froh sein, dass Wehlers Gesellschaftsgeschichte als straff gegliedertes Kompendium zur Verfügung steht. Denn mit Wehler sind historische Fülle und Eigensinn an die begriffliche Leine genommen, ist das Chaos und die Wildheit der Geschichte gebändigt, ist sie systematisch sortiert in: erstens, zweitens, drittens, a., b., c. usw., usf. Bei Wehler kann man angenehm lernziel- und prüfungstaugliche Typologien finden, kann mit deren Hilfe auch den Verlauf des Unterrichts/Seminars probat nach Dimensionen, Strukturen, Prozessen, Achsen aufteilen und schließlich zu handhabbaren Fragebündeln für Examina aller Art zusammenziehen.

Insofern dürfte sich die „Gesellschaftsgeschichte" Wehlers gerade dort, wo die Historie unterrichtet wird, in der Tat sehr weit durchgesetzt haben. Aber zum Lesekanon des bundesdeutschen Rest-Bürgertums gehören die Wehlerschen Studien vermutlich nicht. Man mag sie in diesen Kreisen wohl kaufen und prominent in die Vitrine mit den repräsentativen Buchbänden stellen; doch gelesen werden weiterhin eher die Klassiker historischen Erzählens mit ihrer bildreichen altmodischen Sprache, die sich jeder Konzession am Wissenschaftsjargon widersetzte. Zudem: Gerade das, was viele an der Geschichte reizt, die Begegnung mit dem Fremdartigen, mit den Exzessen, mit den aufgewühlten, erregenden, tragischen Momenten, ließ sich bei den Bielefeldern partout nicht finden.

Fasst man einen Geschichtsforscher als Ethnologen für Verhältnisse und Kulturen, die den Nachgeborenen kaum mehr verständlich sind, dann waren die Sektorenexperten für Soziologie, Wirtschaft, politische Institutionen des 19. und frühen 20. Jahrhunderts aus der Bielefelder Schule im Grunde – man ahnt den Aufschrei – gar keine Historiker. Denn auf das, was sich ihren Rationalitäts- und Modernitätskriterien nicht fügen mochte, reagierten sie in der Regel mit ungeduldigem Kopfschütteln. Nur wo der Patron ihres analytischen Zugriffs auf die Geschichte, der Soziologe Max Weber (1864-1920), instrumentalisierbare Begriffe hinterlassen hatte, bedienten sie sich ihrer, um das ihnen Seltsame und Unbehagliche in der Geschichte zu erfassen, zu katalogisieren – und zu erledigen. Auf diese Weise gelang es etwa Wehler, dem anfänglich furiosen Verächter jeder Personengeschichte, in den vorangegangenen Bänden der „Gesellschaftsgeschichte" die Rolle von Bismarck und Hitler überraschend ins Zentrum seiner Deutung des „deutschen Sonderwegs" zu schieben. Er lieh sich von Weber die Kategorie des „Charismas", mit dem sich die nicht sehr rationale Beziehung zwischen „Führer" und „Geführten" durch fixe Sortierungskriterien beruhigend – erstens, zweitens, drittens, a., b., c. – einordnen und damit rationalisieren ließ. Prokrustes, nicht Klio, thronte über der Bielefelder Geschichtsexegese.

Auch Wehler thronte. Und Wehler richtete. Dabei bannte offenkundig gerade sein streng analytischer Gestus offenkundig so etwas wie Nachsicht mit historischen Gruppen, die ihm fernstanden; er schloss die Empathie eines suchenden Erzählers aus. Zudem ging der strikte Richtigkeitsanspruch Wehlers noch eine brisante Verbindung mit seinen steten Stockschlägen gegen alle wirklichen oder vermeintlichen Feinde seines Paradigmas ein. Insbesondere der letzte Band über die deutsche Gesellschaft nach 1949 war in etlichen Passagen zur Kampfschrift geraten, ja: zu einem Generationenpamphlet.

Es war die „Generation Wehler, Habermas, Dahrendorf", die hier zelebriert wurde, also derjenigen, die Ende der 1920er, Anfang der 1930er Jahre auf die Welt gekommen waren. Zuweilen gibt man dieser Kohorte den Titel „Flakhelfer-Generation", mitunter firmieren sie als „1945er". Früher sprach man von „skeptischer Generation". Denn mit den großen Welterlösungsideologien hatten die desillusionierten „45er" nicht viel im Sinn. Amerika wurde bei mehreren durch Studienaufenthalte fortan prägend. Das Leistungsethos blieb dominant. Die innere Übereinstimmung mit der neuen Republik fiel größer aus, als bei allen anderen Jahrgängen, die vorangingen oder folgten. So beschrieb es auch Wehler. Und aus dieser Generationsperspektive wurde die komplette deutsche Nachkriegsgeschichte gemustert und gerichtet.

Bis Mitte der 1950er Jahre waren, so kann man es hier nachlesen, noch manche Dumpfheiten aus den alten Sonderwegseinstellungen virulent. Doch in den späten 50er und frühen 60er Jahren, zog die „Generation Wehler" allmählich in die höheren Etagen der Medien, der Universitäten, auch der Politik. Das waren aus Sicht des Bielefelders die besten Jahre der Republik: liberal, hellwach, kritisch, diskursiv, frisch. Dann aber stiftete der „zügellose Pöbel" der 68er überall Verwirrung und Unheil. Der darauf folgende Postmaterialismus mit seinen fortschrittspessimistischen Spinnereien war leider nicht besser. Denn nun gewannen die Wirrköpfe und Gurus luftiger Modekonzepte – bei Wehler: in der Geschichtswissenschaft Daniel Goldhagen, in der Soziologie Ulrich Beck, in der Philosophie Michel Foucault – Raum für ihre fatalen Irrlehren. Und im 21. Jahrhundert droht die noch schlimmere Gefahr des Islams mit seinem militanten „Fanatismus", was zur „politischen Pest" des 21. Jahrhunderts werden könnte. Für die Zeit der DDR, die er durchgängig und explizit als Negativfolie benutzt, hat der Autor ebenfalls überaus pointierte Begriffe zur Verfügung: „ostdeutsche Bolschewiken", „rote Gestapo", „Satrapie", „Sultanismus" etc.

In diesem abschließenden Band der „Deutschen Gesellschaftsgeschichte" kulminierten gewissermaßen alle Schwächen des vorzüglichen Kenners der sozialen Schichtung, der Ökonomie und der politischen Strukturen des industriellen Deutschlands vor 1945. Was sich Wehler normativ nicht erschloss, schmähte er – wütend, schneidend, kompromisslos. Und man fragte sich zuweilen, warum das so ist, was ihn denn eigentlich bedrängte oder ihm gar Angst bereitete, wenn er geradezu wie ein Berserker über tiefgläubige Menschen und Gruppen hinwegfegte, wenn es in seinen Kapiteln um Transzendenz, um Utopien, auch nur um gefühlsbewegte historische Strömungen geht. Das war ihm dann durchweg „exotisch", „krude", „eigentümlich" oder – und dies am meisten – „ominös". Ließ sich dann selbst bei Max Weber keine theoretische Formel zur Erhellung des Fremden finden, dann sträubte sich Wehler vollends dagegen, das Eigentümliche verstehen zu wollen. Dann erfolgte lediglich der apodiktische Richtspruch: Narreteien, dies alles. Die 1980er Jahre beispielsweise sind Terra incognita in Wehlers Opus. Ökologiebewegung, Friedensbewegung, die neuen postalternativen, oft hedonistischen Lebensstile seit etwa 1984 – mit alledem konnte und wollte er partout nichts anfangen.

Was sollte man davon halten? Es mochte durchaus sein, dass die 68er ominösen Theorien anhingen. Doch möchte man vom Historiker zuallererst erfahren, wieso denn Menschen aus den gleichen bildungsbürgerlichen Verkehrskreisen wie er selbst plötzlich all die Dummheiten begingen, die doch unser Geschichtsschreiber und seine Jahrgangsgenossen zuvor verlässlich vermieden haben. Und: Niemand muss katholische oder auch islamische, muss postmoderne oder individualistische Bräuche oder Prinzipien goutieren. Aber konnte man nicht von einem Historiker erwarten, dass er – bevor das vernichtende Verdikt ertönt – zu begreifen versuchte, warum das, was ihm unangemessen war, für andere Menschen und Gruppen adäquat erschien und erscheint?

So hörte der Bielefelder dort auf, wo der Historiker im Grunde zu beginnen hat. Der Ableitungs-Weberianismus der vor dreißig Jahren noch frisch wirkenden „Bielefelder Schule" lieferte Deutungskäfige. „Schulen" passiert das immer wieder. Dann wird es Zeit für eine neuerliche Emanzipation.